該資料輯録爲國家社會科學基金重大項目
"東胡系民族歷史文獻整理與研究"（項目號：17ZDA211）
成果之一，本成果獲得内蒙古大學"部省合建"
科研專項高端成果培育項目資助，爲内蒙古大學
鑄牢中華民族共同體意識研究系列叢書

【東胡系民族資料彙編】

張久和　主編

張久和　張宇　編

禿髮鮮卑資料輯録

中華書局

圖書在版編目(CIP)數據

禿髮鮮卑資料輯録/張久和,張宇編. —北京:中華書局,
2024.12. —(東胡系民族資料彙編/張久和主編). —ISBN 978
-7-101-16944-7

Ⅰ. K289

中國國家版本館 CIP 數據核字第 20243BY906 號

書　　　名	禿髮鮮卑資料輯録	
編　　　者	張久和　張　宇	
叢　書　名	東胡系民族資料彙編	
責任編輯	陳　喬	
裝幀設計	劉　麗	
責任印製	陳麗娜	
出版發行	中華書局	
	(北京市豐臺區太平橋西里 38 號　100073)	
	http://www.zhbc.com.cn	
	E-mail:zhbc@zhbc.com.cn	
印　　　刷	三河市宏達印刷有限公司	
版　　　次	2024 年 12 月第 1 版	
	2024 年 12 月第 1 次印刷	
規　　　格	開本/920×1250 毫米　1/32	
	印張 10　插頁 2　字數 200 千字	
國際書號	ISBN 978-7-101-16944-7	
定　　　價	58.00 元	

目　録

凡　例

　　本書包含紀傳體、編年體、典制體史書、大型類書、地理總志以及其他史料中有關禿髮鮮卑之資料，其斷限上起西晉武帝泰始四年（268），禿髮樹機能雄據河西地區見諸史載，下至東晉安帝義熙十年（414），西秦乞伏熾磐襲樂都城，禿髮鮮卑建立的南涼政權滅亡。此後有追述前人前事者，酌情擇要收録。

　　本書收録範圍，凡各類典籍中含有“禿髮”“南涼”等字樣，以及雖無“禿髮”“南涼”字樣而其内容爲記載禿髮鮮卑事迹者，蓋予以收録。“河西鮮卑”之意指代禿髮鮮卑者，道理亦同。所收資料，酌分段落，無標點者均加標點。

　　本書編排方法：以正史爲主，以本紀爲綱，重出者集中排列，歧異者注明。所收録史料過長時，與禿髮鮮卑關係較小之部分，酌情予以省略。

　　本書主體分爲三部分：

　　（一）禿髮鮮卑專傳專條

　　（二）散見史料繫年録

　　（三）散見未繫年史料

　　“散見史料繫年録”每條史料均標注公元紀年，輔以曹魏兩晉各朝及與該史料相關之其餘各割據政權年號，以資對照。同年資料，按月編排，記載相同或相近内容之史料按成書年代排序並予以集中。年代可以判斷大致範圍但不能絶對確定者，一般繫於相當年代之末並作出説明。不能或不宜繫年者，則編入散見未繫年史料。所標年月，以正史爲主，正史無可考者，則據《資治通鑑》或其他史料，具有争議者則以脚注説明。所收資料，酌分段落，所用史料爲影印版本者添加標點符號。影印本文字儘量遵循原著，如有明顯謬誤者，根據其他版本或正史酌情改正。明、清影印本中的避諱字，一般恢復爲原字。對舊字形、俗字以及部分異體字，本系列輯録選用規範繁體字代替。文内凡標注爲脚注之字句，均爲編者所加。

　　本書所收資料，將各史之正文及後人注釋均予收録，如《通鑑》胡三省注即全部收録。注釋及編者自注，俱用小號字體排印。各點校本史料，多附有校勘記，考慮到其學術價值，本輯録均予以保留。

禿髮鮮卑專傳專條

《晉書》卷一百二十六《載記第二十六·禿髮烏孤》

禿髮烏孤，河西鮮卑人也。其先與後魏同出。八世祖匹孤率其部自塞北遷于河西，其地東至麥田、牽屯，西至濕羅，南至澆河，北接大漠。匹孤卒，子壽闐立。初，壽闐之在孕，母胡掖氏因寢而產於被中，鮮卑謂被爲"禿髮"，因而氏焉。壽闐卒，孫樹機能立，壯果多謀略。泰始中，殺秦州刺史胡烈於萬斛堆，敗凉州刺史蘇愉于金山，盡有凉州之地，武帝爲之旰食。後爲馬隆所敗，部下殺之以降。從弟務丸立。死，孫推斤立。死，子思復鞬立，部衆稍盛。烏孤即思復鞬之子也。及嗣位，務農桑，修鄰好。呂光遣使署爲假節、冠軍大將軍、河西鮮卑大都統、廣武縣侯。烏孤謂諸將曰："呂氏遠來假授，當可受不？"衆咸曰："吾士衆不少，何故屬人！"烏孤將從之，其將石真若留曰："今本根未固，理宜隨時。光德刑修明，境内無虞，若致死于我者，大小不敵，後雖悔之，無所及也。不如受而遵養之，以待其釁耳。"烏孤乃受之。

烏孤討乙弗、折掘二部，大破之，遣其將石亦干築廉川堡以都之。烏孤登廉川大山，泣而不言。石亦干進曰："臣聞主憂臣辱，主辱臣死，大王所爲不樂者，將非呂光乎？光年已衰老,師徒屢敗。今我以士馬之盛,保據大川,乃可以一擊百,光何足懼也。"烏孤曰:"光之衰老,亦吾所知。但我祖宗以德懷遠,殊俗憚威,盧陵、契汗萬里委順。及吾承業,諸部背叛,邇既乖違,遠何以附,所以泣耳。"其將苻渾曰:"大王何不振旅誓衆,以討其罪。"烏孤從之,大破諸部。吕光封烏孤廣武郡公。又討意云鮮卑,大破之。

光又遣使署烏孤征南大將軍、益州牧、左賢王。烏孤謂使者曰:"吕王昔以專征之威,遂有此州,不能以德柔遠,惠安黎庶。諸子貪淫,三甥肆暴,郡縣土崩,下無生賴。吾安可違天下之心,受不義之爵!帝王之起,豈有常哉!無道則滅,有德則昌。吾將順天人之望,爲天下主。"留其鼓吹羽儀,謝其使而遣之。

隆安元年,自稱大都督、大將軍、大單于、西平王,赦其境内,年號太初。曜兵廣武,攻克金城。光遣將軍竇苟來伐,戰于街亭,大敗之。降光樂都、湟河、澆河三郡,嶺南羌胡數萬落皆附之。光將楊軌、王乞基率户數千來奔。烏孤更稱武威王。後三歲,〔一〕徙于樂都,署弟利鹿孤爲驃騎大將軍、西平公,鎮安夷,傉檀爲車騎大將軍、廣武公,鎮西平。以楊軌爲賓客。金石生、時連珍,四夷之豪儁;陰訓、郭倖,西州之德望;楊統、楊貞、衛殷、麴丞明、郭黄、郭奮、史暠、鹿嵩,文武之秀傑;梁昶、韓疋、張昶、郭韶,中州之才令;金樹、薛翹、〔二〕趙振、王忠、趙晁、蘇霸,秦雍之世門,皆内居顯位,外宰郡縣。官方授才,咸得其所。

【校勘記】

〔一〕後三歲　"後三歲"承上烏孤稱武威王。據《安紀》

及《通鑑》一一〇稱武威王在隆安二年；而徙樂都，據《御覽》一二六引《南涼錄》在太初三年，即隆安三年，則二事相拒僅一歲，此云"後三歲"，疑誤。

〔二〕薛翹　《斠注》：下文《利鹿孤載記》作"蘇翹"，"蘇"與"薛"必有一誤。按：下云"秦雍之世門"。蘇氏爲武功大族。而薛氏則河東大族，不在秦雍範圍内，疑作"蘇"是。

烏孤從容謂其群下曰："隴右區區數郡地耳！因其兵亂，分裂遂至十餘。乾歸擅命河南，段業阻兵張掖，虐氏假息，偷據姑臧。吾藉父兄遺烈，思廓清西夏，兼弱攻昧，三者何先？"楊統進曰："乾歸本我所部，終必歸服。段業儒生，才非經世，權臣擅命，制不由己，千里伐人，糧運懸絶，且與我鄰好，許以分灾共患，乘其危弊，非義舉也。吕光衰老，嗣紹沖闇，二子纂、弘，雖頗有文武，而内相猜忌。若天威臨之，必應鋒瓦解。宜遣車騎鎮浩亹，鎮北據廉川，乘虚迭出，多方以誤之，救右則擊其左，救左則擊其右，使纂疲於奔命，人不得安其農業。兼弱攻昧，於是乎在，不出二年，可以坐定姑臧。姑臧既拔，二寇不待兵戈，自然服矣。"烏孤然之，遂陰有吞并之志。

段業爲吕纂所侵，遣利鹿孤救之。纂懼，燒氏池、張掖穀麥而還。以利鹿孤爲涼州牧，鎮西平，追僞檀入録府國事。

是歲，烏孤因酒墜馬傷脅，笑曰："幾使吕光父子大喜。"俄而患甚，顧謂群下曰："方難未静，宜立長君。"言終而死。在王位三年，僞謚武王，廟號烈祖。弟利鹿孤立。

頁三一四一至三一四四、三一五八至三一五九

《晉書》卷一百二十六《載記第二十六・禿髮利鹿孤》

利鹿孤以隆安三年即僞位，赦其境内殊死已下，又徙居于西平。使記室監麹梁明聘于段業。業曰："貴主先王創業啓運，功高先世，宜爲國之太祖，有子何以不立？"梁明曰："有子羌奴，先王之命也。"業曰："昔成王弱齡，周召作宰；漢昭八歲，金霍夾輔。雖嗣子冲幼，而二叔休明，左提右挈，不亦可乎？"明曰："宋宣能以國讓，《春秋》美之；孫伯符委事仲謀，終開有吳之業。且兄終弟及，殷湯之制也，亦聖人之格言，萬代之通式，何必胤己爲是，紹兄爲非。"業曰："美哉！使乎之義也。"

利鹿孤聞吕光死，遣其將金樹、蘇翹率騎五千屯于昌松漠口。

既逾年，赦其境内，改元曰建和。二千石長吏清高有惠化者，皆封亭侯、關内侯。

吕纂來伐，使傉檀距之。纂士卒精鋭，進度三堆，三軍擾懼。傉檀下馬據胡床而坐，士衆心乃始安。與纂戰，敗之，斬二千餘級。纂西擊段業，傉檀率騎一萬，乘虚襲姑臧。纂弟緯守南北城以自固。傉檀置酒于朱明門上，鳴鍾鼓以饗將士，耀兵于青陽門，虜八千餘户而歸。

乞伏乾歸爲姚興所敗，率騎數百來奔，處之晉興，待以上賓之禮。乾歸遣子謙等質于西平。鎮北將軍俱延言於利鹿孤曰："乾歸本我之屬國，妄自尊立，理窮歸命，非有款誠。若奔東秦，必引師西侵，非我利也。宜徙於乙弗之間，防其越逸之路。"利鹿孤曰："吾方弘信義以收天下之心，乾歸投誠而徙之，四海將謂我不可以誠信託也。”俄而乾歸果奔于姚興。利鹿孤謂延曰：“不用卿言，乾歸果叛，卿爲吾行也。”延追乾歸至河，不及而還。

利鹿孤立二年，龍見于長寧，麒麟游于綏羌，於是群臣勸進，以隆安五年僭稱河西王。其將鍮勿崘進曰：“昔我先君肇自幽朔，被髮左衽，無冠冕之儀，遷徙不常，無城邑之制，用能中分天下，威振殊境。今建大號，誠順天心。然寧居樂土，非貽厥之規；倉府粟帛，生敵人之志。且首兵始號，事必無成，陳勝、項籍，前鑒不遠。宜置晉人於諸城，勸課農桑，以供軍國之用，我則習戰法以誅未賓。若東西有變，長算以縻之；如其敵強於我，徙而以避其鋒，不亦善乎！”利鹿孤然其言。

於是率師伐呂隆，大敗之，獲其右僕射楊桓。傉檀謂之曰：“安寢危邦，不思擇木，老爲囚虜，豈曰智也！”桓曰：“受呂氏厚恩，位忝端貳，雖洪水滔天，猶欲濟彼俱溺，實耻爲叛臣以見明主。”傉檀曰：“卿忠臣也！”以爲左司馬。

利鹿孤謂其群下曰：“吾無經濟之才，忝承業統，自負乘在位，三載于兹。雖夙夜惟寅，思弘道化，而刑政未能允中，風俗尚多凋弊；戎車屢駕，無闢境之功；務進賢彦，而下猶蓄滯。豈所任非才，將吾不明所致也？二三君子其極言無諱，吾將覽焉。”祠部郎中史暠對曰：“古之王者，行師以全軍爲上，破國次之，拯溺救焚，東征西怨。今不以綏寧爲先，惟以徙戶爲務，安土重遷，故有離叛，所以斬將克城，土不加廣。今取士拔才，必先弓馬，文章學藝爲無用之條，非所以來遠人，垂不朽也。孔子曰：‘不學禮，無以立。’宜建學校，開庠序，選耆德碩儒以訓冑子。”利鹿孤善之，於是以田玄沖、趙誕爲博士祭酒，以教胄子。

時利鹿孤雖僭位，尚臣姚興。楊桓兄經佐命姚萇，早死，興聞桓有德望，徵之。利鹿孤餞桓于城東，謂之曰：“本期與卿共成大業，事乖本圖，分歧之感，實情深古人。但鯤非溟海，無以運其軀；鳳非修梧，無以晞其翼。卿有佐時之器，夜光之寶，當振纓雲閣，耀價連城，區區河右，未足以逞卿才力。善勖日新，以成大美。”桓泣曰：“臣往事吕氏，情節不建。陛下宥臣於俘虜之中，顯同賢舊，每希攀龍附鳳，立尺寸之功。龍門既開，而臣違離，公衡之戀，豈曰忘之！”利鹿孤爲之流涕。

遣傉檀又攻吕隆昌松太守孟禕于顯美，克之。傉檀執禕而數之曰：“見機而作，賞之所先；守迷不變，刑之所及。吾方耀威玉門，掃平秦隴，卿固守窮城，稽淹王憲，國有常刑，於分甘乎？”禕曰：“明公開剪河右，聲播宇内，文德以綏遠人，威武以懲不恪。況禕蔑爾，敢距天命！釁鼓之刑，禕之分也。但忠於彼者，亦忠於此。荷吕氏厚恩，受藩屏之任，明公至而歸命，恐獲罪於執事，惟公圖之。”傉檀大悦，釋其縛，待之客禮。徙顯美、麗軒二千餘户而歸。嘉禕忠烈，拜左司馬。禕請曰：“吕氏將亡，聖朝之并河右，昭然已定。但爲人守而不全，復忝顯任，竊所未安。明公之恩，聽禕就戮於姑臧，死且不朽。”傉檀義而許之。

吕隆爲沮渠蒙遜所伐，遣使乞師，利鹿孤引群下議之。尚書左丞婆衍崘曰：“今姑臧饑荒殘弊，穀石萬錢，野無青草，資食無取。蒙遜千里行師，糧運不屬，使二寇相殘，以乘其弊。若蒙遜拔姑臧，亦不能守，適可爲吾取之，不宜救也。”傉檀曰：“崘知其一，未知其二。姑臧今雖虛弊，地居形勝，河西一都之會，不可使蒙遜據之，宜在速救。”利鹿孤曰：“車騎之言，吾之心也。”遂遣傉檀率騎一萬救之。至昌松而蒙遜已退，傉檀徙涼澤、段冢五百餘家而歸。

利鹿孤寢疾，令曰：“內外多虞，國機務廣，其令車騎嗣業，以成先王之志。”在位三年而死，〔三〕葬于西平之東南，僞諡曰康王。弟傉檀嗣。

【校勘記】

〔三〕在位三年而死　《校文》：《安帝紀》，利鹿孤於隆安三年八月即位，元興元年三月卒，凡四年，非三年。

頁三一四四至三一四七、三一五九

《晉書》卷一百二十六《載記第二十六·秃髮傉檀》

傉檀少機警，有才略。其父奇之，謂諸子曰：“傉檀明識榦藝，非汝等輩也。”是以諸兄不以授子，欲傳之於傉檀。及利鹿孤即位，垂拱而已，軍國大事皆以委之。以元興元年僭號涼王，遷于樂都，改元曰弘昌。

初，乞伏乾歸之在晉興也，以世子熾磐爲質。後熾磐逃歸，爲追騎所執，利鹿孤命殺之。傉檀曰：“臣子逃歸君父，振古通義，故魏武善關羽之奔，秦昭恕頃襄之逝。熾磐雖逃叛，孝心可嘉，宜垂全宥以弘海岳之量。”乃赦之。至是，熾磐又奔允街，傉檀歸其妻子。

姚興遣使拜傉檀車騎將軍、廣武公。傉檀大城樂都。姚興遣將齊難率衆迎呂隆于姑臧，傉檀攝昌松、魏安二戍以避之。

興涼州刺史王尚遣主簿宗敞來聘。敞父燮,吕光時自湟河太守入爲尚書郎,見傉檀于廣武,執其手曰:"君神爽宏拔,逸氣陵雲,命世之傑也,必當克清世難。恨吾年老不及見耳,以敞兄弟託君。"至是,傉檀謂敞曰:"孤以常才,謬爲尊先君所見稱,每自恐有累大人水鏡之明。及忝家業,竊有懷君子。《詩》云:'中心藏之,何日忘之。'不圖今日得見卿也。"敞曰:"大王仁侔魏祖,存念先人,雖朱暉盻張堪之孤,叔向撫汝齊之子,無以加也。"酒酣,語及平生。傉檀曰:"卿魯子敬之儔,恨不與卿共成大業耳。"

傉檀以姚興之盛,又密圖姑臧,乃去其年號,罷尚書丞郎官,遣參軍關尚聘于興。興謂尚曰:"車騎投誠獻款,爲國藩屏,擅興兵衆,輒造大城,爲臣之道固若是乎?"尚曰:"王侯設險以自固,先王之制也,所以安人衛衆,預備不虞。車騎僻在遐藩,密邇勃寇,南則逆羌未賓,西則蒙遜跋扈,蓋爲國家重門之防,不圖陛下忽以爲嫌。"興笑曰:"卿言是也。"

傉檀遣其將文支討南羌、西虜,大破之。上表姚興,求涼州,不許,加傉檀散騎常侍,增邑二千户。傉檀於是率師伐沮渠蒙遜,次于氐池。蒙遜嬰城固守,芟其禾苗,至于赤泉而還。獻興馬三千匹,羊三萬頭。興乃署傉檀爲使持節、都督河右諸軍事、車騎大將軍、領護匈奴中郎將、涼州刺史,常侍、公如故,鎮姑臧。傉檀率步騎三萬次于五澗,興涼州刺史王尚遣辛晁、孟禕、彭敏出迎。尚出自清陽門,鎮南文支入自涼風門。宗敞以別駕送尚還長安,傉檀曰:"吾得涼州三千餘家,情之所寄,唯卿一人,奈何捨我去乎?"敞曰:"今送舊君,所以忠於殿下。"傉檀曰:"吾今新牧貴州,懷遠安邇之略,爲之若何？”敞曰：“涼土雖弊，形勝之地，道由人弘，實在殿下。段懿、孟禕，武威之宿望；辛晁、彭敏，秦隴之冠冕；裴敏、馬輔，中州之令族；張昶，涼國之舊胤；張穆、邊憲、文齊、楊班、梁崧、趙昌，武同飛羽。以大王之神略，撫之以威信，農戰並修，文教兼設，可以從橫於天下，河右豈足定乎！”傉檀大悅，賜敞馬二十匹。於是大饗文武於謙光殿，班賜金馬各有差。

遣西曹從事史暠聘于姚興。興謂暠曰：“車騎坐定涼州，衣錦本國，其德我乎？”暠曰：“車騎積德河西，少播英問，王威未接，投誠萬里。陛下官方任才，量功授職，彝倫之常，何德之有！”興曰：“朕不以州授車騎者，車騎何從得之！”暠曰：“使河西雲擾、呂氏顛狽者，實由車騎兄弟傾其根本。陛下雖鴻羅遐被，涼州猶在天網之外。故征西以周召之重，力屈姑臧；齊難以王旅之盛，勢挫張掖。王尚孤城獨守，外逼群狄，陛下不連兵十年，殫竭中國，涼州未易取也。今以虛名假人，內收大利，乃知妙算自天，聖與道合，雖云遷授，蓋亦時宜。”興悅其言，拜騎都尉。

傉檀讌群僚于宣德堂，仰視而歎曰：“古人言作者不居，居者不作，信矣。”孟禕進曰：“張文王築城苑，繕宗廟，爲貽厥之資，萬世之業，秦師濟河，灌然瓦解。梁熙據全州之地，擁十萬之衆，軍敗於酒泉，身死于彭濟。呂氏以排山之勢，王有西夏，率土崩離，衡璧秦雍。寬饒有言：‘富貴無常，忽輒易人。’此堂之建，年垂百載，十有二主，唯信順可以久安，仁義可以永固，願大王勉之。”傉檀曰：“非君無以聞讜言也。”傉檀雖受制于姚興，然車服禮章一如王者。以宗敞爲太府主簿、錄記室事。

　　傉檀僞游澆河,襲徙西平、湟河諸羌三萬餘户于武興、番禾、武威、昌松四郡。徵集戎夏之兵五萬餘人,大閲于方亭,遂伐沮渠蒙遜,入西陝。蒙遜率衆來距,戰于均石,爲蒙遜所敗。傉檀率騎二萬,運穀四萬石以給西郡。蒙遜攻西郡,陷之。其後傉檀又與赫連勃勃戰于陽武,爲勃勃所敗,將佐死者十餘人,傉檀與數騎奔南山,幾爲追騎所得。傉檀懼東西寇至,徙三百里内百姓入于姑臧,國中駭怨。屠各成七兒因百姓之擾也,率其屬三百人叛傉檀於北城。推梁貴爲盟主,貴閉門不應。一夜衆至數千。殿中都尉張猛大言於衆曰:"主上陽武之敗,蓋恃衆故也。責躬悔過,明君之義,諸君何故從此小人作不義之事! 殿内武旅正爾相尋,目前之危,悔將無及。"衆聞之,咸散。七兒奔晏然,殿中騎將白路等追斬之。軍諮祭酒梁哀、輔國司馬邊憲等七人謀反,傉檀悉誅之。

　　姚興以傉檀外有陽武之敗,内有邊、梁之亂,遣其尚書郎韋宗來觀釁。傉檀與宗論六國從横之規,三家戰争之略,遠言天命廢興,近陳人事成敗,機變無窮,辭致清辯。宗出而歎曰:"命世大才、經綸名教者,不必華宗夏士;撥煩理亂、澄氣濟世者,亦未必《八索》、《九丘》。《五經》之外,冠冕之表,復自有人。車騎神機秀發,信一代之偉人,由余、日磾豈足爲多也!"宗還長安,言於興曰:"凉州雖殘弊之後,風化未積;傉檀權詐多方,憑山河之固,未可圖也。"興曰:"勃勃以烏合之衆尚能破之,吾以天下之兵,何足克也!"宗曰:"形移勢變,終始殊途,陵人者易敗,自守者難攻。陽武之役,傉檀以輕勃勃致敗。今以大軍臨之,必自固求全,臣竊料群臣無傉檀匹也。雖以天威臨之,未見其利。"興不從,乃遣其將姚弼及斂成等率步騎三萬來伐,又使其將姚顯爲弼等後繼,遣傉檀書云:"遣尚書左僕射齊難討勃勃,懼其西逸,故令弼等於河西邀之。"傉檀以爲然,遂不設備。弼衆至漠口,昌松太守蘇霸嬰城固守,弼喻霸令降,霸曰:"汝違負盟誓,伐委順之藩,天地有靈,將不祐汝! 吾寧爲涼鬼,何降之有!"城陷,斬霸。弼至姑臧,屯于西苑。州人王鍾、宋鍾、王娥等密爲内應,候人執其使送之。傉檀欲誅其元首,前軍伊力延侯曰:"今强敵在外,内有奸豎,兵交勢蹴,禍難不輕,宜悉坑之以安内外。"傉檀從之,殺五千餘人,以婦女爲軍賞。命諸郡縣悉驅牛羊於野,斂成縱兵虜掠。傉檀遣其鎮北俱延、鎮軍敬歸等十將率騎分擊,大敗之,斬首七千餘級。姚弼固壘不出,傉檀攻之未克,乃斷水上流,欲以持久斃之。會雨甚,堰壞,弼軍乃振。姚顯聞弼敗,兼道赴之,軍勢甚盛。遣射將孟欽等五人挑戰於涼風門,弦未及發,材官將軍宋益等馳擊斬之。顯乃委罪斂成,遣使謝傉檀,引師而歸。

傉檀於是僭即涼王位,赦其境内,改年爲嘉平,置百官。立夫人折掘氏爲王后,世子武臺爲太子、[四]録尚書事,左長史趙晁、右長史郭倖爲尚書左右僕射,鎮北俱延爲太尉,鎮軍敬歸爲司隸校尉,自餘封署各有差。

【校勘記】

〔四〕世子武臺爲太子 《斠注》:《通鑑・晉紀》屢作"虎臺",蓋亦唐人避諱改作"武"。按:《御覽》一二六引《南涼録》、《魏書・禿孤傳》並作"虎臺",《斠注》説是。

遣其左將軍枯木、駙馬都尉胡康伐沮渠蒙遜,掠臨松人千餘户而還。蒙遜大怒,率騎五千至于顯美方亭,破車蓋鮮

卑而還。俱延又伐蒙遜,大敗而歸。傉檀將親率衆伐蒙遜,
趙晁及太史令景保諫曰:“今太白未出,歲星在西,宜以自
守,難以伐人。比年天文錯亂,風霧不時,唯修德責躬可以
寧吉。”傉檀曰:“蒙遜往年無狀,入我封畿,掠我邊疆,殘我
禾稼。吾蓄力待時,將報東門之恥。今大軍已集,卿欲沮衆
邪?”保曰:“陛下不以臣不肖,使臣主察乾象,若見事不言,
非爲臣之體。天文顯然,動必無利。”傉檀曰:“吾以輕騎五
萬伐之,蒙遜若以騎兵距我,則衆寡不敵;兼步而來,則舒疾
不同;救右則擊其左,赴前則攻其後,終不與之交兵接戰,卿
何懼乎?”保曰:“天文不虛,必將有變。”傉檀怒,鎖保而行,
曰:“有功當殺汝以徇,無功封汝百户侯。”既而蒙遜率衆來
距,戰于窮泉,傉檀大敗,單馬奔還。景保爲蒙遜所擒,讓之
曰:“卿明於天文,爲彼國所任,違天犯順,智安在乎?”保曰:
“臣匪爲無智,但言而不從。”蒙遜曰:“昔漢祖困于平城,以婁
敬爲功;袁紹敗于官渡,而田豐爲戮。卿策同二子,貴主未可
量也。卿必有婁敬之賞者,吾今放卿,但恐有田豐之禍耳。”
保曰:“寡君雖才非漢祖,猶不同本初,正可不得封侯,豈慮禍
也。”蒙遜乃免之。至姑臧,傉檀謝之曰:“卿,孤之蓍龜也,
而不能從之,孤之深罪。”封保安亭侯。

　　蒙遜進圍姑臧,百姓懲東苑之戮,悉皆驚散。叠掘、麥
田、車蓋諸部盡降于蒙遜。傉檀遣使請和,蒙遜許之,乃遣司
隸校尉敬歸及子他爲質,歸至胡坑,逃還,他爲追兵所執。蒙
遜徙其衆八千餘户而歸。右衛折掘奇鎮據石驢山以叛。傉
檀懼爲蒙遜所滅,又慮奇鎮克嶺南,乃遷于樂都,留大司農成
公緒守姑臧。傉檀始出城,焦諶、王侯等閉門作難,〔五〕收合

三千餘家，保據南城。諶推焦朗爲大都督、龍驤大將軍，諶爲涼州刺史，降于蒙遜。鎮軍敬歸討奇鎮於石驢山，戰敗，死之。

【校勘記】

〔五〕焦諶王侯等閉門作難　《通鑑》一一五“焦諶王侯”作“侯諶”。

蒙遜因克姑臧之威來伐，傉檀遣其安北段苟、左將軍雲連乘虛出番禾以襲其後，徙三千餘家於西平。蒙遜圍樂都，三旬不克，遣使謂傉檀曰：“若以寵子爲質，我當還師。”傉檀曰：“去否任卿兵勢。卿違盟無信，何質以供！”蒙遜怒，築室返耕，爲持久之計。群臣固請，乃以子安周爲質，蒙遜引歸。

吐谷渾樹洛干率衆來伐，傉檀遣其太子武臺距之，爲洛干所敗。

傉檀又將伐蒙遜，邯川護軍孟愷諫曰：“蒙遜初并姑臧，凶勢甚盛，宜固守伺隙，不可妄動。”不從。五道俱進，至番禾、苕藋，掠五千餘户。其將屈右進曰：“陛下轉戰千里，前無完陣，徙户資財，盈溢衢路，宜倍道旋師，早度峻險。蒙遜善於用兵，士衆習戰，若輕軍卒至，出吾慮表，大敵外逼，徙户内攻，危之道也。”衛尉伊力延曰：“我軍勢方盛，將士勇氣自倍，彼徒我騎，勢不相及，若倍道旋師，必捐棄資財，示人以弱，非計也。”屈右出而告其諸弟曰：“吾言不用，天命也。此吾兄弟死地。”俄而昏霧風雨，蒙遜軍大至，傉檀敗績而還。蒙遜進圍樂都，傉檀嬰城固守，以子染干爲質，蒙遜乃歸。久之，遣安西紇勃耀兵西境。蒙遜侵西平，徙户掠牛馬而還。

邯川護軍孟愷表鎮南、湟河太守文支荒酒愎諫，不恤政

事。傉檀謂伊力延曰："今州土傾覆,所杖者文支而已,將若
之何?"延曰："宜召而訓之,使改往修來。"傉檀乃召文支,
既到,讓之曰："二兄英姿早世,吾以不才嗣統,不能負荷大
業,顛狽如是,胡顏視世,雖存若隕。庶憑子鮮存衛,藉文種
復吳,卿之謂也。聞卿唯酒是耽,荒廢庶事。吾年已老,卿復
若斯,祖宗之業將誰寄也?"文支頓首陳謝。

邯川人衛章等謀殺孟愷,南啓乞伏熾磐。郭越止之曰:
"孟君寬以惠下,何罪而殺之!吾寧違衆而死,不負君以生。"
乃密告之愷,誘章等飲酒,殺四十餘人。愷懼熾磐軍之至,
馳告文支,文支遣將軍匹珍赴之。熾磐軍到城,聞珍將至,
引歸。

蒙遜又攻樂都,二旬不克而還。鎮南文支以湟河降蒙
遜,徙五千餘户于姑臧。蒙遜又來伐,傉檀以太尉俱延爲質,
蒙遜乃引還。

傉檀議欲西征乙弗,孟愷諫曰："連年不收,上下飢弊,
南逼熾磐,北迫蒙遜,百姓騷動,下不安業。今遠征雖克,後
患必深,不如結盟熾磐,通糴濟難,慰喻雜部,以廣軍資,畜力
繕兵,相時而動。《易》曰:'其亡其亡,繫於苞桑。'惟陛下圖
之。"傉檀曰:"孤將略地,卿無沮衆。"謂其太子武臺曰:"今
不種多年,内外俱窘,事宜西行,以拯此弊。蒙遜近去,不能
卒來,旦夕所慮,唯在熾磐。彼名微衆寡,易以討禦,吾不過
一月,自足周旋。汝謹守樂都,無使失墜。"傉檀乃率騎七千
襲乙弗,大破之,獲牛馬羊四十餘萬。

熾磐乘虛來襲,撫軍從事中郎尉肅言於武臺曰:"今外城
廣大,難以固守,宜聚國人於内城,肅等率諸晉人距戰於外,

如或不捷，猶有萬全。”武臺曰：“小賊蕞爾，旦夕當走，卿何慮之過也。”武臺懼晉人有二心也，乃召豪望有勇謀者閉之於內。孟愷泣曰：“熾磐不道，人神同憤。愷等進則荷恩重遷，退顧妻子之累，豈有二乎！今事已急矣，人思自效，有何猜邪？”武臺曰：“吾豈不知子忠，實懼餘人脱生慮表，以君等安之耳。”一旬而城潰。

安西樊尼自西平奔告傉檀，傉檀謂衆曰：“今樂都爲熾磐所陷，男夫盡殺，婦女賞軍，雖欲歸還，無所赴也。卿等能與吾藉乙弗之資，取契汗以贖妻子者，是所望也。不爾，歸熾磐便爲奴僕矣，豈忍見妻子在他懷抱中！”〔六〕遂引師而西，衆多逃返，遣鎮北段苟追之，苟亦不還。於是將士皆散，惟中軍紇勃、後軍洛肱、安西樊尼、散騎侍郎陰利鹿在焉。傉檀曰：“蒙遜、熾磐昔皆委質於吾，今而歸之，不亦鄙哉！四海之廣，匹夫無所容其身，何其痛也！蒙遜與吾名齊年比，熾磐姻好少年，俱其所忌，勢皆不濟。與其聚而同死，不如分而或全。樊尼長兄之子，宗部所寄，吾衆在北者户垂一萬，〔七〕蒙遜方招懷遐邇，存亡繼絶，汝其西也。紇勃、洛肱亦與尼俱。吾年老矣，所適不容，寧見妻子而死！”遂歸熾磐，唯陰利鹿隨之。傉檀謂利鹿曰：“去危就安，人之常也。吾親屬皆散，卿何獨留？”利鹿曰：“臣老母在家，方寸實亂。但忠孝之義，勢不俱全。雖不能西哭沮渠，申包胥之誠；東感秦援，展毛遂之操，負羈靮而侍陛下者，臣之分也。惟願開弘遠猷，審進止之算。”傉檀歎曰：“知人固未易，人亦未易知。大臣親戚皆棄我去，終始不虧者，唯卿一人。歲寒不凋，見之於卿。”傉檀至西平，熾磐遣使郊迎，待以上賓之禮。

【校勘記】

〔六〕在他懷抱中　殿本作“在他人抱中”。

〔七〕户垂一萬　各本“一萬”作“二萬”，宋本作“一萬”。《通鑑》一一六亦作“一萬”，今從宋本。

初，樂都之潰也，諸城皆降于熾磐，傉檀將尉賢政固守浩亹不下。熾磐呼之曰：“樂都已潰，卿妻子皆在吾間，孤城獨守，何所爲也！”賢政曰：“受涼王厚恩，爲國家藩屏，雖知樂都已陷，妻子爲擒，先歸獲賞，後順受誅，然不知主上存亡，未敢歸命。妻子小事，豈足動懷！昔羅憲待命，晉文亮之；文聘後來，魏武不責。邀一時之榮，忘委付之重，竊用耻焉，大王亦安用之哉！”熾磐乃遣武臺手書喻政，政曰：“汝爲國儲，不能盡節，面縛於人，棄父負君，虧萬世之業，賢政義士，豈如汝乎！”既而聞傉檀至左南，乃降。

熾磐以傉檀爲驃騎大將軍，封左南公。歲餘，爲熾磐所鴆。左右勸傉檀解藥，傉檀曰：“吾病豈宜療邪！”遂死，時年五十一，在位十三年，僞謚景王。武臺後亦爲熾磐所殺。傉檀少子保周、臘于破羌、〔八〕俱延子覆龍、鹿孤孫副周、烏孤孫承鉢皆奔沮渠蒙遜。久之，歸魏，魏以保周爲張掖王，覆龍酒泉公，破羌西平公，副周永平公，承鉢昌松公。

【校勘記】

〔八〕傉檀少子保周臘于破羌　《通志》一九二“臘”作“獵”。《通鑑》一一六“臘于破羌”四字作“賀”。按：《魏書·源賀傳》，賀，傉檀子，初名“破羌”。則“破羌”人名。下稱魏封“破羌西平公”，亦可證。“臘于破羌”不可解，《通志》改“臘”作“獵”，則以爲地名，實誤。疑“保周”下文有譌脱，

"于"乃"子"字之謁。

烏孤以安帝隆安元年僭立，至傉檀三世，凡十九年，〔九〕以安帝義熙十年滅。

【校勘記】

〔九〕凡十九年　《御覽》一二六引《南涼錄》云："自烏孤太初九年歲在丁酉至檀薨之歲甲寅十有八載。"《斠注》：隆安元年丁酉至義熙十年甲寅實十八年也，崔氏不誤，《載記》誤多一年。按：《通志》一九二亦作"十八年"，此處"九"字當是"八"之謁。

史臣曰：禿髮累葉酋豪，擅强邊服，控弦玉塞，躍馬金山，候滿月而窺兵，乘折膠而縱鏑，禮容弗被，聲教斯阻。烏孤納苻渾之策，治兵以討不賓；鹿孤從史暠之言，建學而延胄子。遂能開疆河右，抗衡强國。道由人弘，抑此之謂！

傉檀承累捷之銳，藉二昆之資，摧吕氏算無遺策，取姑臧兵不血刃，武略雄圖，比蹤前烈。既而叨竊重位，盈滿易期，窮兵以逞其心，縱慝自貽其弊，地奪於蒙遜，勢衄於赫連，覆國喪身，猶爲幸也。昔宋殤好戰，致灾於華督；楚靈黷武，取殺於乾谿。異代同亡，其於傉檀見之矣。

贊曰：禿髮弟兄，擅雄群虜。開疆河外，清氛西土。傉檀傑出，騰駕時英。窮兵黷武，喪國積聲。

頁三一四七至三一五八、三一五九至三一六〇

《晉書》卷九十五《列傳第六十五·藝術·曇霍》

沙門曇霍者，不知何許人也。禿髮傉檀時從河南來，持一錫杖，令人跪曰："此是般若眼，奉之可以得道。"時人咸異

之。或遺以衣服，受而投之於河，後日以還其本主，衣無所汙。行步如風雲，言人死生貴賤無毫釐之差。人或藏其錫杖，曇霍大哭數聲，閉目須臾，起而取之，咸奇其神異，莫能測也。每謂傉檀曰："若能安坐無爲，則天下可定，祚胤克昌。如其窮兵好殺，禍將及已。"傉檀不能從。

傉檀女病甚，請救療，曇霍曰："人之生死自有定期，聖人亦不能轉禍爲福，曇霍安能延命邪！正可知早晚耳。"傉檀固請之。時後宮門閉，曇霍曰："急開後門，及開門則生，不及則死。"傉檀命開之，不及而死。後兵亂，不知所在也。

頁二五〇二至二五〇三

《魏書》卷九十九《列傳第八十七·鮮卑秃髮烏孤》

鮮卑秃髮烏孤，八世祖匹孤自塞北遷于河西。其地東至麥田、牽屯，西至濕羅，南至澆河，北接大漠。匹孤死，子壽闐統任。初母孕壽闐，因寢産於被中，乃名秃髮，其俗爲被覆之義。五世祖樹機能壯果多謀略，晉泰始中，殺秦州刺史胡烈於萬斛堆，〔六〕敗涼州刺史蘇愉于金山。咸寧中，又斬涼州刺史楊欣於丹嶺，盡有涼州之地。後爲部民没骨所殺，從弟務丸統任。務丸曾孫思復犍，部衆稍盛，即烏孤父也。

【校勘記】

〔六〕殺秦州刺史胡烈於萬斛堆　諸本"萬"作"高"，《晉書》卷一二六《秃髮烏孤載記》作"萬"。按《晉書》卷三《武帝紀》泰始六年六月、卷五七《胡奮傳》附見胡烈都作"萬斛堆"。"高"乃"萬"字形近而訛，今據改。

思復犍死，烏孤統任。皇始初，吕光拜烏孤益州牧、左賢王。烏孤私署大都督、大將軍、大單于、西平王，年號太初。天興初，烏孤又稱武威王，徙治樂都，置車騎將軍已下，分立郡縣。烏孤因酒走馬，馬倒傷脅，笑曰："幾爲吕光父子所喜。"既而遂死。

弟涼州牧、西平公利鹿孤統任，徙治西平，改年建和。使使朝貢。遣弟車騎將軍傉檀拒吕纂，纂士馬精銳，軍人大懼，傉檀下馬據胡床，以安衆情。乃貫甲交戰，破纂軍，斬二千餘級。〔七〕利鹿孤私署百官，自丞相以下。

【校勘記】

〔七〕斬二千餘級　諸本無"斬"字，於文理不洽，今據《晉書》卷一二六補。

利鹿孤死，傉檀統任，私署涼王。還居樂都，年號洪昌。遣使朝貢。

天賜中，傉檀詐降姚興，興以傉檀爲涼州刺史，遂據姑臧。與沮渠蒙遜戰於均石，爲蒙遜所敗。傉檀又爲赫連屈丐所破於陽武，以數千騎奔南山，①幾爲追騎所得。懼東西寇至，乃徙三百里内民於姑臧。姚興乘釁遣將姚弼等至於城下，傉檀驅牛羊於野，弼衆采掠，傉檀因分擊大破之，弼乃退還。傉檀又自署涼王，署百官，改號嘉平。永興中，盡衆伐沮渠蒙遜，爲蒙遜所敗於窮泉，單馬歸姑臧。懼爲蒙遜所滅，〔八〕乃遷于樂都。蒙遜以兵圍之，築室反耕，爲持久之計。傉檀

①據中華書局點校修訂本《魏書·鮮卑禿髮烏孤傳》校勘記〔一六〕頁二三九五：以數千騎奔南山　"千"字疑衍。按《晉書》卷一二六《禿髮傉檀載記》、《册府》卷二三四、《通鑑》卷一一四《晉紀》三六義熙三年十一月並作"數騎"。

以子保周爲質於蒙遜，蒙遜乃還。

【校勘記】

〔八〕懼蒙遜所滅　諸本脱“爲”字，於文理不洽，今據《晉書》卷一二六補。

神瑞初，傉檀率騎擊乙弗虜，大有擒獲，而乞伏熾磐乘虚襲樂都克之，執傉檀子虎臺以下。傉檀聞之曰：“若歸熾磐，便爲奴僕，豈忍見妻子在他懷中也！”引衆而西，衆皆離散。傉檀曰：“蒙遜、熾磐昔皆委質於吾，今而歸之，不亦鄙哉！四海之廣，無所容身，何其痛乎！”既乃歎曰：“吾老矣，寧見妻子而死。”遂降熾磐，熾磐待以上賓之禮，用爲驃騎大將軍，封左南公。歲餘，鴆殺之。傉檀少子賀，後來奔，自有《傳》。

頁二二〇〇至二二〇二、二二一一

《高僧傳》卷第十《神異下·晉西平釋曇霍》

釋曇霍者，未詳何許人。蔬食苦行，常居塚間樹下，專以神力化物。時河西鮮卑偸髮利鹿孤愆〔一〕據西平，自稱爲王，號年建和。建和二年（公元四〇一年）十一月，霍從河南來，至自西平，持一錫杖，令人跪之，云：“此是波若眼，奉之可以得道。”人遺其衣物，受而輒投諸地，或放之河中。有頃，衣自還本主，一無所污。行疾如風，力者追之，恒困不及。言人死生貴賤，毫釐無爽。人或藏其錫杖，霍閉目少時，立知其處，並奇其神異，終莫能測。然因之事佛者甚衆。

鹿孤有弟耨檀，假署車騎，權傾僞國。性猜忌，多所賊害。霍每謂檀曰：“當修善行道，爲後世橋梁。”〔二〕檀曰：“僕先世以來，恭事天地名山大川。今一旦奉佛，恐違先人之旨。

公若能七日不食,顏色如常,是爲佛道神明,僕當奉之。”乃使人幽守七日,而霍無飢渴之色。檀遣沙門智行密持餅遺霍,霍曰:“吾嘗誰欺,欺[三]國王耶?”檀深奇之,厚加敬仰。因此改信,節殺興慈。國人既蒙其祐,咸稱曰大師,出入街巷,百姓並迎爲之禮。

　　檀有女,病甚篤,請霍救命,霍曰:“死生有命,聖不能轉,吾豈能延壽? 正可知早晚耳。”檀固請之,時宮後門閉,霍曰:“急開後門,及開則生,不及則死。”檀命開之不及而卒。至晉義熙[四]三年(公元四〇七年),耨檀爲勃勃所破,涼土兵亂,不知所之。

【校注】

〔一〕《弘教》本、金陵本“惢”作“儹”。

〔二〕《晉書·曇霍傳》謂:“霍每謂檀曰:‘若能安坐無爲,則天下可定,祚胤克昌。如其窮兵好殺,禍將及己。’檀不能從。”

〔三〕三本、金陵本“欺”上有“而”。

〔四〕原本作“照”誤,據《弘教》本、金陵本、《名僧傳鈔》改正。

　　　　　　　　頁三七四至三七五、三七六

《太平御覽》卷一二六《偏霸部一〇·南涼秃髮烏孤》

　　崔鴻《十六國春秋·南涼録》曰:秃髮烏孤,河西鮮卑人也。八世祖疋孤自塞北遷于河西。孤卒,子壽闐立。闐孫機能,壯果多謀略。晉太始中,殺秦州刺史胡烈於萬斛堆,敗涼州刺史蘇愉于金山,又殺涼州刺史楊欣於丹嶺,盡有涼

州之地，武帝爲之肝食。能死，從弟務丸代立。丸死，孫推斤
立。斤死，子思復鞬立，部落轉盛，遂據涼土。鞬卒，子烏孤
襲位，養民務農，循結鄰好。吕光進封孤廣武郡公、益州牧、
左賢王。太初元年正月，改元，自稱大將軍、大單于、西平王。
以弟鹿孤爲驃騎將軍，傉檀爲車騎將軍。二年，改稱武威王。
三年正月，徙治樂都。八月，孤因酒走馬，馬倒，傷脅，笑曰：
“幾使吕光父子大喜。”俄而患甚，顧謂群臣曰：“方難未靖，宜
立長君。”言終而薨。謚武王，廟號烈祖。

　　《晉書》曰：禿髮烏孤，其先與後魏同出。八世祖疋孤率
其部自塞北遷于河西，其地東至麥田、牽屯，西至顯羅，南至
澆河，北接大漠。疋孤子壽闐之在孕，母胡掖氏因寢而産於
被中，鮮卑謂被爲禿髮，因而氏焉。

頁六〇九上

《太平御覽》卷一二六《偏霸部一〇・南涼禿髮利鹿孤》

　　崔鴻《十六國春秋・南涼録》曰：利鹿孤，烏孤弟。太
初三年八月，即位，大赦，改治西平。建和元年正月，大赦，改
年，延耆老，訪政治。二年，群臣固請即尊號，不許，乃僭稱河
西王。三年三月，寢疾，令曰：“昔我諸兄弟傳位非子者，蓋
以泰伯三讓，周道以興故也。武王創踐寶曆，垂諸樊之試，終
能克昌家業者，其在車騎乎！吾寢疾惙頓，是將不濟，内外多
虞，國機務廣，其令車騎經揔百揆，以成先王之志。”薨，謚康
王，葬西平陵。

頁六〇九上至六〇九下

《太平御覽》卷一二六《偏霸部一〇·南涼禿髮傉檀》

崔鴻《十六國春秋·南涼録》曰：傉檀，利鹿孤弟也。少機警，有才略。建和三年襲位，徙號涼王，遷于樂都，改爲弘昌元年。秦遣使拜車騎將軍、廣武公。四年六月，秦遣授河右諸軍事、涼州刺史，鎮姑臧。七月，醮群寮于宣德堂，仰視而歎曰："古人言'作者不居，居者不作'，信矣。"前昌松太守孟褘進曰："張文王築城苑，繕宮廟，構此堂，爲貽厥之資，萬世之業，秦師濟河，灌然瓦解。此堂之建，年垂百載，十有三主，唯信順可以久安，仁義可以永固。願大王勉之。"檀曰："非君無以聞讜言也。"八月，以鎮南大將軍文支鎮姑臧。檀遷于樂都，雖受制於秦，車服禮制一如王者。十一月，遷于姑臧。嘉平元年十一月，僭即涼王位於南郊，大赦，改年嘉平，置百官，立世子虎臺爲太子。二年正月，以子明德歸爲南中郎將，領昌松太守。歸雋爽聰悟，檀甚寵之，年始十三，命爲《昌高殿賦》，援筆即成，影不移漏，檀覽而善之，擬之曹子建。七年，傉檀議欲西征乙弗，孟愷諫曰："連年不收，上下飢弊，南逼熾磐，北迫蒙遜，今遠征雖剋，後患必深。"傉檀曰："孤將略地，卿無沮衆。"謂其太子武臺曰："今不種多年，内俱窘，事宜西行，以拯此弊。蒙遜近去，不能卒來，且夕所慮，唯在熾磐。彼名微衆寡，易以討禦，吾不過一月，自足周旋。汝謹守樂都，無使失墜。"傉檀乃率騎七千西襲乙弗，大破之，獲牛馬羊四十餘萬。熾磐乘虛來襲，一旦而城潰。安西樊尼自西平奔告傉檀，傉檀謂衆曰："今樂都爲熾磐所陷，卿等能與吾藉乙弗之資，取契汗以贖妻子者，所望也。"遂引師而西，衆多逃返，遣鎮北段苟追之，苟亦不還。於是將士皆散。傉檀曰："熾磐昔委質於吾，今而歸之，不亦鄙乎！四海之廣，無所容其身，何其痛哉！吾老矣，寧見妻子而死。"遂歸熾磐。六月，至西平，磐遣使郊迎，以上賓之禮。歲餘，爲熾磐所鴆。謚景王，時年五十一。武臺亦爲熾磐所害。少子保周歸魏，魏以爲張掖王。自烏孤太初元年歲在丁酉，至檀薨之歲甲寅，十有八歲。

《晉書》曰：烏孤以安帝隆安元年僭立，至傉檀三世，凡十九年，以安帝義熙十年滅。

頁六〇九下至六一〇上

《太平御覽》卷六五五《釋部三・異僧上》（節録）

又曰：沙門曇霍，禿髮傉檀時從河南來，持一錫杖，令人跪曰："此是波若眼，奉之可以得道。"或人藏其錫杖，曇霍大哭數聲，開目須臾，起而取之，咸奇其神異，莫能測也。後兵亂，不知所如。

頁二九二七上

《册府元龜》卷二一九《僭僞部・姓系》（節録）

南涼禿髮烏孤，河西鮮卑人也。其先與後魏同出，八世祖匹孤率其部自塞北遷於河西。其地東至麥田、牽屯，西至濕羅，南至澆河，北接大漠。匹孤卒，子壽闐立。初，壽闐之在孕，母胡掖氏因寢而產於被中，鮮卑謂被爲禿髮，因而氏焉。壽闐卒，孫樹機能立，壯果多謀略。晉武帝泰始中，殺秦州刺史胡烈於萬斛堆，殺涼州刺史蘇愉於金山，盡有涼州之地,武帝爲之旰食。後爲馬隆所敗,部下殺之。以隆弟務丸立,死;孫堆斤立,死。子思復鞬立,部眾稍盛,烏孤即思復鞬之子也。安帝隆安元年,自稱大都督、大將軍、大單于、西平王,在位三年。弟利鹿孤立,徙居西平。利鹿孤在位三年,弟傉檀嗣。傉檀僭號涼王,遷於樂都,在位十三年,年五十一,爲乞伏熾磐所滅。始烏孤以安帝隆安元年僭立,凡三世十有九年。

頁二六二七下至二六二八上

《册府元龜》卷二三一《僭僞部・征伐》(節録)

南涼禿髮烏孤僭稱大單于、西平王,曜兵廣武,攻剋金城。吕光遣將軍竇苟來伐,戰於街亭,大敗之,降光樂都、湟河、澆河三郡。

禿髮利鹿孤襲其兄烏孤僞位。吕纂來伐,使弟傉檀距之。與纂戰,敗之,斬首二千餘級。纂西擊段業,傉檀率騎一萬乘虛襲姑臧。纂弟緯守南北城以自固,傉檀耀兵於青陽門,虜八千餘户而歸。其後僭稱河西王,率師伐吕隆,大敗之。又遣傉檀攻吕隆昌松太守孟禕於顯美,剋之。

禿髮傉檀嗣其兄利鹿孤位,僭稱涼王,遣其將文支討南羌、西虜,大破之,傉檀於是率師伐沮渠蒙遜,攻於氐池,蒙遜嬰城固守,芟其禾苗,至于赤泉而還。傉檀僞游澆河,襲徙西平、湟河諸羌三萬餘户於武興、番禾、武威、昌松四郡。姚興遣其將姚弼及斂成等率步騎三萬來伐,又使其將姚顯爲弼等後繼,遺傉檀書云:“遣尚書左僕射齊難討赫連勃勃,懼其西逸,故令弼等於河西邀之。”傉檀以爲然,遂不設備,弼至姑臧,屯於西苑,傉檀命諸郡縣悉驅牛羊於野,斂成縱兵虜掠,傉檀遣其鎮北俱延、鎮軍敬歸等十將軍率騎分擊,大敗之,斬首七千餘級,姚弼固壘不出,傉檀攻之,未剋,乃斷水上流,欲以持久斃之,會雨甚,堰壞,弼軍乃振,姚顯聞弼敗,兼道赴之,軍勢甚盛,遣射將孟欽等五人,挑戰於涼風門,弧未及發,材官將軍朱益等馳擊,斬之,顯乃委罪斂成,遣使謝傉檀,引師而歸。又遣其左將軍枯木、駙馬都尉胡康伐沮渠蒙遜,掠臨松人千餘户而還。蒙遜大怒,率騎五千,至于顯美方亭,破車蓋鮮卑而退。

頁二七五二下至二七五三上

《册府元龜》卷二三四《僭偽部・兵敗》（節録）

南涼禿髮傉檀僭稱河西王,徵集戎夏之兵五萬餘人,大閱於方亭,遂伐沮渠蒙遜。入西陜,蒙遜率衆來距,戰于均石,爲蒙遜所敗。傉檀率騎二萬,運穀四萬石以給西郡,蒙遜攻西郡,陷之。其後傉檀又與赫連勃勃戰于陽武,爲勃勃所敗,將佐死者十餘人,傉檀與數騎奔南田,幾爲追騎所得。蒙遜進圍姑臧,百姓懲東苑之戮,悉皆驚散。叠掘、麥田、車蓋諸部盡降于蒙遜。傉檀遣使請和,蒙遜許之,乃遣司隸校尉敬歸及子他爲質。歸至胡坑逃還,他爲追兵所執,蒙遜徙其衆八千餘户而歸。吐谷渾樹洛干率衆來伐,傉檀遣其太子武臺距之,爲洛干所敗。傉檀又將伐蒙遜,邯川護軍孟愷諫曰:“蒙遜初并姑臧,凶勢甚盛,宜固守伺隙,不可妄動。”不從。五道俱進,至番禾、苕藋,掠五千餘户。其將屈右進曰:“陛下轉鬭千里,前無完陣,徙户資財,盈溢衢路,宜倍道旋師,早度峻險。蒙遜善於用兵,士衆習戰,若輕車卒至,出吾慮表,大敵外逼，徙户内攻，危之道也。”衛尉伊力延曰：“我軍勢方盛，將士勇氣固倍，彼徒我騎，勢不相及。若倍道旋師，必捐棄資財，示人以弱，非計也。”屈右出而告其諸弟曰：“吾言不用，天命也。此吾兄弟死地！”俄而昏霧風雨，蒙遜軍大至，傉檀敗績而還。赫連勃勃求婚於傉檀，傉檀弗許。勃勃怒，率騎二萬來伐，殺傷萬餘人。傉檀率衆追之，其將焦朗謂傉檀曰：“勃勃天姿雄鷙，御軍齊肅，未可輕也。今因抄掠之資，率思歸之士，人自爲戰，難與爭鋒。不如從温圍北渡，趣萬斛堆，阻水結營，制其咽喉。百戰百勝之術也。”傉檀將賀連怒曰：“勃勃以死亡之餘，率烏合之衆，犯順結禍，幸有大功。今牛羊塞路，財寶若山，窘弊之餘，人懷貪競，不能督屬士衆以抗我也。我以大軍臨之，必士傾魚潰。今引軍避之，示敵以弱。我衆氣銳，宜在速追。”傉檀曰：“吾追計決矣，敢諫者斬！”勃勃聞而大喜，乃於陽武下陝鑿陵埋車以塞路。傉檀遣善射者射之，中勃勃左臂。勃勃乃勒衆逆擊，大破之，追奔八十餘里，殺傷萬計，斬其大將十餘人，以爲京觀，號髑髏臺。

頁二七八四下至二七八五下

《通志》卷二十九《氏族五·禿髮氏》

　　禿髮氏。西河鮮卑也，與後魏同出。聖武帝詰汾長子疋孤，神元時率其部衆徙河西。六代孫樹機能據有涼州。其族孫思復鞬生烏孤，僭號西平王，稱南涼，都廣武。弟利鹿孤、傉檀三主十八年。爲乞伏熾磐所滅，傉檀之子賀歸魏，太武賜姓源氏。

頁四七四下

《通志》卷一百九十二《載記七·南凉》

秃髪烏孤　利鹿孤　傉檀

秃髪烏孤,河西鮮卑人也。其先與後魏同出,八世祖匹孤率其部自塞北遷于河西。其地東至麥田、牽屯,西至濕羅,南至澆河,北接大漠。匹孤卒,子壽闐立。初,壽闐之在孕,母胡掖氏因寢而産於被中,鮮卑謂被爲秃髪,因而氏焉。壽闐卒,孫樹機能立,壯果多謀略。泰始中,殺秦州刺史胡烈於萬斛堆,敗凉州刺史蘇愉于金山,盡有凉州之地。武帝爲之盱食,後爲馬隆所敗,部下殺之以降。從弟務丸死,孫推斤立。死,子思復鞬立。部衆稍盛,烏孤即思復鞬之子也。及嗣位,務農桑,修鄰好。吕光遣使署爲假節、冠軍大將軍、河西鮮卑大都統、廣武縣侯。烏孤謂諸將曰:"吕氏遠來假授,當可受不?"衆咸曰:"吾士衆不少,何故屬人!"烏孤將從之,其將石真若留曰:"今本根未固,理宜隨時,光德刑修明,境内無虞,若致死於我者,大小不敵,後雖悔之,無所及也。不如受而遵養之以待其釁。"烏孤乃受之。烏孤討乙弗、折掘二部大破之,遣其將石亦干築廉川堡以都之。烏孤登廉川大山,泣而不言,石亦干進曰:"臣聞主憂臣辱,主辱臣死。大王所爲不樂者,將非吕光乎。光年已衰老,師徒屢敗,今我以士馬之盛,保據大川,乃可以一擊百,光何足懼也。"烏孤曰:"光之衰老,亦吾所知,但我祖宗以德懷遠,殊俗憚威,盧陵、契汗萬里委順,及吾承業,諸部背叛,邇既乖違,遠何以附,所以泣耳。"其將苻渾曰:"大王何不振旅誓衆以討冥罪。"烏孤從之,大破諸部。吕光封烏孤廣武郡公,又討息云鮮卑,大破之。光又遣使署烏孤征南大將軍、益州牧、左賢王。烏孤謂使者曰："呂王昔以專征之威，遂有此州，不能以德柔遠，惠安黎庶，諸子貪淫，三甥肆暴，郡縣土崩，下無生賴，吾安可違天下之心，受不義之爵！帝王之起，豈有常哉！無道則滅，有德則昌，吾將順天人之望，爲天下之主。"留其鼓吹羽儀，謝使其而遣之。隆安元年，自稱大都督、大將軍、大單于、西平王，赦其境內，年號太初。曜兵廣武，攻克金城，光遣將軍竇苟來伐，戰于街亭，大敗之。降光樂都、湟河、澆河三郡，嶺南羌胡數萬落皆附之。光將楊軌、王乞基率戶數千來奔。烏孤更稱武威王。後三歲，徙于樂都，署弟利鹿孤爲驃騎大將軍、西平公，鎮安夷，傉檀爲車騎大將軍、廣武公，鎮西平。以楊軌爲賓客。金石生、時連珍，四夷之豪儁；陰訓、郭倖，西州之德望；楊統、楊貞、衛殷、麴丞明、郭黃、郭奮、史暠、鹿嵩，文武之秀傑；梁昶、韓疋、張昶、郭韶，中州之才令；金樹、薛翹、趙振、王忠、趙晁、蘇霸，秦雍之世門，皆內居顯位，外宰郡縣。官方授才，咸得其所。烏孤從容謂其群下曰："隴右區區數郡地耳。因其兵亂分裂，遂至十餘。乾歸擅命河南，段業阻兵張掖，虐氏假息，偷據姑臧，吾藉父兄遺烈，思廓清西夏，兼弱攻昧，三者何先？"楊統進曰："乾歸本我所部，終必歸服，段業儒生，才非經世，權臣擅命，制不由己，千里伐人，糧運懸絕，且與我鄰好，許以分灾共患，乘其危弊，非義舉也。呂光衰老，嗣紹沖闇，二子篡、弘，雖頗有文武，而內相猜忌。若天威臨之，必應鋒瓦解。宜遣車騎鎮浩亹，鎮北據廉川，乘虛迭出，多方以誤之，救右則擊其左，救左則擊其右，使篡疲於奔命，人不得安其農業。兼弱攻昧，於是乎在，不出二年，可以坐定姑臧。姑臧既拔，二寇不待兵戈，自然服矣。”烏孤然之。
遂陰有吞并之志。段業爲吕纂所侵，遣利鹿孤救之。纂懼，
燒氐池、張掖穀麥而還。以利鹿孤爲凉州牧，鎮西平，追傉檀
入録府國事。是歲，烏孤因酒墜馬，傷脅，笑曰：“幾使吕光父
子大喜。”俄而患甚，顧謂群下曰：“方難未静，宜立長君。”言
終而死。在王位三年，僞謚武王，廟號烈祖。弟利鹿孤立。

　　利鹿孤以隆安三年即僞位，赦其境内，殊死已下，又徙
居于西平。使記室監麴梁明聘于段業。業曰：“貴主先王創
業啓運，功高先世，宜爲國之太祖，有子何以不立？”梁明曰：
“有子羌奴，先王之命也。”業曰：“昔成王弱齡，周召作宰，漢
昭八歲，金霍夾輔。雖嗣子冲幼，而二叔休明，左提右挈，不
亦可乎？”梁明曰：“宋宣能以國讓，《春秋》美之；孫伯符委
事仲謀，終開有吴之業。且兄終弟及，殷湯之制也，亦聖人
之格言，萬代之通式，何必允己爲是，紹兄爲非。”業曰：“美
哉！使乎之義也。”利鹿孤聞吕光死，遣其將金樹、蘇翹率騎
五千屯于昌松漠口。既逾年，赦其境内，改元曰建和。二千
石長吏，清高有惠化者，皆封亭侯、關内侯。吕纂來伐，使傉
檀距之。纂士卒精鋭，進度三堆，三軍擾懼。傉檀下馬據胡
床而坐，士衆心乃始安。與纂戰，敗之，斬二千餘級。纂西擊
段業，傉檀率騎一萬，乘虚襲姑臧。纂弟緯守南北城以自固。
傉檀置酒于朱明門上，鳴鐘鼓以饗將士，耀兵于青陽門，虜
八千餘户而歸。乞伏乾歸爲姚興所敗，率騎數百來奔，處之
晉興，待以上賓之禮。乾歸遣子謙等質于西平。鎮北將軍俱
延言於利鹿孤曰：“乾歸本我之屬國，妄自尊立，理窮歸命，非
有款誠。若奔東秦，必引師西侵，非我利也。宜徙於乙弗之

間,防其越逸之路。"利鹿孤曰:"吾方弘信義以收天下之心,
乾歸投誠而徙之,四海將謂我不可以誠信託也。"俄而乾歸
果奔于姚興。利鹿孤謂延曰:"不用卿言,乾歸果叛,卿爲吾
行也。"延追乾歸至河,不及而還。利鹿孤立二年,龍見于長
寧,麒麟游于綏羌,於是群臣勸進,以隆安五年僭稱河西王。
其將鍮勿崘進曰:"昔我先君肇自幽朔,被髮左袵,無冠冕之
儀,遷徙不常,無城邑之制,用能中公天下,威振殊境。今建
大號,誠順天心。然寧居樂土,非貽厥之規;倉府粟帛,生敵
人之志。且首兵始號,事必無成,陳勝、項籍,前鑒不遠。宜
置晉人於諸城,勸課農桑,以供軍國之用,我則習戰法以誅未
賓。若東西有變,長算以縻之;如其敵强於我,徙而以避其
鋒,不亦善乎!"利鹿孤然其言。於是率師伐吕隆,大敗之,
獲其右僕射楊桓。傉檀謂之曰:"安寢危邦,不思擇木,老爲
囚虜,豈曰智也!"桓曰:"受吕氏厚恩,位忝端貳,雖洪水滔
天,猶欲濟彼俱溺,實耻爲叛臣以見明主。"傉檀曰:"卿忠臣
也!"以爲左司馬。祠部郎中史嵩謂利鹿孤曰:"古之王者,
行師以全軍爲上,破國次之,拯溺救焚,東征西怨。今不以綏
寧爲先,唯以徙户爲務,安土重遷,故有離叛,所以斬將克城,
土不加廣。今取士拔才,必先弓馬,文章學藝爲無用之條,非
所以來遠人,垂不朽也。孔子曰:'不學禮,無以立。'宜建學
校,開庠序,選耆德碩儒以訓胄子。"利鹿孤善之,於是以田
元沖、趙誕爲博士祭酒,以教胄子。時利鹿孤雖僭位,尚臣姚
興。楊桓兄經佐命姚萇,早死,興聞桓有德望,徵之。利鹿孤
不敢留,爲之流涕而遣之。利鹿孤又遣傉檀攻吕隆昌松太守
孟禕于顯美,克之。傉檀執禕而數以不降之罪,禕曰:"夫能

忠於彼者，必亦忠於此，褘受吕氏厚恩，受藩屏之，任明公至
而歸命，執事謂何？”傉檀大悦，釋其縛，待以客禮。徙顯美、
麗軒二千餘户而歸。嘉褘忠烈，拜左司馬。褘請曰：“爲人
守而不全，復參顯任，竊所未安。如得明公之恩，俾就戮於姑
臧，死且不朽。”傉檀義而許之。吕隆爲沮渠蒙遜所伐，遣使
乞師，利鹿孤引群下議之。尚書左丞婆衍崙曰：“二寇相殘，
適足爲吾取之，資不宜救也。”傉檀曰：“姑臧，河西一都之
會，不可使蒙遜據之，宜在速救。”利鹿孤曰：“車騎之言，吾
之心也。”遂遣傉檀率騎一萬救之。至昌松而蒙遜已退，傉檀
徙涼澤、段冢五百餘家而歸。利鹿孤寢疾，令曰：“内外多虞，
國機務廣，其令車騎嗣業，以成先王之志。”在位三年而死，葬
于西平之東，僞謚曰康王。弟傉檀嗣。

　　傉檀少機警，有才略。其父奇之，謂諸子曰：“傉檀明識
幹藝，非汝等輩也。”是以諸兄不以授子，欲傳之於傉檀。及
利鹿孤即位，垂拱而已，軍國大事皆以委之。元興元年，僭號
涼王，遷于樂都，改元曰弘昌。初，乞伏乾歸之在晉興也，以
世子熾磐爲質。後熾磐逃歸，爲追騎所執，利鹿孤命殺之。
傉檀曰：“臣子逃歸君父，振古通義，故魏武善關羽之奔，秦昭
恕項襄之逝。熾磐雖逃叛，孝心可嘉，宜垂全宥以弘海岳之
量。”乃赦之。至是，熾磐又奔允街，傉檀歸其妻子。姚興遣
使拜傉檀車騎將軍、廣武公。傉檀大城樂都。姚興遣將齊難
率衆迎吕隆於姑臧，傉檀攝昌松、魏安二戍以避之。興涼州
刺史王尚遣主簿宗敞來聘。敞父燮，吕光時自湟河太守入爲
尚書郎，見傉檀于廣武，執其手曰：“君神爽宏拔，逸氣凌雲，
命世之傑也，必當克清世難。恨吾年老不及見耳，以敞兄弟

託君。”至是，傉檀謂敵曰：“孤以常才，謬爲尊先君所見稱，每自恐有累大人水鏡之明。及忝家業，竊有懷君子。《詩》云：‘中心藏之，何日忘之。’不圖今日得見卿也。”敵曰：“大王仁侔魏祖，存念先人，雖朱暉眄張堪之孤，叔向撫汝齊之子，無以加也。”酒酣，語及平生。傉檀曰：“卿魯子敬之儔，恨不與卿共成大業耳。”傉檀以姚興之盛，又密圖姑臧，乃去其年號，罷尚書丞郎官，遣參軍關尚聘于興。興謂尚曰：“車騎投誠獻款，爲國藩屛，擅興兵衆，輒造大城，爲臣之道固若是乎？”尚曰：“王侯設險以自固，先王之制也，所以安人衛衆，豫備不虞。車騎僻在遐藩，密邇勍寇，南則逆羌未賓，西則蒙遜跋扈，蓋爲國家重門之防，不圖陛下忽以爲嫌。”興笑曰：“卿言是也。”傉檀遣其將文支討南羌、西虜，大破之。上表姚興，求涼州，不許，加傉檀散騎常侍，增邑二千戶。傉檀於是率師伐沮渠蒙遜，次于氏池。蒙遜嬰城固守，芟其禾苗，至于赤泉而還。獻興馬三千匹，羊三萬頭。興乃署傉檀爲使持節、都督河右諸軍事、車騎大將軍、領護匈奴中郎將、涼州刺史，常侍、公如故，鎮姑臧。傉檀率步騎三萬次于五澗，興涼州刺史王尚遣辛晁、孟禕、彭敏出迎。尚出自清陽門，鎮南文支入自涼風門。宗敵以別駕送尚還長安，傉檀曰：“吾得涼州三千餘家，情之所寄，唯卿一人，奈何捨我去乎？”敵曰：“今送舊君，所以忠於殿下。”傉檀曰：“吾今新牧貴州，懷遠安邇之略，爲之若何？”敵曰：“涼土雖斃，形勝之地，道由人弘，實在殿下。段懿、孟禕，武威之宿望；辛晁、彭敏，秦隴之冠冕；裴敏、馬輔，中州之令族；張昶，涼國之舊允；張穆、邊憲、文齊、楊班、梁崧、趙昌，武同飛羽。以大王之神略，撫之以威信，農戰並修，文教兼設，可以縱橫於天下，河右豈足定乎！"傉檀大悦，賜敞馬二十匹。於是大饗文武於謙光殿，班賜金馬各有差。遣西曹從事史暠聘于姚興。興謂暠曰："車騎坐定涼州，衣錦本國，其德我乎？"暠曰："車騎積德河西，少播英問，王威未接，投誠萬里。陛下官方任才，量功授職，彝倫之常，何德之有！"興曰："朕不以州授車騎者，車騎何從得之！"暠曰："使河西雲擾、吕氏顛狽者，實由車騎兄弟傾其根本。陛下雖鴻羅遐被，涼州猶在天綱之外。故征西以周召之重，力屈姑臧；齊難以王旅之盛，勢挫張掖。王尚孤城獨守，外逼群狄，陛下不連兵十年，殫竭中國，涼州未易取也。今以虚名假人，内收大利，乃知妙算自天，聖與道合，雖云遷授，蓋亦時宜。"興悦其言，拜騎都尉。傉檀讌群寮于宣德堂，仰視而歎曰："古人言作者不居，居者不作，信矣。"孟禕曰："張文王築城苑，繕宫廟，爲貽厥之資，萬世之業，秦師濟河，濯然瓦解。梁熙據全州之地，擁十萬之衆，軍敗於酒泉，身死於彭濟。吕氏以排山之勢，王有西夏，率土崩離，銜壁秦雍。寬饒有言：'當貴無常，忽輒易人。'此堂之建，年垂百載，十有二年，唯信順可以久安，仁義可以永固，願大王勉之。"傉檀曰："非君無以聞讜言也。"傉檀雖受制於姚興，然車服禮章一如王者。以宗敞爲太府主簿、録記室事。傉檀僞游澆河，襲徙西平、湟河諸羌三萬餘户于武興、番禾、武威、昌松四郡。徵集戎夏之兵五萬餘人，大閲於方亭，遂伐沮渠蒙遜，入西硤。蒙遜率衆來距，戰於均石，爲蒙遜所敗。傉檀率騎二萬，運穀四萬石以給西郡。蒙遜攻西郡，陷之。其後傉檀又與赫連勃勃戰於陽武，爲勃勃所敗，將佐死者十餘人，傉檀與數騎奔南山，幾爲追騎所得。傉檀懼東西寇至，徙三百里內百姓入於姑臧，國中駭怨。屠各成七兒因百姓之擾也，率其屬三百人叛傉檀於北城。推梁貴爲盟主，貴閉門不應。一夜衆至數千。殿中都尉張猛大言於衆曰："主上陽武之敗，蓋恃衆故也。責躬悔過，明君之義，諸君何故從此小人作不義之事！殿內虎旅正爾相尋，目前之危，悔將無及。"衆聞之，咸散。七兒奔晏然，殿中騎將白路等追斬之。軍諮祭酒梁衰、輔國司馬邊憲等七人謀反，傉檀悉誅之。姚興以傉檀外有陽武之敗，內有邊、梁之亂，遣其尚書郎韋宗來觀釁。傉檀與宗論六國縱橫之規，三家戰爭之略，遠言天命廢興，近陳人事成敗，機變無窮，辭致清辯。宗出而歎曰："命世大才、經綸名教者，不必華宗夏士；撥煩理亂、澄氣濟世者，亦未必《八索》、《九邱》。《五經》之外，冠冕之表，復自有人。車騎神機秀發，信一代之偉人，由余、日磾豈足爲多也！"宗還長安，言於興曰："涼州雖殘弊之後，風化未頹；傉檀權詐多方，憑山河之固，未可圖也。"興曰："勃勃以烏合之衆尚能破之，吾以天下之兵，何足克也！"宗曰："形移勢變，終始殊途，陵人者易敗，自守者難攻。陽武之役，傉檀以輕勃勃至敗。今以大軍臨之，必自固求全，臣竊料群臣無傉檀匹也。雖以天威臨之，未見其利。"興不從，乃遣其將姚弼及斂成等率步騎三萬來伐，又使其將姚顯爲弼等後繼，遺傉檀書云："遣尚書左僕射齊難討勃勃，懼其西逸，故令弼等於河西邀之。"傉檀以爲然，遂不設備。弼衆至漠口，昌松太守蘇霸嬰城固守，弼喻霸令降，霸曰："汝違負盟誓，伐委順之藩，天地有靈，將不祐汝！吾寧爲涼鬼，何降之有！"城陷，斬霸。弼至姑臧，屯於西苑。州人王鐘、宋鐘、王娥等密爲内應,候人執其使送之。傉檀欲誅其元首,前軍伊力延侯曰：
“今强敵在外,内有奸豎,兵交勢蹙,禍難不輕,宜悉坑之以安
内外。”傉檀從之,殺五千餘人,以婦女爲軍賞。命諸郡縣悉
驅牛羊於野,斂成縱兵虜掠。傉檀遣其鎮北俱延、鎮軍敬歸
等十將率騎分擊,大敗之,斬首七千餘級。姚弼固壘不出,傉
檀攻之未克,乃斷水上流,欲以持久斃之。會雨甚,堰壞,弼
軍乃振。姚顯聞弼敗,兼道赴之,軍勢甚盛。遣射將孟欽等
五人挑戰于涼風門,弦未及發,材官將軍宋益等馳擊斬之。
顯乃委罪斂成,遣使謝傉檀,引師而歸。傉檀於是僭即涼王
位,赦其境内,改年爲嘉平,置百官。立夫人折掘氏爲王后,
世子虎臺爲太子、録尚書事,左長史趙晁、右長史郭倖爲尚書
左右僕射,鎮北俱延爲太尉,鎮軍敬歸爲司隸校尉,自餘封署
各有差。遣其左將軍枯木、駙馬都尉胡康伐沮渠蒙遜,掠臨
松人千餘户而還。蒙遜大怒,率騎五千至於顯美方亭,破車
蓋鮮卑而還。俱延又伐蒙遜,大敗而歸。傉檀將親率衆伐蒙
遜,趙晁及太史令景保諫曰：“今太白未出,歲星在西,宜以自
守,難以伐人。”傉檀怒以爲沮衆,保復切諫,傉檀遂鑕保而
行,曰：“有功當殺汝以徇,無功封汝百户侯。”既而蒙遜率衆
來距,戰于窮泉,傉檀大敗,單馬奔還。景保爲蒙遜所擒,讓
之曰：“卿明於天文,爲彼國所任,違天犯順,智安在乎？”保
曰：“臣匪爲無智,但言而不從。”蒙遜曰：“昔漢祖困於平城,
以婁敬爲功;袁紹敗於官渡,而田豐爲戮。卿策同二子,貴主
未可量也。卿必有婁敬之賞者,吾今放卿,但恐有田豐之禍
耳。”保曰：“寡君雖才非漢祖,猶不同本初,正可不得封侯,
豈慮禍也。”蒙遜乃免之。至姑臧,傉檀謝之曰：“卿,孤之蓍

龜也,而不能從之,孤之深罪。"封保安亭侯。蒙遜進圍姑臧,百姓懲東苑之戮,悉皆驚散。壘掘、麥田、車蓋諸部盡降於蒙遜。傉檀遣使請和,蒙遜許之,乃遣司隸校尉敬歸及子他爲質,歸至胡坑,逃還,他爲追兵所執。蒙遜徙其罪八千餘户而歸。右衛折掘奇鎮據石驢山以叛。傉檀懼爲蒙遜所滅,又慮奇鎮克嶺南,乃遷於樂都,留大司農成公緒守姑臧。傉檀始出城,焦諶、王侯等閉門作難,收合三千餘家,保據南城。諶推焦明爲大都督、龍驤大將軍,諶爲涼州刺史,降於蒙遜。鎮軍敬歸討奇鎮於石驢山,戰敗,死之。蒙遜因克姑臧之威來伐,傉檀遣其安北段苟、左將軍雲連乘虛出番禾以襲其後,徙三千餘家於西平。蒙遜圍樂都,三旬不克,遣使謂傉檀曰:"若以寵子爲質,我當還師。"傉檀曰:"去否任卿兵勢。卿違盟無信,何質以供!"蒙遜怒,築室返耕,爲持久之計。群臣固請,乃以子安周爲質,蒙遜引歸。吐谷渾樹洛干率衆來伐,傉檀遣其太子虎臺距之,爲洛干所敗。傉檀又將伐蒙遜,邯川護軍孟愷諫曰:"蒙遜初并姑臧,兇勢甚盛,宜固守伺隙,不可妄動。"不從。五道俱進,至番禾、苕藋,掠五千餘户。其將屈右進曰:"陛下轉戰千里,前無完陣,徙户資財,盈溢衢路,宜倍道旋師,早度峻險。蒙遜善於用兵,士衆習戰,若輕軍卒至,出吾慮表,大敵外逼,徙户内攻,危之道也。"衛尉伊力延曰:"我軍勢方盛,將士勇氣自倍,彼徒我騎,勢不相及,若倍道旋師,必捐棄資財,示人以弱,非計也。"屈右出而告其諸弟曰:"吾言不用,天命也。此吾兄弟死地。"俄而昏霧風雨,蒙遜軍大至,傉檀敗績而還。蒙遜進圍樂都,傉檀嬰城固守,以子染干爲質,蒙遜乃歸。久之,遣安西紇勃耀兵西境。蒙遂侵西平,徙户掠牛馬而還。邯川護軍孟愷表鎮南、湟河太守文支荒酒愎諫,不恤政事。傉檀召文支而讓之,文支頓首陳謝。邯川人衛章等謀殺孟愷,南啓乞伏熾盤。郭越止之,密以告愷,愷誘章等飲酒,殺四十餘人。愷懼熾磐軍之至,馳告文支,文支遣將軍匹珍赴之。熾磐軍到城,聞珍將至,引歸。蒙遜又攻樂都,二旬不克而還。鎮南文支以湟河降蒙遜,徙五千餘户於姑臧。蒙遜又來伐,傉檀以太尉俱延爲質,蒙遜乃引還。傉檀議欲西征乙弗,孟愷切諫,弗聽。謂其太子虎臺曰:“今不種多年,内外俱窘,事宜西行,以拯此弊。蒙遜近去,不能卒來,旦夕所慮,唯在熾磐。彼名微衆寡,易以討禦,吾不過一月,自足周旋。汝謹守樂都,無使失墜。”傉檀乃率騎七千襲乙弗,大破之,獲牛馬羊四十餘萬。熾磐乘虛來襲,撫軍從事中郎尉肅言於虎臺曰:“今外城廣大,難以固守,宜聚國人於内城,肅等率諸晉人距戰於外,如或不捷,猶有萬全。”虎臺曰:“小賊蕞爾,旦夕當走,卿何慮之過也。”虎臺懼晉人有二心也,乃召豪望有勇謀者閉之於内。孟愷泣曰:“熾磐不道,人神同憤。愷等進則荷恩重遷,退顧妻子之累,豈有二乎!今事已急矣,人思自效,有何猜邪?”虎臺曰:“吾豈不知子忠,實懼餘人脱生意表,以君等安之耳。”一旬而城潰。安西樊尼自西平奔告傉檀,傉檀謂衆曰:“今樂都爲熾磐所陷,男夫盡殺,婦女賞軍,雖欲歸還,無所赴也。卿等能與吾籍乙弗之資,取契汗以贖妻子者,是所望也。不爾,歸熾磐便爲奴僕矣,豈忍見妻子在他懷抱中!”遂引師而西,衆多逃返,遣鎮北段苟追之,苟亦不還。於是將士皆散,唯中軍紇勃、後軍洛肱、安西樊尼、散騎侍郎陰和鹿在焉。傉檀曰:“蒙

遜、熾磐昔皆委質於吾，今而歸之，不亦鄙哉！四海之廣，匹
夫無所容其身，何其痛也！蒙遜與吾名齊年比，熾磐姻好少
年，俱其所忌，勢皆不濟。與其聚而同死，不如分而或全。樊
尼長兄之子，宗部所寄，吾眾在北者戶垂一萬，蒙遜方招懷遐
邇，存亡繼絕，汝其西也。紇勃、洛肱亦與尼俱。吾年老矣，
所適不容，寧見妻子而死！”遂歸熾磐，唯陰利鹿隨之。傉檀
謂利鹿曰：“去危就安，人之常也。吾親屬皆散，卿何獨留？”
利鹿曰：“臣老母在家，方寸實亂。但忠孝之義，義不俱全。
雖不能西哭沮渠，申包胥之誠；東感秦援，展毛遂之操，負羈
靮而侍陛下者，臣之分也。惟願開弘遠猷，審進止之算。”傉
檀歎曰：“知人固未易，人亦未易知。大臣親戚皆棄我去，終
始不虧者，唯卿一人。歲寒不彫，見之於卿。”傉檀至西平，
熾磐遣使郊迎，待以上賓之禮。初，樂都之潰也，諸城皆降於
熾磐，傉檀將尉賢政固守浩亹不下。熾磐呼之曰：“樂都已
潰，卿妻子皆在吾間，孤城獨守，何所爲也！”賢政曰：“受涼
王厚恩，爲國家藩屏，雖知樂都已陷，妻子爲擒，先歸獲賞，後
順受誅，然不知主上存亡，未敢歸命。妻子小事，豈足動懷！
昔羅憲待命，晉文亮之；文聘後來，魏武不責。邀一時之榮，
忘委付之重，竊用恥焉，大王亦安用之哉！”熾磐乃遣虎臺手
書喻政，政曰：“汝爲國儲，不能盡節，面縛於人，棄父負君，
虧萬世之業，賢政義士，豈如汝乎！”既而聞傉檀至左南，乃
降。熾磐以傉檀爲驃騎大將軍，封左南公。歲餘，爲熾磐所
鴆。左右勸傉檀解藥，傉檀曰：“吾病豈宜寮邪！”遂死，時年
五十一，在位十三年，僞謚景王。虎臺後亦爲熾磐所殺。傉
檀少子保周、獵於破羌，俱延子覆龍、鹿孤孫副周、烏孤孫承

鉢皆奔沮渠蒙遜。久之，歸魏，魏以保周爲張掖王，覆龍酒泉公，破羌西平公，副周永平公，承鉢昌松公。烏孤以安帝隆安元年僭立，至傉檀三世，凡十八年，以安帝義熙十年滅。

頁三〇八一上至三〇八五上

《文獻通考》卷三百四十二《四裔十九·禿髮》

禿髮烏孤，河西鮮卑也。[四五]其先與後魏同出。[四六]八世祖匹孤率其部自塞北遷於河西，其地東至麥田、牽屯，[四七]西至濕羅，南至澆河，北接大漠。匹孤卒，子壽闐立。初，壽闐之在孕，母因寢而産於被中，鮮卑謂被爲“禿髮”，因而氏焉。壽闐卒，孫樹機能立，壯果多謀略。泰始中，入寇，殺秦州刺史胡烈，又敗涼州之師，盡有涼州之地。武帝遣馬隆擊破之，[四八]爲部下所殺。從弟務丸立，傳至其曾孫思復鞬，[四九]部衆稍盛。烏孤即思復鞬子也。及嗣位，[五〇]務農桑，修鄰好。呂光遣使署爲假節、冠軍大將軍，河西鮮卑大都督、[五一]廣武縣侯，烏孤受之。其後擊討諸部，大破之。隆安元年，自稱大都督、大將軍、大單于、西平王，以兵伐呂光，攻剋金城。又破光兵，降樂都、湟河、澆河三郡，嶺南羌胡數萬落皆附之。烏孤死，弟利鹿孤立，徙居西平。隆安五年，稱河南王。三年卒，弟傉檀嗣，遂據姑臧。後爲沮渠蒙遜所伐，兵敗，奔乞伏熾磐。後爲熾磐所鴆。自烏孤至傉檀三世，凡十八年而亡。[五二]

【校勘記】

〔四五〕禿髮烏孤河西鮮卑也　《晉書》卷一二六《禿髮烏孤載記》“鮮卑”後有“人”字。

〔四六〕其先與後魏同出　"與"字原脱,據《晉書》卷一二六《禿髮烏孤載記》補。

〔四七〕其地東至麥田牽屯　"牽屯"原作"率屯",據《晉書》卷一二六《禿髮烏孤載記》改。

〔四八〕武帝遣馬隆擊破之　"之"字原脱,據文義補。

〔四九〕從弟務丸立傳至其曾孫思復鞬　"曾"字與"思"字原脱。按《晉書》卷一二六《禿髮烏孤載記》、《册府元龜》卷二一九《僭偽部·姓系》作"從弟務丸立。死,孫推斤立。死,子思復鞬立"。此處顯有脱文,據補。

〔五〇〕及嗣位　"及"字原脱,據《晉書》卷一二六《禿髮烏孤載記》補。

〔五一〕河西鮮卑大都督　"督",《晉書》卷一二六《禿髮烏孤載記》作"統"。

〔五二〕凡十八年而亡　"八"原作"九"。《太平御覽》卷一二六《偏霸部》一〇《禿髮傉檀》引崔鴻《十六國春秋·南凉錄》:"自烏孤太初元年歲在丁酉至檀薨之歲甲寅,十有八歲。"按南凉禿髮烏孤太初元年爲晉安帝隆安元年,甲寅爲晉安帝義熙十年,前後十八年,據改。

頁九四七五至九四七六、九四九〇至九四九一

屠本《十六國春秋》卷第八十八《南凉録一》

禿髮烏孤

禿髮烏孤,河西鮮卑人,其先與魏同出。八世祖匹孤率其部衆自塞北遷於河西,其地東至麥田、牽屯,西至濕羅,南至澆河,北接大漠。匹孤卒,子壽闐立。初壽闐之在孕,其母

胡掖氏夢一老父，被髮左衽，乘白馬，謂曰爾夫雖西移，終當東返至凉，必生貴男，言終胎動而寤。後因寢而産於被中，乃以禿髮爲號，其俗謂被覆之義。壽闐卒，孫樹機能立，壯果雄健，兼多謀略。晉泰始中，殺秦州刺史胡烈於萬斛堆，敗凉州刺史蘇愉於金山。咸寧中，又殺凉州刺史楊欣於丹嶺。於是盡有凉州之地。武帝爲之旰食，後爲馬隆所敗，部民没骨殺之以降。從弟務丸代立，丸死；孫推斤立，斤年一百一十，死。子思復鞬立，部衆稍盛，烏孤即思復鞬之長子也。晉孝武太元十九年，思復鞬死，烏孤嗣立。雄勇有大志，與大將紛陀謀復，欲規取凉州。紛陀曰：“明公必欲得凉州，宜先務農桑，修鄰好，禮賢俊，明政刑，然後乃可。”烏孤從之。三河王吕光遣使署爲假節、冠軍大將軍、河西鮮卑大都統、廣武縣侯。烏孤謂諸將曰：“吕氏遠來，假授當可受否？”衆咸曰：“我士馬衆多，何爲屬人！”烏孤將從之，石真若留不對。烏孤曰：“卿畏吕光耶？何默無言也。”石真若留曰：“吾根本未固，理宜隨時。吕光德刑修明，境內無虞，若致死於我，大小不敵，後雖悔之，將何所及，不如受以驕之，俟釁而動，茂不濟矣。”烏孤乃受之。太元二十年秋七月，烏孤討乙弗、折掘等，諸部皆破降之。冬十月，遣別將石亦干築廉川堡而都之。烏孤登廉川大山，泣而不言，石亦干進曰：“臣聞主憂臣辱，主辱臣死，大王所爲不樂者，將非吕光乎？光年已衰老，師徒屢敗。今我以士馬之盛，保據大川，乃可以一擊百，光何足懼也。”烏孤曰：“光之衰老，亦吾所知。但我祖宗以德懷遠，殊俗憚威，盧陵、契汗萬里委順。及吾承業，諸部背叛，邇既乖違，遠何以附，是以泣耳。”別將苻渾曰：“大王何不振旅誓衆，以討其罪。”烏孤從之，遂大興師，諸部皆來降附。廣武趙振，少好奇略，聞烏孤在廉州，棄家從之。烏孤喜曰：“吾得趙生，大事濟矣。”拜爲左司馬。三河王吕光進封烏孤爲廣武郡公。十二月，烏孤又討意云鮮卑，大破之。太元二十一年夏六月，時魏皇始元年也。吕光復遣使署烏孤爲征南大將軍、益州牧、左賢王。烏孤謂使者曰：“吕王昔以專征之威，遂有此州，不能以德懷遠，惠安黎庶，諸子貪淫，三甥暴虐，郡縣土崩，下無生賴，吾安可違天下之心，受不義之爵！帝王之起，豈有常哉！無道則滅，有德則昌。吾將順天人之望，爲天下主。”乃留其鼓吹羽儀，謝其使而遣之。

太初元年春正月，烏孤自稱大都督、大將軍、大單于、西平王，大赦境内殊死已下，建元太初。耀兵廣武，進攻凉金城，克之。光遣將軍竇苟來擊，戰于街亭，凉兵大敗。秋七月，凉散騎常侍、太常、西平郭黁叛據東苑，太原公吕纂擊破之，黁遣使乞援。九月，烏孤使弟驃騎將軍利鹿孤帥騎五千赴之。冬十月，河南鮮卑吐秖等十二部大人皆來歸附。

太初二年春二月，凉後將軍略陽楊軌以司馬郭緯爲西平相，率步騎三萬北赴郭黁，烏孤遣弟車騎將軍傉檀率騎一萬助軌，軌至姑臧，營於城北。夏六月，軌自恃其衆，欲與吕光決戰，光使太原公纂來迎軌，與驃騎將軍利鹿孤共邀擊之，爲纂所敗。秋九月，軌南奔廉川，收集夷夏，衆至萬餘。王乞基謂軌曰：“秃髮氏才高而兵盛，且乞基之主也，不如歸之。”軌乃遣使降於烏孤，尋爲羌酋梁饑所敗，西奔僬海，襲乙弗鮮卑而據其地。烏孤謂群臣曰：“楊軌、王乞基歸誠於我，卿等不速救，使爲羌人所覆，孤甚愧之。”平西將軍渾屯曰：“梁饑無

經遠大略,兼以軍無紀律,多所殘殺,可一戰擒也。"冬十月,
饑進攻西平,西平人田玄明執太守郭倖而代之,以拒饑,遣
子爲質於烏孤。烏孤欲救之,群臣憚饑兵强多以爲疑。左司
馬趙振曰:"楊軌新敗,呂氏方强,洪池以北,未可冀也,嶺南
五部,庶幾可取。大王若無開拓之志,振不敢言;若欲經營
四方,此機不可失也。使羌酋得西平,華、夷振動,非我之利
也。"烏孤喜曰:"吾亦欲乘時立功,安能坐守窮谷乎!"乃謂
群臣曰:"梁饑若得西平,保據山河,不可復制。饑雖驍猛,軍
令不整,此易擒耳!"遂進擊饑,大破之。饑退屯龍支堡,烏
孤進攻,拔之,饑單騎奔澆河,俘斬數萬,以田玄明爲西平内
史。樂都太守田瑤、湟河太守張稠、澆河太守王稚皆以郡降,
嶺南羌、胡數萬餘落,莫不歸附。十一月,楊軌、王乞基帥户
數萬來奔。十二月,烏孤更稱武威王,署弟利鹿孤爲驃騎大
將軍、西平公,傉檀爲車騎大將軍、廣武公,其宗族子弟爲公
侯者二十餘人,文武百官進位有差。

　　太初三年春正月,烏孤徙治樂都,遣西平公利鹿孤鎮安
夷,廣武公傉檀鎮西平,叔父素渥鎮湟河,若留鎮澆河,從弟
替引鎮嶺南,洛回鎮廉川,從叔吐若流鎮浩亹。以楊軌爲賓
客,金石生、時連珍,四夷之豪儁;陰訓、郭倖,西州之德望;楊
統、楊貞、衛殷、麴承明—作丞、郭黄、郭奮、史暠、鹿嵩,文武之
秀傑;梁昶、韓疋、張昶、郭韶,中州之才令;金樹、薛翹、趙振、
王忠、趙晁、蘇霸,秦雍之世門,皆内居顯位,外宰郡縣。隨
才授任,咸得其宜。烏孤從容謂群臣曰:"隴右、河西區區數
郡地耳,因其兵亂分裂,遂至十餘國。乾歸擅命河南,段業阻
兵張掖,虜氏假息,偷據姑臧。吾得藉父兄遺烈,思欲廓清西

夏，兼弱攻昧，三者何先？”楊統進曰：“乞伏氏本吾之部落，
終當歸命。段氏書生，才非經世，權臣擅命，制不由己，千里
伐人，糧運懸絕，且結好於我，許以分災共患，乘其危弊，攻之
不義。呂光衰耄，嗣紹沖闇，二子纂、弘，雖頗有才，而内相猜
忌。若天威臨之，必應鋒瓦解。宜遣車騎鎮浩亹，鎮北據廉
川，乘虛迭出，多方以誤之，救右則擊其左，救左則擊其右，
彼必疲於奔命，人不得安其農業。兼弱攻昧，於是乎在，不出
二年，可以坐定姑臧。姑臧既拔，則二寇不待兵戈，自然歸附
矣。”烏孤曰：“善。”遂陰有吞併之志。二月，造刀一口，狹
小，長二尺五寸，青色，匠人云：“當作之時，夢見一老人朱衣
被髮，云吾是太乙神，故來看爾作刀，且云若有敵至，刀必自
鳴後歸突厥可汗處。”夏四月，北凉王段業爲呂纂所侵，遣使求
救，烏孤遣驃騎大將軍利鹿孤及楊軌救之，纂懼，燒氐池、張
掖穀麥而去。六月，署利鹿孤爲凉州牧，徙鎮西平，召車騎大
將軍傉檀入録府國事。秋八月，烏孤因酒醉走馬倒傷脅，笑
曰：“畿使吕光父子大喜。”俄而患甚，顧謂群臣曰：“方難未
靖，宜立長君。”言終而死。在王位三年，僞謚武王，廟號烈
祖。弟凉州牧、西平公利鹿孤嗣位。

禿髮利鹿孤

禿髮利鹿孤，烏孤第二弟也。初爲驃騎大將軍、西平公。
尋遷凉州牧，烏孤死，國人共立之，遂以晉隆安三年僭即僞
位，赦其境内殊死已下，徙治西平。使記室監麴梁明聘於段
業，業曰：“貴主先王創業啓運，功高先世，宜爲國之太祖，有
子何以不立？”梁明曰：“有子羌奴，先王之命也。”業曰：“悉

成王弱齡，周召作宰；漢昭八歲，金霍夾輔。雖嗣子幼冲，而二叔休明，左提右挈，不亦可乎？”梁明曰：“宋宣能以國讓，《春秋》美之；孫伯苻委事仲謀，終開有吳之業。且兄終弟及，此殷湯之制也，亦聖人之格言，萬世之通式，何必胤已爲是，紹兄爲非。”業曰：“美哉！使乎之義也。”乃厚遣之。利鹿孤聞吕光死，遣建節將軍金樹、平遠將軍蘇翹率騎五千屯於昌松漠口。

　　建和元年春正月，大赦境内殊死已下，改元建初和。下令曰：“孤以寡昧，謬膺統緒，思所以弘濟艱難經略區宇者，必藉股肱之力。”自今二千石令長清高有惠化者，其皆封亭侯、關内侯。延耆老以訪政事。夏四月，涼王吕纂帥衆來伐，利鹿孤使弟廣武公傉檀拒之。纂士馬精鋭，進渡三堆，三軍擾懼。傉檀下馬據胡床而坐，以安衆心。徐乃貫甲與纂交戰，敗之，斬首二千餘級。五月，楊軌、田玄明潛謀叛逆，事泄，殺之。六月，吕纂西擊段業，傉檀聞之，率衆一萬，乘虚襲姑臧。纂弟緯守南北城以自固。傉檀置酒朱明門上，鳴鐘鼓以饗將士，耀兵於青陽門，虜八千餘户而歸。秋七月，乞伏乾歸爲秦所敗，率數百奔於允吾，遣使乞降，利鹿孤使廣武公傉檀迎之，處之晉興，待以上賓之禮。乾歸遣子譙等質於西平。鎮北將軍俱延利鹿孤之弟也。言於利鹿孤曰：“乾歸本吾之屬國，妄自尊立，今勢窮歸命，非其款誠。若逃奔東秦，必引師西侵，非我利也。不如徙置乙弗之間，防其越逸之路。”利鹿孤曰：“吾方弘信義以收天下，彼窮來歸我，而逆疑其心，何以勸來者？四海將謂我不可以誠信托也。”秋八月，乞伏乾歸南奔枹罕，遂降於秦。利鹿孤謂俱延曰：“不用卿言，乾歸果叛，卿爲吾行也。"延率兵追之至河，不及而還。

建和二年春正月，龍見於長寧，麒麟遊於綏羌，利鹿孤欲自稱尊。於是群臣皆勸之，安國將軍鍮勿崘進曰："昔我先君，肇自幽朔，被髮左袵，無冠帶之儀，逐水草遷徙，無城郭室廬，故能抗衡中夏，雄視沙漠。今舉大號，誠順天心。然建都立邑，難以避患；儲蓄倉庫，啓敵人心。且守兵始號，事必無成，陳勝、項藉，前鑒不遠。宜置晉人於諸城，課農桑以供軍需，帥國人以習戰射。若東西有變，弱則乘之，強則避之，此久安之良策也。虛名無實，徒足爲世之質的，將安用之！"利鹿孤曰："安國之言是也。"乃更稱河西王，署廣武公傉檀爲都督中外諸軍事、涼州牧、録尚書事。三月，傉檀率師伐呂隆，大敗之，徙二千餘戶而歸，獲隆右僕射楊桓，拜爲左司馬。夏六月，利鹿孤謂群臣曰："吾無經濟之才，忝承統嗣，自負乘在位，三載於茲。雖夙夜惟寅，思弘道化，而刑政未能允中，風俗尚多凋敝；戎車屢駕，無闢境之功；務進賢良，而下猶淹滯。豈所任非才，將吾不明所致也？二三君子其極言無諱，吾將覽焉。"祠部郎中、西曹從事史嵩對曰："王者行師，全國爲上，破國次之，拯溺救焚，東征西怨。今陛下命將出征，往無不捷。然不以綏寧爲先，唯以徙民爲務，民安土重遷，故多離叛，此所以斬將克城而地不加廣也。今取士拔才，必先弓馬，文章學藝視爲無用之條，非所以來遠人，垂不朽也。孔子曰：'不學禮，無以立。'宜建學校，開庠序，選者德碩儒以訓胄子。"利鹿孤善之。於是以田玄冲、趙誕爲博士祭酒，使教胄子。秋七月，秦隴西公姚碩德自金城濟河，直趨廣武，利鹿孤攝廣武守軍以避之。軍至姑臧，利鹿孤遣使入貢於秦。初，凉將姜紀降於利鹿孤，廣武公傉檀與論兵略，甚愛重之，至則連席，出則同車，每常談論，以夜繼晝。利鹿孤謂傉檀曰："姜紀信有美才，然視候非常，必不肯久留於此，不如殺之。紀若入秦，必爲人患。"傉檀曰："臣以布衣之交待紀，紀必不相負也。"八月，紀將數千騎奔秦。時利鹿孤雖僭僞位，尚稱臣於秦。楊桓兄經佐命姚萇，早死，興聞桓有德望，遣使徵之。利鹿孤不敢留，餞於城東，爲之流涕以遣之。冬十月，河西王沮渠蒙遜遣子奚念來質，利鹿孤不受。徵其弟建忠將軍拿，蒙遜不與，虜其弟鄯善苟子，遂遣使稱臣，入朝奉貢，許以拿爲質，乃還其所掠。十二月，吕超攻焦朗，朗遣其弟子嵩爲質以請迎，利鹿孤遣廣武公傉檀赴之；比至，超已退，朗閉門拒之。傉檀怒，將攻之。昌松侯俱延諫曰："安土重遷，人之常情。朗孤城無食，今年不降，後年自服，何必多殺士卒以攻之！若其不捷，彼必去從他國；棄州境士民以資敵國，非計也，不如以善言諭之。"傉檀從之，乃與朗連和，耀兵姑臧，壁於胡阬堡。傉檀知超必來斫營，蓄火以待。其夜超果遣中壘將軍王集帥精兵來襲，傉檀徐嚴不起。集入壘中，内外皆起火光，燭天照耀如晝，乃縱兵追擊，斬集及甲首三百餘級。吕隆大懼，僞與傉檀通好，請於苑内結盟。傉檀信之，遣俱延入盟，伏兵出擊，俱延失馬步走，陵江將軍郭祖力戰拒之，俱延得免。傉檀怒，遂攻隆昌松太守孟禕於顯美。隆遣廣武苟安國、寧遠石可率五百騎來援，憚傉檀之强，遷延不進，因而遁去。

　　建和三年春正月，傉檀攻拔顯美，執孟禕而數之，以其不早降。禕曰："禕荷吕氏厚恩，分苻守土，若明公甫至而歸命，恐獲罪於執事矣。惟明公圖之。"傉檀大悦，拜爲左司馬，固辭乞歸,乃義而釋之。徙顯美、麗軒二千餘戶而還。二月,呂隆爲沮渠蒙遜所逼,遣使乞師,利鹿孤引群臣議之。尚書左丞婆衍崙曰:"今姑臧饑荒殘弊,穀石萬錢,野無青草,資食無取。蒙遜千里行師,糧運不繼,使二寇相殘,以乘其斃。若蒙遜拔姑臧,亦不能守,適可爲吾取之,不宜救也。"傉檀曰:"崙知其一,未知其二。姑臧今雖虛敝,地居形勝,河西一都之會,不可使蒙遜據之,宜在速救。"利鹿孤曰:"車騎之言,吾之心也。"遂遣傉檀率騎一萬救之,至昌松而蒙遜已退,乃徙涼澤、段冢五百餘戶而歸。中散騎常侍張融言於利鹿孤曰:"焦朗兄弟叛據魏安,潛通姚氏,數爲反覆,失今不取,後必爲朝廷憂。"乃遣傉檀討之,朗面縛出降,傉檀送之於西平,徙其民於樂都。三月,利鹿孤寢疾,遣令曰:"昔我諸兄弟傳位非子者,蓋以泰伯三讓,周道以興,故也我,武王踐祚,實歷垂諸樊之試,終能克昌家業者,其在車騎乎。吾寢疾惛頓,是將不濟,內外多虞,國機務廣,其令車騎嗣業,經緯百揆,以成先王之志。"言終而卒,時晉元興元年也,在位三年,僞諡康王,葬於西平之東南,弟傉檀嗣立。

頁一正至十四背

屠本《十六國春秋》卷第八十九《南涼録二》

秃髮傉檀

　　秃髮傉檀,烏孤第三弟也。少機警,有才略。其父思復鞬甚見愛重,常謂諸子曰:"傉檀明識幹藝,非汝曹所及也。"故諸兄不以傳子,而傳於弟。利鹿孤在位,垂拱而已,軍國大事皆委於傉檀。利鹿孤卒,傉檀襲位,更稱涼王,還居樂都,改元弘昌。初，乞伏乾歸之歸晉興也，以世子熾磐爲質。後熾磐逃歸，爲追騎所執，利鹿孤欲殺之。傉檀曰："臣子逃歸君父，振古通義，故魏武善關羽之奔；秦昭恕頃襄之逝。熾磐雖逃叛，孝心可嘉，無足深責，宜加全宥以弘海岳之量。"乃赦之。至是，熾盤又奔允街，傉檀乃歸其妻子。冬十月，傉檀攻吕隆於姑臧。十二月，秦姚興遣使拜傉檀車騎將軍、廣武公。秦建節將軍王松忽帥騎助吕隆守姑臧，傉檀弟文真擊而虜之，傉檀怒，遣使謝罪，送還長安。

弘昌二年春正月，傉檀大城樂都。秋七月，傉檀復出兵攻吕隆於姑臧，秦姚興遣左僕射齊難等帥騎迎隆，傉檀攝昌松、魏安二戌以避之。八月，秦涼州刺史王尚遣主簿宗敞來聘，傉檀厚禮而遣之。

弘昌三年春二月，傉檀畏秦之强，又密圖姑臧，乃去年號，罷尚書丞、郎官，遣尚書關尚一作參軍關尚聘於秦。興謂尚曰："車騎投誠獻款，爲國藩屏，而擅興兵衆，輒造大城，爲臣之道固若是乎？"尚曰："王侯設險以守其國，先王之制也，所以安人衛衆，預備不虞。車騎僻在遐藩，密邇勃寇，南則逆羌未賓，西則蒙遜跋扈，蓋爲國家重門之防，不圖陛下忽以爲嫌。"興笑曰："卿言是也。"冬十月，傉檀遣鎮南將軍文支討南羌、西虜，大破之。上表於秦，求領涼州，興不許，乃加散騎常侍，增食邑二千户。

弘昌四年

弘昌五年夏六月，傉檀帥師伐沮渠蒙遜，次於氐池。蒙遜嬰城固守，芟其禾苗，至赤泉而還。獻馬三千疋，羊三萬口於秦。秦王興以爲忠，署爲使持節、都督河右諸軍事、車騎大將軍、領護匈奴中郎將、涼州刺史,常侍、公如故,鎮姑臧_{今之}_{西寧}。因徵王尚還長安,涼州人申屠英等二百餘人遣主簿胡威詣長安。留尚,興弗許。威流涕固請,興悔之,使西平車普馳止,王尚又遣使諭傉檀。會傉檀已率步騎三萬進次五澗。普先以狀告之,傉檀遽逼遣尚。尚出自清陽門,傉檀入自涼風門。宗敞以別駕送尚還長安,敞因荐本州名士十餘人於傉檀詳具敞《傳》,傉檀嘉納之,乃大饗文武將士於謙光殿,班賜金馬各有差。傉檀復遣西曹從事史暠聘於秦。姚興謂暠曰:"車騎坐定涼州,衣錦本國,其德我乎?"暠曰:"車騎積德河西,少播英問,王威未接,投誠萬里。陛下官方任才,量功授識,彝倫之常,何德之有!"興曰:"朕不以州授車騎者,車騎何從得之!"暠曰:"使河西雲擾、呂氏顛狽者,實由車騎兄弟傾其本根。陛下雖鴻羅遐被,涼州猶在天綱之外。故征西以周召之重,力屈姑臧;齊難以王旅之盛,勢挫張掖。王尚孤城獨守,外逼群狄,陛下不連兵十年,殫竭中國,涼州未易取也。今以虛名假人,内收大利,乃知妙算自天,聖興道合,雖云遷授,蓋亦時宜。"興悦其言,拜暠爲騎都尉。秋八月,傉檀讌群臣於宣德堂,酒酣,仰視而歡。孟禕極言切諫詳具禕《傳》,傉檀嘉納之。以鎮南將軍、興城侯文支鎮姑臧,自還於樂都。傉檀雖受制於秦,然車服禮儀皆如王者。九月,傉檀遣使與西涼李暠修結和好。冬十月,傉檀僞遊澆河,襲徙西平、湟河諸羌三萬餘户於武興、番禾、武威、昌松四郡。徵集戎夏之兵五萬餘人,大閲於方亭。十一月,遷都於姑臧。

　　弘昌六年秋七月,傉檀復貳於秦,遣使邀乞伏熾磐,熾磐不應,斬其使送長安。九月,傉檀將五萬餘人伐沮渠蒙遜,入自西陜。蒙遜率衆來据,戰於均石,傉檀敗績。乃率騎二萬,運穀四萬石以給西郡。復爲蒙遜所擊,西郡太守楊統以日勒降之。冬十月,秦河州刺史彭奚念來奔。夏主赫連勃勃遣使求婚,傉檀不許。十一月,勃勃率騎二萬來攻,戰於陽武<small>一作支陽</small>,殺傷萬計,及驅掠二萬餘口,牛馬羊屬數十萬而去,傉檀欲率衆追之,焦朗曰:"勃勃天姿雄健,御軍嚴整,未可輕也。今因抄掠之資,率思歸之士,人自爲戰,難與爭鋒,不如從溫圍北渡,趣萬斛堆,阻水結營,扼其咽喉,百戰百勝之術也。"別將賀連怒曰:"勃勃敗亡之餘,烏合之衆,奈何避之,示之以弱,宜急追之。"傉檀從之。勃勃先於陽武下峽,鑿凌埋車以塞路,勒兵逆擊,復爲所敗,追奔八十餘里,殺傷更以萬計,名臣勇將,死者十六七。傉檀與數騎奔南山,幾爲追騎所得。傉檀懼東西寇至,乃徙三百里内百姓皆入於姑臧,國人駭怨。屠各成七兒因百姓之擾,率其屬三百人叛於北城。推梁貴爲盟主,貴閉門不應。一夕聚衆至數千人。殿中都尉張猛大言於衆曰:"主上陽武之敗,蓋恃衆故也。責躬悔過,明君之義;諸君何故據從此小人爲不義之事乎!殿内武旅正爾相尋,目前之危,悔將何及。"衆聞之,咸奔散。七兒逃至晏然,殿中騎將白路等追斬之。軍諮祭酒梁哀、輔國司馬邊憲等七人潛謀叛逆,悉誅之。

嘉平元年夏五月,秦以傉檀外有陽武之敗,内有邊、梁之亂,欲乘釁而取之,遣尚書郎韋宗來聘。因以觀釁,傉檀與宗論六國縱横之規,三家戰爭之略,遠言天命廢興,近述人事成敗,機變無窮,辭致清辯。宗退而歎曰:"命世大才、經綸名教者,不必華宗夏士;撥煩理亂、澄清濟世者,不必《八索》、《九丘》。吾乃今知九州之外，《五經》之表，《載記》作：《五經》之外，冠冕之表。復自有人。車騎神機秀發，信一代之偉人，由余、日磾豈足爲多也！"宗還長安，言於興曰："涼州雖殘弊之後，風化未頹；傉檀機詐多方，憑山河之固，未可圖也。"興曰："劉勃勃以烏合之衆尚能破之，況吾舉天下之兵以加之，何足剋也！"宗曰："不然。形移勢變，反覆萬端，《載記》作：終始殊途。陵人者易敗，自守者難攻。陽武之役，傉檀以輕勃勃致敗。今我以大軍臨之，彼必自固求全，臣竊料群臣才略，無傉檀之右者右一作定。雖以天威臨之，亦未敢保其必勝也。"興曰："子何慮之過也。"不聽。乃遣中軍將軍、廣平公姚弼及後軍斂成等率步騎三萬來伐，又遣衛大將軍、常山公姚顯率騎二萬爲弼等後繼，因遺傉檀書云："今遣尚書左僕射齊難討勃勃，懼其西逸，故令弼等於河西邀之。"傉檀以爲然，遂不設備。弼等濟自金城，進次漠口，昌松太守蘇霸嬰城拒之，弼遣人諭以禍福，令其速降，霸曰："汝違負盟誓，伐委順之藩，天地有靈，將不佑汝！吾寧爲涼鬼，何降之有！"弼攻陷之，遂斬霸。長驅至姑臧，傉檀嬰城固守，因出奇兵擊弼，乃大破之，弼退屯西苑。城中人王鐘、宋鐘、王娥等密爲內應，候人執其使送之。傉檀欲誅首謀者而赦其餘，前軍將軍伊力延侯曰："今强敵在外，內有奸豎，兵交勢踧，禍難不輕，不悉坑之，何以懲後《載記》作：宜悉坑之以安內外。"傉檀從之，殺五千餘人，以婦女爲軍賞。命諸郡縣悉驅牛羊於野，次斂成縱兵抄掠。傉檀鎮北大將軍俱延、鎮軍將軍敬歸等十將軍率騎分襲秦兵，復大破之，斬首七千餘級。姚弼固壘不出，傉檀攻之未剋，乃斷水上流，欲以持久斃之。秋九月，雨甚，堰壞，弼軍得水，復振。姚顯至高平，聞弼敗，倍道赴之，軍勢益盛，顯遣善射將孟欽等五人，挑戰於凉風門，弦未及發，傉檀材官將軍宋益等馳擊斬之。顯乃委罪斂成，遣使謝傉檀，慰撫河外，引師而去。傉檀亦遣使者徐宿詣秦謝罪。冬十一月，傉檀復稱凉王，即位於南郊，大赦境内殊死已下，改元嘉平，署置百官。立夫人折掘氏爲王后，世子虎臺爲太子、録尚書事，左長史趙晁爲尚書左僕射，右長史郭倖爲尚書右僕射，鎮北大將軍俱延爲太尉，鎮軍將軍敬歸爲司隸校尉，成公緒爲大司農，自餘封授各有差。

嘉平二年春正月，以次子明德歸爲中郎將、領昌松太守。歸儁爽聰悟，傉檀甚寵之，年始十三，命爲《高昌殿賦》，援筆立成，影不移漏。傉檀覽而嘉之，擬之曹子建。

嘉平三年夏四月，遣左將軍枯木、駙馬都尉胡康伐沮渠蒙遜，掠臨松人千餘户而歸。蒙遜大怒，率騎五千來伐，至於顯美方亭，破車蓋鮮卑，徙數千户而還。太尉俱延率兵追擊蒙遜，復大敗歸。是月，傉檀將親率五萬騎伐蒙遜，太史令景保及左僕射趙晁切諫傉檀，不聽，保固諍之，傉檀大怒，鏁保而行，戰於窮泉，爲蒙遜所敗，單馬奔還。保遂見擒，既而逸歸。傉檀謝之，曰：“卿，孤之蓍龜也。”封爲安亭侯。蒙遜進圍姑臧，姑臧百姓懲東苑之戮，悉皆驚散。疊掘、麥田、車蓋諸部盡降於蒙遜。傉檀懼，遣使請和，蒙遜許之，乃遣司隸校尉歸及子他爲質，歸至胡阮，逃還，他爲追兵所執。蒙遜徙其衆八千餘户而去。右衛將軍折掘奇鎮據石驢山以叛。傉檀懼爲蒙遜所滅，且慮嶺南爲奇鎮所剋，乃遷於樂都，留大司農成公緒守姑臧。傉檀纔出城，魏安人焦諶、王侯等閉門作亂，收合三千餘家，保據南城。諶推焦朗謂大都督、龍驤大將軍，而自稱涼州刺史，降於蒙遜。司隸校尉敬歸討奇鎮於石驢山，戰敗，死之。蒙遜因剋姑臧之威乘勝來伐，傉檀遣安北將軍段苟、左將軍雲連乘虛出番禾以襲其後，徙三千餘家於西平。

　　嘉平四年春二月，蒙遜攻圍樂都，三旬不克，遣使謂傉檀曰："若以寵子爲質，吾當還師。"傉檀曰："去否任卿兵勢。卿違盟無信，何質以供！"蒙遜怒，築室返耕，爲持久之計。群臣固請，乃以子安周一作保周爲質，蒙遜引歸。吐谷渾樹洛干率衆來伐，傉檀遣太子虎臺拒之，爲樹洛干所敗。傉檀又欲北伐蒙遜，邯川護軍孟愷諫曰："蒙遜新并姑臧，凶勢方盛，且宜固守伺釁，不可妄動。"傉檀不從。五道俱進，至番禾、苕藋苕徒聊切，藋徒吊切，掠五千餘戶。將軍屈右進曰："陛下轉戰千里，前無完陣，徙戶資財，盈溢衢路，今既獲利，宜倍道旋師，早度嶮峻。蒙遜善於用兵，士衆習戰，若輕軍卒至，出吾慮表，大敵外逼，徙戶内攻，此危道也。"衛尉伊力延曰："我軍勢方盛，將士勇氣自倍，彼步我騎，勢不相及，若倍道旋師，必捐棄資財，示人以弱，計之左也。"屈右出而告其諸弟曰："吾言不用，天命也。此吾兄弟死地。"俄而昏霧風雨，蒙遜引軍大至，傉檀敗走。進圍樂都，傉檀嬰城固守，遣使請和，以子染干爲質，蒙遜引兵而去。秋七月，河南王乞伏乾歸遣子平昌公熾磐及中軍將軍審虔來伐。八月，兵濟河南，傉檀遣太子虎臺逆戰，敗於嶺南。熾磐虜牛馬十餘萬，民二千餘戶而去。

　　嘉平五年夏五月，乞伏乾歸遣熾磐襲白土，三河太守吳陰率衆降之。

　　嘉平六年春三月，傉檀遣安西將軍紇勃耀兵西境。蒙遜
侵西平，徙户掠牛馬而去。邯川人衛章等謀殺護軍孟愷，南
啓乞伏熾磐。郭越止之曰："孟君寬以惠下，何罪而殺之！吾
寧違衆而死，不敢負君以生。"乃密告之愷，誘章等飲酒，殺
四十餘人。愷懼熾磐軍至，馳告文支，文支遣將軍疋珍赴之。
熾磐軍到城，聞珍將至，引之而去。夏四月，蒙遜進攻樂都，
二旬不剋。鎮南將軍文支以湟河迎降，蒙遜徙五千餘户於姑
臧。尋復率衆來伐，傉檀以太尉俱延爲質，蒙遜引去。

　　嘉平七年春，唾契汗、乙弗等皆叛，傉檀議欲西討之，
護軍孟愷諫曰："今連年不收，上下饑敝，南逼熾磐，北迫蒙
遜，百姓騷動，下不安業。今遠征雖剋，必有後患，不如結盟
熾磐，通糴濟難，慰撫雜部，以廣軍資，畜力繕兵，俟時而動。
《易》曰：'其亡其亡，繫於苞桑。'惟陛下圖之。"傉檀曰："孤
將略地，卿無沮衆。"謂太子虎臺曰："今不種多年，内外俱
窘，事宜西行，以拯此弊。蒙遜近去，不能卒來。且夕所慮，
惟在熾磐。然熾磐名微兵少，易以討禦，吾不過一月，自足
周旋。汝謹守樂都，無使失墜。"乃率騎七千西襲乙弗，大破
之，獲牛馬羊四十餘萬。熾磐聞之，帥步騎二萬乘虛來襲，虎
臺嬰城固守，熾磐四面攻之。西曹從事、中郎尉肅言於虎臺
曰："今外城廣大，難以固守，殿下不若聚國人守内城，肅等
率諸晉人拒戰於外，如或不捷，猶足自存。"虎臺曰："蕞爾小
賊，且夕當走，卿何過慮之深。"虎臺懼晉人之有二心也，乃
悉召豪望有勇謀者閉之於内。孟愷泣進曰："熾磐不道，乘虛
内侮，國家危於累卵，人神共憤。愷等進欲報恩，退顧妻子，

人思效死，豈有二乎！今事已急，而殿下乃疑之，如是耶？”
虎臺曰：“豈不知吾之忠篤，實懼餘人脱生慮表，以君等安之
耳。”一旬，城潰。熾磐入樂都，遣平遠乞伏捷虔帥騎五千追
傉檀，徙虎臺及文武百姓於枹罕。安西將軍樊尼自西平奔告
傉檀，傉檀泣謂衆曰：“今樂都爲熾磐所陷，男夫盡殺，婦女賞
軍，雖欲還歸，實無所赴。卿等能與吾藉乙弗之資，取契汗以
贖妻子者，是所望也。不爾，即歸熾磐便爲奴僕矣，豈忍見妻
子在他懷抱中也！”遂引師而西，衆多離叛，遣鎮北將軍段苟
追之，苟亦不還。於是將士皆散，惟中軍將軍紇勃、後軍將軍
洛肱《載記》作洛弘、安西將軍樊尼、散騎侍郎陰利鹿不去。傉
檀曰：“蒙遜、熾磐昔皆委質於吾，今而歸之，不亦鄙哉！四海
之廣，匹夫無所容身，何其痛乎！”既乃歎曰：“蒙遜與吾名齊
年比，熾磐姻好少年，俱其所忌，事皆不濟。與其聚而同死，
不若分而或全。樊尼吾長兄之子，宗部所寄，吾衆在北者户
垂一萬，蒙遜方招懷遐邇，存亡繼絶，汝其從之。紇勃、洛肱
亦與尼俱行。吾年老矣，所適不容，寧見妻子而死！”遂歸
於熾磐，大臣親戚皆棄去，惟陰利鹿隨之。夏六月，傉檀至西
平，熾磐遣使郊迎，以上賓之禮待之。初，樂都之潰，諸城皆
降，獨鎮軍尉賢政固守浩亹。熾磐遣虎臺以手書諭之，賢政
執正不下。既聞傉檀至左南，乃降。秋七月，熾磐以傉檀爲
驃騎大將軍，封左南公。歲餘，爲熾磐所鴆。左右勸傉檀解
藥，傉檀曰：“吾病豈宜療耶！”遂死，時年五十一，在位十三
年，偽謚景王。虎臺後亦爲熾磐所殺。傉檀少子保周、臘子
破羌、俱延子覆龍、烏孤孫承鉢、利鹿孤孫副周皆奔河西王沮
渠蒙遜。久之，歸魏，魏以保周爲張掖王，覆龍爲酒泉公，破

羌爲西平公,副周爲永平公,承鉢爲昌松公。保周後叛,討誅
之。自烏孤以晉安帝隆安元年歲在丁酉僭號太初,至傉檀三
世,凡十九年,以安帝義熙十年歲在乙卯滅。

頁一正至十五正

屠本《十六國春秋》卷第九十《南凉録三》

禿髮文支

　　禿髮文支,傉檀之族也。仕至鎮南大將軍、湟河太守,封
興城侯,鎮姑臧。文支荒酒愎諫,不恤政事。邯川護軍孟愷
表奏之,傉檀謂伊力延曰:“今州土傾覆,所杖者文支而已,今
復如此,將若之何?”延曰:“宜召而訓之,使改往修來。”傉
檀乃召文支,既至,讓之曰:“二兄英姿早世,吾以不才,謬承
嗣統,不能荷負大業,顛狽如是,胡顏視世,雖存若隕。庶憑
子鮮存衛,藉文種復吳,卿之謂也。聞卿惟酒是耽,荒廢署
事。吾年已老,卿復若斯,祖宗之業將誰寄乎?”文支頓首陳
謝。其後沮渠蒙遜攻樂都,文支以湟河迎降,遂仕蒙遜爲廣
武太守。

禿髮樊尼

　　禿髮樊尼,利鹿孤之子也,爲安西將軍。傉檀爲乞伏熾
磐所破滅,樊尼奔赴之。傉檀歸熾磐,乃使樊尼率餘衆依沮
渠蒙遜,後與其子歸于魏,子後仕爲臨松郡丞,甚得衆心。

禿髮破羌

　　禿髮破羌,傉檀之子也。偉容貌,美丰儀,兼饒機辨。傉

檀之伐乙弗也，破羌留居樂都，傉檀既爲乞伏熾磐所滅，破羌
自樂都奔降於魏。世祖素聞其名，及見，賜爵西平侯，加龍
驤將軍。謂破羌曰："卿與朕本出同源，因事分姓，可賜姓源
氏。"從征涼州蠕蠕，及討蓋吳諸賊，皆奮擊有功。世祖又賜
名賀。遷殿中尚書。宗愛弒世祖及南安王余，賀決策翼戴高
宗，_{諱濬}守禁門，誅弒逆，加征北將軍，進爵西平王。歷官太
尉，以高祖_{諱宏}，_{高宗孫顯祖子。}太和元年卒。孫懷，歷官驃騎大
將軍。懷子子雍，歷鎮東將軍，爲冀州刺史，討葛榮，戰敗死
之。子雍弟子恭，歷中書監，其餘亦多至大官。

傉檀妻折掘氏

折掘氏，右衛將軍折掘奇鎮之姊也。傉檀初襲位涼王，
立爲涼王后。既而，畏秦人之强，乃去年號，降稱夫人。及傉
檀復稱涼王，改年嘉平，復立爲王后。

楊桓

楊桓，弘農人也。初仕吕光，光之季年，内外叛作。郭黁
之反東苑也，桓從弟統始舉兵，推桓爲主，而桓執義彌厲_{詳具}
_{光龍飛二年。}及吕纂時，桓以后父任爲尚書左僕射，而纂爲隆所
弒，后亦自殺，桓乃棄位而出亡。利鹿孤伐隆，獲桓，乃謂桓
曰："安寢危邦，不思擇木，老爲囚虜，豈曰智乎！"桓曰："臣
受吕氏厚恩，位參端貳，雖洪水滔天，猶欲濟彼俱溺，實耻爲
叛臣以見明主耳。"利鹿孤曰："卿忠臣也！"以爲左司馬。秦
姚興聞桓有德望，徵之。利鹿孤不敢留，乃餞之於城東，謂之
曰："本期與卿共成大業，事乖本圖，分岐之感，實情深古人。

但鯤非溟海，無以運其軀，鳳非修梧，無以晞其翼。卿有佐時之器，夜光之寶，當振縷雲閣，耀價連城，區區河右，未足以逞卿才力。善勖日新，以成大美。"桓泣曰："臣往事呂氏，情節不建。陛下宥臣於俘虜之中，顯同賢舊。每希攀龍附鳳，立尺寸之功。龍門既開，而臣違離，公衡之變，豈曰忘之！"利鹿孤爲之流涕，遣行。既至秦，興深禮重之，屢仕顯職，桓竟卒於秦。

宗敞

宗敞，姑臧人。仕秦姚興涼州別駕。敞父燮，呂光時自湟河太守入爲尚書郎，見傉檀於廣武，乃執其手曰："君神爽宏拔，逸氣凌雲，命世之傑也，必當剋清世難。恨吾年老不及見耳，以敞兄弟託君，可乎？"傉檀曰："若如公言，不敢忘德。"及即僞位，涼州刺史王尚使敞來聘，傉檀謂之曰："孤以不才，謬爲尊先君所見稱，每自恐有累大人水鏡之明。既忝家業，竊有懷君子。《詩》云：'中心藏之，何日忘之。'不圖今日復見卿也復一作得。"敞曰："大王仁侔魏祖，念存先人，雖朱暉昒張堪之孤，叔向撫汝齊之子，無以加也。"酒酣，語及平生。傉檀曰："卿魯子敬之儔，恨不與卿共成大業耳。"後姚興署傉檀爲車騎大將軍、涼州刺史，鎮姑臧。因徵王尚還長安，敞以別駕送之。傉檀謂敞曰："吾得涼州三千餘家，情之所寄，惟卿一人，奈何捨我去乎？"敞曰："今送舊君，所以忠於殿下也。"傉檀曰："吾新牧貴州，懷遠安邇之略，爲之若何？"敞曰："涼土雖弊，形勝之地，道由人弘，實在殿下。殿下惠撫其民，收其賢俊，以建功名，其何求不獲！段懿、孟禕，武威之

宿望；辛晃、彭敏，秦隴之冠冕；裴敏、馬輔，中州之令族；張
昶，涼國之舊亂；張穆、邊憲、文齊、楊班、梁崧、趙昌，武同飛
羽。夫以大王之神略，加之以威信，農戰并修，文教兼設，可
以縱橫天下，區區河右，豈足定乎！”傉檀大悅，賜敞馬二十
疋。至秦，會王尚爲流言所謗，敞抗章辨曰：“興深美其文詳具
興《傳》。”後還遷太府主簿、録記室事。

孟禕

　　孟禕，武威姑臧人也。仕吕隆，爲昌松太守。傉檀攻禕
於顯美，剋之。乃執禕而數之曰：“見機而作，賞之所先；守迷
不變，刑之所及。吾方耀威玉門，掃平秦隴，卿固守窮城，稽
淹王憲，國有常刑，於分甘乎？”禕曰：“明公開剪河右，聲播
宇内，文德以綏遠人，威武以懲不恪，況禕茂爾，敢距天威！
釁鼓之刑，禕之分也。但忠於彼者，亦忠於此。禕荷吕氏厚
恩，受藩屏之任，若明公大軍甫至，望旗歸命，恐獲罪於執事，
惟明公圖之。”傉檀大悅，乃釋其縛，待以客禮。嘉其忠烈，
拜爲左司馬。禕辭曰：“吕氏將亡，聖朝必取河右，昭然已定。
人無智愚皆知之者。但禕爲人守城不能自全，復忝顯任，竊
所未安。若蒙明公之惠，使得就戮於姑臧，死且不朽。”傉檀
義而歸之。及隆爲秦所滅，禕仕於姚興，爲涼州刺史王尚别
駕司馬。興後以傉檀代尚爲涼州，禕出迎於道左。既至，讌
群寮於宣德堂，仰視而歎曰：“古人有言作者不居，居者不作，
信矣。”禕進曰：“昔張文王謂張駿築城苑，繕宮廟，爲貽厥之
資，萬世之業，秦師濟河，澹然瓦解。梁熙據全州之地，擁十
萬之衆，軍敗於酒泉，身死於彭濟。吕氏以排山之勢，主有西

夏,率土崩離,衛璧秦雍。寬饒有言:'富貴無常,忽輒易人。'
此堂之建,年垂百載,十有二主矣,惟信順可以久安,仁義可
以永固,願大王勉之。"傉檀謝曰:"非君無以聞讜言也。"

雲霍一作曇霍

沙門雲霍者,未詳何許人。蔬食苦行,常居冢間樹下,專
以神力化物。利鹿孤僭號稱王,霍從河南來,至於西平,持一
錫杖,令人跪之曰:"此是波若眼,奉之可以得道。"時人咸異
之。或遺以衣服,受而輒投諸地,或放之於水中。後日,衣自
還其本主,一無所污。行步如風雲,力者追之,恒困不及。言
人生死貴賤,毫釐不爽。人或藏其錫杖,乃大哭數聲,閉目須
臾,立知其處,起而取之,人益奇其神異,終莫能測。因之事
佛者甚衆。車騎傉檀權傾一國,性尤猜忌,多所殺害。霍謂之
曰:"若能安坐無爲,則天下可定,祚胤克昌。如其窮兵好殺,
禍將及己。"傉檀不從。翼日又謂之曰:"當修善行道,爲後世
橋梁。"傉檀曰:"僕先世以來,恭事天地名山大川。今一旦奉
佛,恐違先人之旨。公若能七日不食,顔色如常,是爲佛道神
明,僕當奉之。"乃使人幽守七日,而霍無饑渴之色。傉檀密
遣沙門智行持餅遺霍,霍曰:"吾誰欺,而欺國主乎?"遂深奇
之,厚加敬仰。因此改信,節殺興慈。國人既蒙其福,咸稱曰
聖人一云稱之曰大師,出入街巷,百姓迎爲之禮。傉檀有女病篤,
請霍救療,霍曰:"人之生死自有定期,聖人亦不能轉禍爲福,
吾安能延命耶! 止可知早晚耳。"傉檀固請之。時後宮門閉,
霍曰:"急開後門,及開則生,不及則死。"傉檀命開之,不及。
至晉義熙三年,傉檀爲赫連勃勃所破,涼土兵亂,不知所在。

景保

景保，未知何許人。明於天文，善陰陽占侯，仕傉檀爲太史令。初，傉檀將親帥衆伐沮渠蒙遜，保諫曰：“今太白未出，歲星在西，宜以自守，難以伐人。比年天文錯亂，風霧不時，惟修德責躬可以寧吉。”傉檀曰：“蒙遜往年無道—作狀，入我封畿，掠我邊疆，殘我禾稼，吾畜力待時，將報東門之恥。今大軍已集，卿欲沮衆耶？”保曰：“陛下不以臣不肖，使臣主察乾象，若見事不言，非爲臣之體。天文顯然，動必無利。”傉檀曰：“我以輕騎五萬伐之，蒙遜若以騎兵拒我，則衆寡不敵；兼步而來，則舒疾不同；救右擊其左，赴前則攻其後，終不與之交兵接戰，卿何懼乎？”保曰：“天文不虛，必將有變。”傉檀怒，鑣之而行，曰：“有功當殺汝以狗，無功封汝百戶侯。”進次窮泉，與蒙遜戰，傉檀大敗，單騎奔還。保爲蒙遜所擒，讓之曰：“卿明於天文，爲彼國所任，違天犯順，智安在乎？”保曰：“臣匪爲無智，但言而不從。”蒙遜曰：“昔漢高祖困於平城，以婁敬爲功；袁紹敗於官渡，而田豐爲戮。卿策同二子，貴主未可量也。卿必有婁敬之賞者，吾今放卿，但恐有田豐之禍耳。”保曰：“寡君雖有才非漢祖，猶不同本初，正可不得封侯，豈慮禍也。”蒙遜乃逸之。至於姑臧，傉檀謝之曰：“卿，孤之蓍龜也，而不能從，孤之深罪也。”封安亭侯，食邑五百戶。

陰利鹿

陰利鹿，不知何處人，仕於傉檀。傉檀之奔於乞伏熾磐也，惟利鹿隨之。傉檀謂利鹿曰：“去危就安，人之常也，吾親屬皆叛，卿何獨留？”利鹿曰：“臣老母在家，方寸實亂，但委質爲臣，忠孝之義不能兩全。臣雖不才，不能西哭沮渠，申包胥之誠；東感秦援，展毛遂之操，負羈靮而侍陛下者，臣之分也。惟願開弘遠猷，審進止之算，敢離左右乎？”傉檀歎曰：“知人固未易，人亦未易知。大臣親戚皆棄我去，今日忠義終始不虧者，惟卿一人。歲寒不凋，見之於卿矣。”流涕遣之。

尉賢政

　　尉賢政，仕傉檀爲別將，屯於浩亹。樂都之潰，諸城皆降於乞伏熾磐，惟賢政固守不下。熾磐遣人謂之曰：“樂都已潰，卿妻子皆在吾所，孤城獨守，將何爲也！”賢政曰：“吾受凉王厚恩，爲國家藩屏，雖知樂都已陷，妻子爲擒，先歸獲賞，後順伏誅，然不知主上存亡，未敢聞命。妻子小事，豈足動懷！昔羅憲待命，晉文亮之；文聘後來，魏武不責。若邀一時之利，忘委任之責者，竊用耻焉，大王亦安用之哉！”熾磐乃遣傉檀太子虎臺以手書諭之，賢政曰：“汝爲國儲副，不能盡節，面縛於人，棄父忘君，墮萬世之業，賢政義士，豈如汝乎！”既而聞傉檀至左南，乃降。

頁一正至十一正

《十六國春秋別本》卷十二《南凉録》

秃髮烏孤

　　秃髮烏孤，河西鮮卑人也。八世祖疋孤率其部自塞北遷於河西。孤子壽闐立。壽闐卒，孫樹機能立，壯果多謀略。泰始中，殺秦州刺史胡烈於萬斛堆，敗凉州刺史蘇愉於金山，又殺涼州刺史楊欣於舟嶺,盡有涼州之地,武帝爲之旰食。能死,從弟務丸代立;丸死,孫推斤立。斤死,子思復韃立,部衆轉盛,遂據涼土。韃卒,子烏孤襲位,養民務(農),修結鄰好。呂光封烏孤廣武郡公、益州牧、左賢王。太初元年正月,改元,自稱大將軍、大單于、西平王,以弟鹿孤爲驃騎將軍,俉檀爲車騎將軍。二年,改稱武威王。三年正月,徙於樂都。八月,孤因酒走馬,馬倒傷脅,笑曰:"幾使呂光父子大喜。"俄而,患甚,顧謂群臣曰:"方難未靖,宜立長君。"言終而薨,在王位三年,僞諡武王,廟號烈祖。

利鹿孤

利鹿孤,烏孤弟。太初三年八月,即位,大赦,改治西平。建和元年正月,大赦,改年,延耆老訪政。二年,群臣固請即尊號,不許。九月,僭稱河西王。三年三月,寢疾,令曰:"昔我諸兄弟傳位非子者,蓋以泰伯三讓,周道以興故也。武王創踐寶歷,垂諸樊之試,終能克昌家業者,其在車騎乎。吾寢疾彌願,是將不濟,内外多虞,國機務廣,其令車騎經揔百揆,以成先王之志。"薨,諡康王,葬西平陵。

俉檀

俉檀,利鹿孤弟也,少機警有才略。建和三年,襲位,僭號涼王,遷於樂都,改爲弘昌元年。秦遣使拜車騎將軍、廣武公。四年六月,秦遣河右諸軍事、涼州刺史,鎮姑臧。七月,譙群臣於宣德堂,仰視而嘆曰:"古人言:'作者不居,居者不信',信矣。"前昌松太守孟禕進曰:"張文王築城苑,繕宗廟,構此堂,爲貽厥之資,萬世之業。秦師濟河,忽然瓦解,此堂之建,年垂百載,十有二主,唯信順可以久安,仁義可以永固,願大王勉之。"檀曰:"非子無以聞讜言也"。八月,以鎮南大將軍文支鎮姑臧。遷於樂都,雖受制於秦,車服禮制一如王也。十一日,遷於姑臧。嘉平元年十一月,僭即涼王位於南郊,大赦,改年嘉平,置百官,立世子虎臺爲太子。二年正月,以子明德歸南中郎將,領昌松太守。歸雋爽聰悟,檀甚寵之,年始十三,命爲《昌高殿賦》,援筆即成,影不移漏,覽而喜之,擬之曹子建。七年,僭檀議欲征西乙弗,孟愷諫曰:"連年不收,上下飢弊,南逼熾磐,北道蒙遜,今遠征雖剋,後患必深。"僭檀曰:"孤將略地,卿無阻衆。"謂其太子虎臺曰:"今不種多年,内外俱窘,事宜西行,以拯此弊。蒙遜近去,不能卒來,旦夕所慮,唯在熾磐,彼名微衆寡,易以討禦。吾不過一月,自是同旋。汝謹守樂都,無使失墜。"僭檀乃率騎數千西襲乙弗,大破之,獲牛馬羊四十餘萬。熾磐乘虛來襲,旦而城潰。安西樊泥自西平奔告,僭檀謂衆曰:"今樂都爲熾磐所陷,卿等能與吾藉乙弗之資,取契汗以贖妻子者,是所望也。遂引師而西,衆多逃返。遣征北段苟進之,苟亦不還,於是將士皆散。僭檀曰:"蒙遜、熾磐昔皆委質於吾,今而歸之,不亦鄙乎! 四海之廣,匹夫無容其身,何其痛哉! 吾老矣,寧見妻子而死! "遂歸熾磐。六月,至西平,盤遣使郊迎,以上賓之禮。歲餘,爲熾磐所鴆。謚景王,時年五十一。虎臺亦爲熾磐所害。少子保周歸魏,魏以爲張掖王。自烏孤太初元年歲在丁酉,至檀薨之歲十有八歲。

頁一至四

《十六國春秋輯補》卷八十九《南凉録一》

禿髮烏孤

禿髮烏孤,河西鮮卑人也。其先與後魏同出,八世祖匹孤率其部自塞北遷於河西,其地東至麥田、牽屯,西至濕羅,南至澆河,北接大漠。匹孤卒,子壽闐立。初,壽闐之在孕,母姓胡掖氏,〔一〕此句亦見《廣韻》。因寢而産於被中,鮮卑謂被爲"禿髮",因而氏焉。壽闐卒,孫樹機能立,壯果多謀略。泰始中,殺秦州刺史胡烈於萬斛堆,敗凉州刺史蘇愉於金山,此句《通鑑考異》引作:"斬凉州刺史牽弘。"〔二〕又殺凉州刺史楊欣於丹嶺,〔三〕盡有凉州之地,武帝爲之旰食。後爲馬隆所敗,部下殺之以降。能死,從弟務丸代立。丸死,孫推斤立。斤死,子思復鞬立,部衆轉盛,遂據凉土。〔四〕烏孤即思復鞬之子也。

【校勘記】

〔一〕母姓胡掖氏　《載記》無"姓"字,《廣韻》卷一《模韻》"胡"字云:"《南凉録》,禿髮壽闐之母姓胡掖氏。"

〔二〕《通鑑》卷七九《考異》云:"崔鴻《十六國春秋·禿髮烏孤傳》云:其先樹機能本河西鮮卑,泰始中,殺秦州刺史胡烈,斬凉州刺史牽弘。"

〔三〕又殺凉州刺史楊欣於丹嶺　見《偏霸部》,《載記》無。

〔四〕部衆轉盛遂據凉土　《偏霸部》"部衆"作"部落",餘同,《載記》作"部衆稍盛"。

鞬卒,子烏孤襲位。養民務農,修結鄰好。〔五〕吕光遣使署爲假節、冠軍大將軍、河西鮮卑大都統、廣武縣侯。烏孤謂諸將曰：“吕氏遠來假授，當可受不？”衆曰：“吾士衆不少，何故屬人！”烏孤將從之，其將石真若留曰：“今本根未固，理宜隨時。光德刑修明，境内無虞。若致死於我者，大小不敵，後雖悔之，無所及也。不如受而遵養之，以待其釁耳。”烏孤乃受之。

【校勘記】

〔五〕輟卒至修結鄰好　見《偏霸部》，《載記》作“及嗣位務農桑修鄰好”。

烏孤討乙弗、折掘二部，大破之，遣其將石亦干築廉川堡以都之。烏孤登廉川大山，泣而不言。石亦干進曰：“臣聞主憂臣辱，主辱臣死，大王所爲不樂者，將非吕光乎？光年已衰老，師徒屢敗。今我以士馬之盛，保據大川，乃可以一擊百，光何足懼也！”烏孤曰：“光之衰老，亦吾所知。但我祖宗以德懷遠，殊俗憚威，盧陵、[六]契汗萬里委順。及吾承業，諸部背叛，邇既乖違，遠何以附？所以泣耳。”其將苻渾曰：“大王何不振旅誓衆，以討其罪？”烏孤從之，大破諸部，吕光封烏孤廣武郡公。又討意云鮮卑，大破之。光又遣使署烏孤征南大將軍、益州牧、左賢王。烏孤謂使者曰：“吕王昔以專征之威，遂有此州，不能以德柔遠，惠安黎庶。諸子貪淫，三甥肆暴，郡縣土崩，下無生賴，吾安可違天下之心，受不義之爵！帝王之起，豈有常哉！無道則滅，有德則昌，吾將順天下人之望，爲天下主。”留其鼓吹、羽儀，謝其使而遣之。

【校勘記】

〔六〕盧陵　《載記》作“盧陵”。

丁酉。太初元年晉隆安元年。　正月，改元，[七]自稱大都督、大將軍、大單于、西平王,赦其境内。以弟利鹿孤爲驃騎將軍,傉檀爲車騎將軍。〔八〕曜兵廣武,攻剋金城。光遣將軍竇苟來伐,戰於街亭,大敗之。

【校勘記】

〔七〕太初元年正月改元　《偏霸部》同,《載記》作"隆安元年",於後文"赦其境内"後有"年號太初"。

〔八〕以弟利鹿孤至車騎將軍　見《偏霸部》,《載記》無。

戊戌。二年　降光樂都、湟河、澆河三郡。嶺南羌胡數萬落皆附之。光將楊軌、王乞基率户數千來奔。烏孤改稱武威王。

己亥。三年　徙治一作"於"樂都。〔九〕署弟利鹿孤爲驃騎大將軍、西平公,鎮安夷,傉檀爲車騎大將軍、廣武公,鎮西平。以楊軌爲賓客,金石生、時連珍,四夷之豪儁;陰訓、郭倖,西州之德望;楊統、楊貞、衛殷、麴丞明、郭黄、郭奮、史暠、鹿嵩,文武之秀傑;梁昶、韓疋、張昶、郭韶,中州之才令;金樹、薛翹、趙振、王忠、趙晁、蘇霸,秦雍之世門,皆内居顯位,外宰郡縣,官方授才,咸得其所。

【校勘記】

〔九〕三年徙治樂都　《偏霸部》作:"三年正月,徙治樂都。"《載記》作:"後三歲,徙于樂都。"

烏孤從容謂其群下曰:"隴右區區數郡地耳,因其兵亂,分裂遂至十餘。乾歸擅命河南,段業阻兵張掖,虜氏假息,偷據姑臧。吾藉父兄遺烈,思廓清西夏,兼弱攻昧,三者何先?"楊統進曰:"乾歸本我所部,終必歸服。段業儒生,才非濟世,權臣擅命,制不由己,千里伐人,糧運懸絶,且與我鄰好,許以分灾共患,乘其危弊,非義舉也。吕光衰老,嗣紹沖闇,二子纂、弘雖頗有文武,而内相猜忌,若天威臨之,必應鋒瓦解。宜遣車騎鎮浩亹,鎮北據廉川,乘虚迭出,多方以誤之。救右則擊其左,救左則擊其右,使纂疲於奔命,人不得安其農業。兼弱攻昧,於是乎在。不出二年,可以坐定姑臧,姑臧既拔,二寇不待兵戈,自然服矣。”烏孤然之,遂陰有吞并之志。

段業爲吕纂所侵,遣利鹿孤救之。纂懼,燒氏池、張掖穀麥而還。

以利鹿孤爲涼州牧,鎮西平。追僞檀入録府國事。

八月,烏孤因酒走馬,馬倒傷脅。〔一〇〕笑曰:“幾使吕光父子大喜。”俄而患甚,顧謂群下曰:“方難未靖,宜立長君。”言終而薨。在王位三年,僞謚武王,廟號烈祖。弟利鹿孤立。

【校勘記】

〔一〇〕八月烏孤因酒走馬馬倒傷脅　《偏霸部》同,《載記》作“是歲烏孤因酒墜馬傷脅”。

秃髮利鹿孤

秃髮利鹿孤,烏孤弟。以太初三年八月即僞位,〔一一〕大赦其境内殊死已下,徙治西平。〔一二〕使記室監麴梁明聘於段業。業曰:“貴主先王創業啓運,功高先世,宜爲國之太祖,有子何以不立?”梁明曰:“有子羌奴,先王之命也。”業曰:“昔成王弱齡,周召作宰;漢昭八歲,金霍夾輔。雖嗣子沖幼,而二叔休明,左提右挈,不亦可乎?”梁明曰:“宋宣能以國讓,《春秋》美之;孫伯符委事仲謀,終開有吴之業。且兄終弟及,殷湯之制也,亦聖人之格言,萬代之通式,何必胤己爲是,紹兄爲非？"業曰："美哉！使乎之義也。"

【校勘記】

〔一一〕禿髮利鹿孤至即僞位　《偏霸部》同,《載記》作："利鹿孤以隆安三年即僞位"。

〔一二〕徙治西平　《纂録》同,《偏霸部》作"改治西平",《載記》作"又徙居于西平"。

利鹿孤聞呂光死,遣其將金樹、蘇翹率騎五千,屯於昌松漠口。

庚子。建和元年〔一三〕　大赦其境内,改年曰建和。二千石長吏清高有惠化者,皆封亭侯、關内侯。延耆老,訪政治。〔一四〕

【校勘記】

〔一三〕建和元年　《偏霸部》作"建和元年正月",《載記》作"既逾年"。

〔一四〕延耆老訪政治　見《偏霸部》,《載記》無。

呂纂來伐,使傉檀距之。纂士卒精鋭,進度三堆,三軍擾懼。傉檀下馬據胡床而坐,士卒衆心乃始安。與纂戰,敗之,斬二千餘級。纂西擊段業,傉檀率騎一萬乘虛襲姑臧,纂弟緯守南北城以自固。傉檀置酒於朱明門上,鳴鐘鼓以饗將士,耀兵於青陽門,虜八千餘户而歸。

乞伏乾歸爲姚興所敗,率騎數百來奔,處之晉興,待以上賓之禮。乾歸遣子謙等質於西平。鎮北將軍俱延四字亦見《廣韻》。〔一五〕言於利鹿孤曰："乾歸本我之屬國,妄自尊立,理窮歸命,非有款誠。若奔東秦,必引師西侵,非我利也,宜徙於乙弗之間,防其奔逸之路。"利鹿孤曰："吾方弘信義以收天下之心,乾歸投誠而徙之,四海將謂我不可以誠信託也。"俄而

乾歸果奔於姚興。利鹿孤謂延曰："不用卿言,乾歸果叛,卿
爲吾行也。"延追乾歸至河,不及而還。

【校勘記】

〔一五〕《廣韻》卷一《虞韻》"俱"字云:"《南凉録》有將
軍俱延。"

辛丑。 建和二年〔一六〕 龍見於長寧,麒麟游於綏羌。於
是群臣勸進,固請即尊號,不許。〔一七〕乃以隆安五年僭稱河
西王。其將鍮勿崘進曰:"昔我先君肇自幽朔,被髮左衽,無
冠冕之儀,遷徙不常,無城邑之制,用能中分天下,威振殊境。
今建大號,誠順天心。然寧居樂土,非貽厥之規,倉府粟帛,
生敵人之志。且首兵始號,事必無成,陳勝、項籍,前鑒不遠。
宜置晉人於諸城,勸課農桑,以供軍國之用,我則習戰法以誅
未賓。若東西有變,長算以縻之,如其敵强於我,徙而以避其
鋒,不亦善乎! "利鹿孤然其言。

【校勘記】

〔一六〕建和二年 《偏霸部》作"二年",《載記》作:"利
鹿孤立二年"。

〔一七〕固請即尊號不許 見《偏霸部》,《載記》無。

於是使傉檀率師伐吕隆,〔一八〕大敗之,獲其右僕射楊
桓。傉檀謂之曰:"安寢危邦,不思擇木,老爲囚虜,豈曰智
也! "桓曰:"受吕氏厚恩,位忝端貳,雖洪水滔天,猶欲濟彼
俱溺,〔一九〕實耻爲叛臣以見明主。"傉檀曰:"卿忠臣也。"以
爲左司馬。

【校勘記】

〔一八〕於是使傉檀率師伐吕隆 《載記》無"使傉檀",

屠本卷八八作“傉檀率師伐吕隆”。按，《通鑑》卷一一二云：“河西王利鹿孤伐凉，與凉王隆戰，大破之，徙二千餘户而歸。”

〔一九〕濟彼俱溺　“溺”原作“弱”，據《載記》改。

利鹿孤謂其群下曰：“吾無經濟之才，忝承業統，自負乘在位，三載於兹。雖夙夜惟寅，思弘道化，而刑政未能允中，風俗尚多凋敝，戎車屢駕，無闢境之功，務進賢彦，而下猶蓄滯，豈所任非才，將吾不明所致也？二三君子其極言無諱，吾將覽焉。”祠部郎中史暠對曰〔二〇〕：“古之王者，行師以全軍爲上，破國次之，拯溺救焚，東征西怨。今不以綏寧爲先，惟以徙户爲務，安土重遷，故有離叛，所以斬將剋城，土不加廣。今取士拔才，必先弓馬，文章學藝爲無用之條，非所以來遠人，垂不朽也。孔子曰：‘不學禮，無以立。’宜建學校，開庠序，選耆德碩儒以訓胄子。”利鹿孤善之，於是以田玄冲、趙誕爲博士祭酒，以教胄子。

【校勘記】

〔二〇〕史暠　原作“史嵩”，據《載記》改。按史暠亦見上文。

七月，姚碩德伐吕隆，利鹿孤攝廣武守軍以避之。此節依《通鑑考異》引補。〔二一〕

【校勘記】

〔二一〕見《通鑑》卷一一二隆安五年吕隆降後秦事下《考異》引。

時利鹿孤雖僭位，尚臣姚興。楊桓兄經佐命姚萇，早死，興聞桓有德望，徵之。利鹿孤餞桓於城東，謂之曰：“本期與卿共成大業,事乖本圖,分岐之感,情深古人。但鯤非溟海,無以運其軀,鳳非修梧,無以晞其翼。卿有佐時之器,夜光之寶,當振纓雲閣,耀價連城,區區河右,未足以逞卿才力。善勗日新,以成大美。”桓泣曰:“臣往事呂氏,情節不建。陛下宥臣於俘虜之中,顯同賢舊,每希攀龍附鳳,立尺寸之功。龍門既開,而臣違離,公衡之戀,豈曰忘之!”利鹿孤爲之流涕,遣之。

　　傉檀又攻呂隆昌松太守孟禕於顯美。

　　壬寅。三年　剋顯美。[二二]傉檀執禕而數之曰:“見機而作,賞之所先;守迷不變,刑之所及。吾方耀威玉門,掃平秦隴,卿固守窮城,稽淹王憲,國有常刑,於分甘乎?”禕曰:“明公開剪河右,聲播宇内,文德以綏遠人,威武以懲不恪,況禕蔑爾,敢距天命! 釁鼓之刑,禕之分也。但忠於彼者,亦忠於此。荷呂氏厚恩,受藩屏之任,明公至而歸命,恐獲罪於執事,惟公圖之。”傉檀大悦,釋其縛,待以客禮。徙顯美、麗軒二千餘户而歸。嘉禕忠烈,拜左司馬。禕請曰:“呂氏將亡,聖朝之并河右,昭然已定。但爲人守而不全,復忝顯任,竊所未安。明公之恩,聽禕就戮於姑臧,死且不朽。”傉檀義而許之。

【校勘記】

　　〔二二〕三年剋顯美　《載記》連上文作“克之”。“顯美”,原作“美顯”,據上文乙正。

　　呂隆爲沮渠蒙遜所伐,遣使乞師,利鹿孤引群下議之。尚書左丞婆衍崘曰:“今姑臧饑荒殘弊,穀石萬錢,野無青草,資食無取。蒙遜千里行師,糧運不屬,使二寇相殘,以乘其釁。若蒙遜拔姑臧,亦不能守,適可爲吾取之,不宜救也。"傉檀曰:"崘知其一,未知其二。姑臧今雖虛弊,地居形勝,河西一都之會,不可使蒙遜據之,宜在速救。"利鹿孤曰:"車騎之言,吾之心也。"遂遣傉檀率騎一萬救之。至昌松而蒙遜已退,傉檀徙凉澤、段冢五百餘家而歸。

　　三月,〔二三〕利鹿孤寢疾,令曰:"昔我諸兄弟傳位非子者,蓋以泰伯三讓,周道以興故也。武王創踐寶曆,垂諸樊之試,終能克昌家業者,其在車騎乎。吾寢疾惙頓,是將不濟,〔二四〕內外多虞,國機務廣,其令車騎經總百揆,以成先王之志。"〔二五〕在位三年而薨,僞謚康王,葬於西平陵之東南。〔二六〕弟傉檀嗣。

【校勘記】

　　〔二三〕三月　見《偏霸部》,《載記》無。

　　〔二四〕昔我諸兄弟至是將不濟　見《偏霸部》,《載記》無。

　　〔二五〕內外多虞至先王之志　《偏霸部》同,《載記》"經總百揆"作"嗣業"。

　　〔二六〕葬於西平陵之東南　《偏霸部》作"葬西平陵",《載記》作"葬於西平之東南",疑陵在西平之東南,《輯補》綴連《偏霸部》、《載記》文字不當。

　　　　頁九九一至九九九、九九九至一〇〇一

《十六國春秋輯補》卷九十《南凉録二》

秃髮傉檀

秃髮傉檀,利鹿孤弟也。〔一〕少機警有才略,其父奇之,謂諸子曰:"傉檀明識幹藝,非汝等輩也。"是以諸兄不以授子,

欲傳之於傉檀。及利鹿孤即位,垂拱而已,軍國大事皆以委之。建和三年襲位。〔二〕

【校勘記】

〔一〕利鹿孤弟也 見《偏霸部》,《載記》無。

〔二〕建和三年襲位 見《偏霸部》,《載記》無。

壬寅。 弘昌元年 以晉元興元年僭號涼王,遷於樂都,改元曰弘昌。初,乞伏乾歸之在晉興也,以世子熾磐爲質。後熾磐逃歸,爲追騎所執,利鹿孤命殺之。傉檀曰:"臣子逃歸君父,振古通義,故魏武善關羽之奔,秦昭恕頃襄之逝。熾磐雖逃叛,孝心可嘉,宜垂全宥以弘海岳之量。"乃赦之。至是熾磐又奔允街,傉檀歸其妻子。

秦遣使拜傉檀車騎將軍、廣武公。

癸卯。 二年 傉檀大城樂都。姚興遣將齊難率衆迎吕隆於姑臧,傉檀攝昌松、魏安二戍以避之。

興涼州刺史王尚遣主簿宗敞來聘。敞父燮,吕光時自湟河太守入爲尚書郎,見傉檀於廣武,執其手曰:"君神爽宏拔,逸氣凌雲,命世之傑也,必當剗清世難。恨吾年老,不及見耳,以敞兄弟託君。"至是,傉檀謂敞曰:"孤以常才,謬爲尊先君所見稱,每自恐有累大人水鏡之明,及忝家業,竊有懷君子。《詩》云:'中心藏之,何日忘之。'不圖今日得見卿也。"敞曰:"大王仁侔魏祖,存念先人,雖朱暉昞張堪之孤,叔向撫汝齊之子,無以加也。"酒酣,語及平生。傉檀曰:"卿魯子敬之儔,恨不與卿共成大業耳。"

甲辰。 三年 傉檀以姚興之盛,又密圖姑臧,乃去其年號,罷尚書丞郎官,遣參軍關尚聘於興。興謂尚曰:"車騎投誠獻款,爲國藩屏。擅興兵衆,輒造大城,爲臣之道固若是乎?”尚曰:“王侯設險以自固,先王之制也,所以安人衛衆,預備不虞。車騎僻在遐藩,密邇勃寇,南則逆羌未賓,西則蒙遜跋扈,蓋爲國家重門之防,不圖陛下忽以爲嫌。”興笑曰:“卿言是也。”

傉檀遣其將文支討南羌、西虜,大破之。上表姚興,求涼州,不許,加傉檀散騎常侍,增邑二千户。

乙巳。　四年　傉檀於是率師伐沮渠蒙遜,次於氐池。蒙遜嬰城固守。芟其禾苗,至於赤泉而還。獻興馬三千匹、羊三萬頭於秦。〔三〕

【校勘記】

〔三〕獻興馬三千匹羊三萬頭於秦　《載記》無“於秦”二字。按二字與上文“獻興”重複,屠本卷八九有“於秦”而無“興”字。

六月,〔四〕秦遣授傉檀爲使持節、都督河右諸軍事、車騎大將軍、領護匈奴中朗將、涼州刺史,常侍、公如故,鎮姑臧。傉檀率步騎三萬次於五澗,興涼州刺史王尚遣辛晃、孟禕、彭敏出迎。尚出自青陽門,〔五〕鎮南文支入自涼風門。宗敞以別駕送尚還長安,傉檀曰:“吾得涼州三千餘家,情之所寄,唯卿一人,奈何捨我去乎?”敞曰:“今送舊君,所以忠於殿下。”傉檀曰:“吾今新牧貴州,懷遠安邇之略,爲之若何?”敞曰:“涼土雖弊,形勝之地,道由人弘,實在殿下。段懿、孟禕,威武之宿望;辛晃、彭敏,秦隴之冠冕;裴敏、馬輔,中州之令族;張昶,涼國之舊胤;張穆、邊憲,文同楊班;梁崧、趙昌,武同飛羽。以大王之神略,撫之以威信,農戰並修,文教兼設,可以

縱橫於天下,河右豈足定乎!"傉檀大悦,賜敵馬二十匹。於
是大饗文武於謙光殿,班賜金帛各有差。

【校勘記】

〔四〕六月　《載記》無,《偏霸部》作"四年六月"。

〔五〕尚出自青陽門　"青陽門",《載記》作"清陽門"。
按《通鑑》卷一一四義熙二年正文亦作"清陽門",胡《注》云
"'清陽'當作'青陽'"。

丙午。　五年　遣西曹從事史暠聘於姚興。興謂暠曰:"車
騎坐定涼州,衣錦本國,其德我乎?"暠曰:"車騎積德河右,
少播英問,王威未接,投誠萬里。陛下官方任才,量功授職,
彝倫之常,何德之有?"興曰:"朕不以州授車騎者,車騎何從
得之?"暠曰:"使河西雲擾、吕氏顛狽者,實由車騎兄弟傾其
根本。〔六〕陛下雖鴻羅遐被,涼州猶在天綱之外。故征西以
周召之重,力屈姑臧;齊難以王旅之盛,勢搓張掖。王尚孤城
獨守,外逼群狄,陛下不運兵十年,殫竭中國,涼州未易取也。
今以虛名假人,内收大利,乃知妙算自天,聖與道合,雖云遷
授,蓋亦時宜。"興悦其言,拜騎都尉。

【校勘記】

〔六〕車騎兄弟　"兄弟"二字原無,據《載記》補。

七月,〔七〕傉檀讌群臣於宜德堂,〔八〕仰視而歎曰:"古人
言作者不居,居者不作,信矣。"前昌松太守孟禕進曰〔九〕:"張
文王築城苑,繕宗廟,〔一〇〕構此堂,〔一一〕爲貽厥之資,萬世之
業,秦師齊河,灌然瓦解。梁熙據全盛之地,擁十萬之衆,軍
敗於酒泉,身死於彭濟。吕氏以排山之勢,王有西夏,率土
崩離,銜璧秦雍。寬饒有言:'富貴無常,忽輒易人。'此堂之

建,年垂百載,十有三一作"二"。主,^{〔一二〕}唯信順可以久安,仁義可以永固。願大王勉之。"傉檀曰:"非君無以聞讜言也。"

【校勘記】

〔七〕七月　見《偏霸部》,《載記》無。按,《偏霸部》此事在弘昌四年。

〔八〕傉檀讌群臣於宣德堂　"臣",《纂錄》同,《載記》、《偏霸部》並作"寮"。

〔九〕前昌松太守　見《偏霸部》,《載記》無。

〔一〇〕繕宗廟　"宗廟",《載記》、《纂錄》同,《偏霸部》作"宫廟"。

〔一一〕構此堂　見《偏霸部》,《載記》無。

〔一二〕十有三主　"三",《偏霸部》同,《載記》作"二"。

八月,以鎮南大將軍文支鎮姑臧。傉檀還於樂都。^{〔一三〕}傉檀雖受制於秦,然車服禮章,一如王者。^{〔一四〕}以宗敞爲太府主簿,録記室事。

【校勘記】

〔一三〕八月至於樂都　《偏霸部》"還"作"遷",餘同,《載記》無。按,《偏霸部》此事在弘昌四年。

〔一四〕一如王者　"者",原作"也",據《載記》、《偏霸部》改。

傉檀偪游澆河,襲徙西平、湟河諸羌三萬餘户於武興、番禾、武威、昌松四郡,徵集戎夏之兵五萬餘人,大閲於方亭。

十一月,遷於姑臧。^{〔一五〕}

【校勘記】

〔一五〕十一月遷於姑臧　見《偏霸部》,《載記》無。按,

《偏霸部》此事在弘昌四年。

　　丁未。　六年　　遂伐沮渠蒙遜，入西陜。蒙遜率衆來距，戰
於均石，爲蒙遜所敗。傉檀率騎二萬，運穀四萬石以給西郡。
蒙遜攻西郡，降之。其後傉檀又與赫連勃勃戰於陽武，爲勃
勃所敗，將佐死者十餘人，傉檀與數騎奔南山，幾爲追騎所
得。傉檀懼東西寇至，徙三百里内百姓入於姑臧，國中駭怨。
屠各成七兒因百姓之擾也，率其屬三百人叛傉檀於北城，推
梁貴爲盟主，貴閉門不應。一夜衆至數千。殿中都尉張猛大
言於衆曰：“主上陽武之敗，蓋恃衆故也。責躬悔過，明君之
義，諸君何故從此小人作不義之事！殿内武旅正爾相尋，目
前之危，悔將無及。”衆聞之，咸散。七兒奔晏然，殿中騎將白
路等追斬之。軍諮祭酒梁裒、輔國司馬邊憲等七人謀反，傉
檀悉誅之。

　　戊申。　嘉平元年〔一六〕　晉義熙四年。　　姚興以傉檀外有陽
武之敗，内有邊、梁之亂，遣其尚書郎韋宗來觀釁。傉檀與宗
論六國從横之規，三家戰争之略，遠言天命廢興，近陳人事之
成敗，機變無窮，辭致清辯。宗出而歎曰：“命世大才，經綸名
教者，不必華宗夏士；撥煩理亂，澄清濟世者，亦未必《八索》
《九丘》。《五經》之外，冠冕之表，復自有人。車騎神機秀發，
信一代之偉人，由余、日磾豈足爲多也！”

　　【校勘記】

　　〔一六〕嘉平元年　　見《偏霸部》，《載記》無。

　　宗還長安，言於興曰：“涼州雖殘弊之後，風化未頹；傉
檀權詐多方，憑山河之固，未可圖也。”興曰：“勃勃以烏合
之衆尚能破之，吾以天下之兵，何足剋也！”宗曰：“形移勢

變,終始殊途,陵人者易敗,自守者難攻。陽武之役,傉檀以輕勃勃至敗。今以大軍臨之,必自固求全,臣竊料群臣無傉檀匹也。雖以天威臨之,未見其利。"興不從,乃遣其將姚弼及斂成等率步騎三萬來伐,又使其將姚顯爲弼等後繼。遺傉檀書云:"遣尚書左僕射齊難討勃勃,懼其西逸,故令弼等於河西邀之。"傉檀以爲然,遂不設備。弼衆至漠口,昌松太守蘇霸嬰城固守。弼喻霸令降,霸曰:"汝違負盟誓,伐委順之藩,天地有靈,將不祐汝!吾寧爲涼鬼,何降之有!"城陷,戰霸。

　　弼等至於姑臧城下,〔一七〕屯於西苑。州人王鐘、宋鐘、王娥等密爲內應,〔一八〕候人執其使送之。傉檀欲誅其元首,前軍伊力延侯曰:"今强敵在外,內有奸竪,兵交勢蹙,禍難不輕,宜悉坑之以安內外。"傉檀從之,殺五千餘人,以婦女爲軍賞。命諸郡縣悉驅牛羊於野,斂成縱兵虜掠,傉檀遣其鎮北俱延、鎮軍敬歸等十將率騎分擊,大敗之,此段亦略見《御覽》二百八十六、《通典》百五十五。〔一九〕斬首七千餘級。姚弼固壘不出,傉檀攻之未剋,乃斷水上流,欲以持久弊之。會雨甚,堰壞,弼軍乃振。姚顯聞弼敗,兼道赴之,軍勢甚盛。遣善射將孟欽等五人挑戰於涼風門,弦未及發,材官將軍宋益等馳擊斬之。顯乃委罪斂成,遣使謝傉檀,引師而歸。

【校勘記】

　　〔一七〕弼等至於姑臧城下　《御覽》卷二八六引、《通典》卷一五六作"姚弼等至於城下",《載記》作"弼至姑臧"。

　　〔一八〕州人王鐘宋鐘王俄等密爲內應　"王娥",原作"王俄",據《載記》、屠本卷八九改。

〔一九〕御覽二百八十六通典百五十六　《御覽》卷數原誤作“二百十六”,《通典》卷數原誤作“百五十五”,今改。

　　傉檀於是以十一月僭即涼王位於南郊,〔二〇〕大赦其境内,改年爲嘉平,置百官。立夫人折掘氏爲王后,世子虎臺爲太子、〔二一〕録尚書事,左長史趙晁、右長史郭倖爲尚書左右僕射,鎮北俱延爲太尉,鎮軍敬歸爲司隸校尉,自餘封署各有差。

　　【校勘記】

　　〔二〇〕以十一月僭即涼王位於南郊　“以十一月”、“於南郊”,並見《偏霸部》,《載記》無。

　　〔二一〕世子虎臺爲太子　“虎臺”,《偏霸部》同,《載記》避唐諱作“武臺”。

　　己酉。二年　正月,以子明德歸爲南中朗將,領昌松太守。歸雋爽聰悟,傉檀甚寵之。年始十三,命爲《高昌殿賦》,援筆即成,影不移漏,一作“晷”。傉檀覽而善一作“異”。之,擬之於曹子建云。〔二二〕此節亦見於《御覽》六百及六百二。

　　【校勘記】

　　〔二二〕二年正月至曹子建云　見《偏霸部》,《載記》無。“年始十三”以下又見《御覽》卷六〇〇、六〇二引。“子明德歸”,《偏霸部》同,卷六〇〇引作“傉檀子禮”,卷六〇二引作“傉檀子歸”。“高昌殿”,《偏霸部》作“昌高殿”,卷六〇〇、六〇二引並作“高昌殿”。“影不移漏”,各卷皆同。“善之”,《偏霸部》同,卷六〇〇、六〇二引並作“異之”。

　　　　　頁一〇〇三至一〇〇九、一〇〇九至一〇一一

《十六國春秋輯補》卷九十一《南凉録三》

禿髮傉檀

^{庚戌。}嘉平三年　遣其左將軍枯木、附馬都尉胡康伐沮渠蒙遜,掠臨松人千餘户而還。蒙遜大怒,率騎五千至於顯美方亭,破車蓋鮮卑而還。俱延又伐蒙遜,大敗而歸。傉檀將親率衆伐蒙遜,趙晁及太史令景保諫曰:"今太白未出,歲星在西,宜以自守,難以伐人。比年天文錯亂,風霧不時,唯修德責躬可以寧吉。"傉檀曰:"蒙遜往年無狀,入我封畿,掠我邊疆,殘我禾稼。吾蓄力待時,將報東門之恥。今大軍已集,卿欲沮衆邪!"保曰:"陛下不以臣不肖,使臣主察乾象,若見事不言,非爲臣之體。天文顯然,動必無利。"傉檀曰:"吾以輕騎五萬伐之,蒙遜若以騎兵距我,則衆寡不敵;兼步而來,則舒疾不同;救右則擊其左,赴前則攻其後,終不與之交兵接戰,卿何懼乎?"保曰:"天文不虛,必將有變。"傉檀怒,鏁保而行,曰:"有功當殺汝以徇,無功封汝百户侯。"既而蒙遜率衆來距,戰於窮泉,傉檀大敗,單馬奔還。景保爲蒙遜所擒,讓之曰:"卿明於天文,爲彼國所任,違天犯順,智安在乎?"保曰:"臣匪爲無智,但言而不從。"蒙遜曰:"昔漢高祖困於平城,以婁敬爲功;袁紹敗於官渡,而田豐爲戮。卿策同二子,貴主未可量也。卿必有婁敬之賞者,吾今放卿,但恐有田豐之禍耳。"保曰:"寡君雖才非漢祖,猶不同本初,正可不得封侯,豈慮禍也。"蒙遜乃免之。至姑臧,傉檀謝之曰:"卿,孤之蓍龜也,而不能從之,孤之深罪。"封保安亭侯。

蒙遜進圍姑臧,百姓懲東苑之戮,悉皆驚散。叠掘、麥

田、車蓋諸部盡降於蒙遜。傉檀遣使請和，蒙遜許之，乃遣司隸校尉敬歸及子他爲質。歸至胡坑，逃還，他爲追兵所執。蒙遜徙其衆八千餘户而歸。右衛折掘奇鎮據石驢山以叛。

傉檀懼爲蒙遜所滅，又慮奇鎮剗嶺南，乃遷於樂都，留大司農成公緒守姑臧。傉檀始出城，焦諶、王侯等閉門作難，收合三千餘家，保據南城。〔一〕諶推焦朗爲大都督、龍驤大將軍，諶爲涼州刺史，降於蒙遜。鎮軍敬歸討奇鎮於石驢山，戰敗，死之。蒙遜因剗姑臧之威來伐，傉檀遣其安北段苟、左將軍雲連乘虚出番禾以襲其後，徙三千餘家於西平。

【校勘記】

〔一〕保據南城　“南城”，原作“南威”，據《載記》改。

辛亥。四年　蒙遜圍樂都，三旬不剗，遣使謂傉檀曰：“若以寵子爲質，我當還師。”傉檀曰：“去否任卿兵勢。卿違盟無信，何質以供！”蒙遜怒，築室返耕，爲持久之計。群臣固請，乃以子安周爲質，蒙遜引歸。

吐谷渾樹洛干率衆來伐，傉檀遣其太子虎臺距之，〔二〕爲洛干所敗。

【校勘記】

〔二〕傉檀遣其太子虎臺距之　“虎臺”，《載記》避唐諱作“武臺”，參上卷校勘記〔二一〕。《輯補》皆回改作“虎臺”，下不具校。

傉檀又將伐蒙遜，邯川護軍孟愷諫曰：“蒙遜初並姑臧，凶勢甚盛，宜固守伺隙，不可妄動。”不從。五道俱進，至番禾、苕藋，掠五千餘户。其將屈右一作“窨古”。進曰〔三〕：“陛下轉戰千里，前無完陣，徙户資財，盈溢衢路，宜倍道旋師，〔四〕

早度峻險。蒙遜善於用兵,士衆習戰,若輕軍卒至,出吾慮表[五]一作“不慮”。大敵外逼,徙户内攻,危之道也。”衛尉伊力延曰:“我軍勢方盛,將士勇氣自倍,彼徒我騎,勢不相及。若倍道旋師,必捐棄資財,示人以弱,非計也。”屈右出而告其諸弟曰:“吾言不用,天命也。此吾兄弟死地。”俄而昏霧風雨,蒙遜軍大至,傉檀敗績而還。此段亦見《御覽》三百二十六、《通典》百五十六。蒙遜進圍樂都,傉檀嬰城固守,以子染干爲質,蒙遜乃歸。

【校勘記】

〔三〕其將屈右進曰　“屈右”,《載記》、《通典》卷一五六同,《御覽》卷三二六引作“窟古”,“窘古”未見。

〔四〕宜倍道旋師　“旋師”,《通典》卷一五六同,《御覽》卷三二六引作“遊師”。下同。

〔五〕出吾慮表　“慮表”,《載記》、《通典》卷一五六同,《御覽》卷三二六引作“不慮”。

壬子。五年

癸丑。六年　遣安西絃勃耀兵西境。蒙遜侵西平,徙户掠牛馬而還。

邯川護軍孟愷表鎮南、湟河太守文支荒酒愎諫,不恤政事。傉檀謂伊力延曰:“今州土傾覆,所杖者文支而已,將若之何?”延曰:“宜召而訓之,使改往修來。”傉檀乃召文支,既到,讓之曰:“二兄英姿早世,吾以不才嗣統,不能負荷大業,顛狽如是,胡顏視世,雖存若隕。庶憑子鮮存衛,藉文種復吳,卿之謂也。聞卿唯酒是耽,荒廢庶事。[六]吾年已老,卿復若斯,祖宗之業將誰寄也?”文支頓首陳謝。

【校勘記】

〔六〕荒廢庶事　“庶”，原作“署”，據《載記》改。

邯川人衛章等謀殺孟愷，南啓乞伏熾磐。郭越止之曰：“孟君寬以惠下，何罪而殺之！吾寧違衆而死，不負君以生。”乃密告之。愷誘章等飲酒，殺四十餘人。愷懼熾磐軍之至，馳告文支，文支遣將軍匹珍赴之。熾磐軍到城，聞珍將至，引歸。

蒙遜又攻樂都，二旬不剋而還。鎮南文支以湟河降蒙遜，徙五千餘户於姑臧。蒙遜又來伐，傉檀以太尉俱延爲質，蒙遜乃引還。

甲寅。七年〔七〕　傉檀議欲西征乙弗，孟愷諫曰：“連年不收，上下饑弊，南逼熾磐，北迫蒙遜，百姓騷動，下不安業。今遠征雖剋，後患必深，不如結盟熾磐，通糴濟難，慰喻雜部，以廣軍資，畜力繕兵，相時而動。《易》曰：‘其亡其亡，繫於苞桑。’惟陛下圖之。”傉檀曰：“孤將略地，卿無沮衆。”謂其太子虎臺曰：“今不種多年，内外俱窘，事宜西行以拯此弊。蒙遜近去，不能卒來，旦夕所慮，惟在熾磐。彼名微衆寡，易以討禦，吾不過一月，自足周旋，汝謹守樂都，無使失墜。”傉檀乃率騎七千西襲乙弗，大破之，獲牛馬羊四十餘萬。

【校勘記】

〔七〕七年　見《偏霸部》，《載記》無。

熾磐乘虛來襲，撫軍從事中郎尉肅言於虎臺曰：“今外城廣大，難以固守，宜聚國人於内城，肅等率諸晉人距戰於外，如或不捷，猶有萬全。”虎臺曰：“小賊蕞爾，旦夕當走，卿何慮之過也。”虎臺懼晉人有二心也，乃召豪望有勇謀者閉之於内。孟愷泣曰："熾磐不道,人神同憤,愷等進則荷恩重遷,退顧妻子之累,豈有二乎! 今事已急矣,人思自效,豈有猜邪?"虎臺曰："吾豈不知子忠,實懼餘人脱生慮表,以君等安之耳。"一旬一作"一旦"。而城潰。〔八〕

【校勘記】

〔八〕一旬而城潰　"旬",《載記》同,《偏霸部》作"旦"。

　　安西樊尼自西平奔告傉檀。傉檀謂衆曰："今樂都爲熾磐所陷,男夫盡殺,婦女賞軍,雖欲歸還,無所赴也。卿等能與吾借乙弗之資,取契汗以贖妻子者,是所望也。不爾,即歸熾磐便爲奴僕矣,豈忍見妻子在他懷抱中!"遂引師而西,衆多逃返,遣鎮北段苟追之,苟亦不還。於是將士皆散,惟中軍紇勃、後軍洛肱、安西樊尼、散騎侍郎陰利鹿在焉。傉檀曰:"蒙遜、熾磐昔皆委質於吾,今而歸之,不亦鄙乎! 四海之廣,匹夫無所容其身,何其痛哉! 蒙遜與吾名齊年比,熾磐姻好少年,俱其所忌,勢皆不濟。與其聚而同死,不如分而或全。樊尼長兄之子,宗部所寄,吾衆在北者户垂二萬,蒙遜方招懷遐邇,存亡繼絶,汝其西也,紇勃、洛肱亦與尼俱。吾年老矣,所適不容,寧見妻子而死。"遂歸熾磐,惟陰利鹿隨之。傉檀謂利鹿曰:"去危就安,人之常也。吾親屬皆散,卿何獨留?"利鹿曰:"臣老母在家,方寸實亂,但忠孝之義,勢不俱全。雖不能西哭沮渠,申包胥之誠,東感秦援,展毛遂之操,負羈靮而侍陛下者,臣之分也。惟願開弘遠猷,審進止之算。"傉檀歎曰:"知人固未易,人亦未易知。大臣親戚皆棄我去,終始不虧者,惟卿一人。歲寒不凋,見之於卿。"

　　六月,〔九〕傉檀至西平,熾磐遣使郊迎,待以上賓之禮。

【校勘記】

〔九〕六月　見《偏霸部》,《載記》無。

初,樂都之潰也,諸城皆降於熾磐,傉檀將振威將軍尉賢政固守浩亹不下。〔一○〕熾磐呼之曰:"樂都已潰,卿妻子皆在吾閒,孤城獨守,何所爲也!"賢政曰:"受涼王厚恩,爲國藩屏,雖知樂都已陷,妻子爲擒,先歸獲賞,後順受誅,然不知主上存亡,未敢歸命。妻子小事,豈足動懷!昔羅憲待命,晉文亮之,文聘後來,魏武不責。邀一時之榮,忘委付之重,竊用恥焉,大王亦安用之哉!"熾磐乃遣虎臺手書喻政,政曰:"汝爲國儲,不能盡節,反面縛於人,棄父負君,虧萬世之業。賢政義士,豈如汝乎!"此段亦見《御覽》四百十八。既而聞傉檀至左南,乃降。

【校勘記】

〔一○〕傉檀將振威將軍尉賢政　"振威將軍",《御覽》卷四一八引作"振武將軍",《載記》無。

熾磐以傉檀爲驃騎大將軍,封左南公。歲餘,爲熾磐所鴆。左右勸傉檀解藥,傉檀曰:"吾病豈宜瘳邪!"遂死。時年五十一,在位十三年,僞謚景王。虎臺後亦爲熾磐所殺。傉檀少子保周、臘子破羌、〔一一〕俱延子覆龍、利鹿孤孫副周、烏孤孫承鉢皆奔沮渠蒙遜,久之歸魏。魏以保周爲張掖王,覆龍爲酒泉公,破羌西平公,副周永平公,承鉢昌松公。

【校勘記】

〔一一〕臘子破羌　"子",《載記》作"于"。

自烏孤太初元年歲在丁酉,至傉檀滅原作"薨"。之歲甲寅,十有八歲。〔一二〕《載記》作"烏孤以安帝隆安元年僭立,至傉檀三世,凡十八原誤‘九’年。以安帝義熙十年滅。”

【校勘記】

〔一二〕自烏孤至十有八歲　《載記》文字見原注引,《偏霸部》“滅”作“薨”,餘同。按,上文云傉檀降熾磐在嘉平七年甲寅歲,“歲餘,爲熾磐所鳩”,《輯補》因改此爲“傉檀滅之歲甲寅”。

曇霍

沙門曇霍者,不知何許人也。禿髮傉檀時從河南來,持一錫杖,令人跪曰:“此是波若眼,奉之可以得道。”時人咸異之。或遺以衣服,受而投之於河,後日以還其本主,衣無所汙。行步如風雲,言人死生貴賤,無豪釐之差。人或藏其錫杖,曇霍大哭數聲,閉目須臾,起而取之,咸奇其神異,莫能測也。每謂傉檀曰:“若能安坐無爲,則天下可定,祚胤克昌;如其窮兵好殺,禍將及己。”傉檀不能從。傉檀女病甚,請救療,曇霍曰:“人之生死自有定期,聖人亦不能轉禍爲福,曇霍安能延命邪? 正可知早晚耳。”傉檀固請之,時後宮門閉,曇霍曰:“急開後門,及開門則生,不及則死。”傉檀命開之,不及而死。後兵亂,不知所在也。此傳依《晉書‧藝術傳》錄。

頁一〇一三至一〇二〇、一〇二〇至一〇二一

《讀史方輿紀要》卷三《歷代州域形勢 三‧十六國》(節錄)

禿髮烏孤據廉川,廉川城在今西寧衛西南百二十里。爲南凉。

史略:初,鮮卑禿髮樹機能雄長河西,其從弟曰務丸。務

丸三傳至烏孤，晉太元十九年呂光遣使拜爲河西鮮卑大都統。二十年破乙弗、折掘部，_{二部在禿髮部之西。}築廉川堡而都之。隆安初自稱西平王，治兵廣武，_{廣武，在蘭州西，見前。}克凉金城。二年取凉嶺南五郡，_{嶺，洪池嶺，在凉州衞南。五郡，廣武、西平、樂都、澆河也。樂都、湟河、澆河三郡俱在今西寧衞境，見前。}改稱武威王。三年徙治樂都。尋置凉州於西平，以其弟利鹿孤鎮之。明年利鹿孤嗣立，遂徙治西平，五年更稱河西王。元興元年克凉顯美及魏安，_{顯美，在今凉州衞西北。魏安，在今莊浪衞西。}徙其民於樂都。利鹿孤卒，弟傉檀襲位，更稱凉王，遷於樂都。義熙二年傉檀獻羊馬於秦，秦王興使爲凉州刺史，代王尚鎮姑臧，傉檀遂入姑臧，使其弟文支鎮之而還，繼又遷於姑臧。三年與沮渠蒙遜相攻，蒙遜取西郡。又赫連勃勃來伐，入枝陽，_{今靖虜衞西南有故城。}傉檀追之，大敗於陽武下峽。_{在今靖虜衞東北。}四年秦遣兵襲姑臧，敗去，傉檀復稱凉王。既而屢爲蒙遜所敗，六年復還樂都，姑臧遂入於蒙遜。九年蒙遜進圍樂都，湟河降於蒙遜。十年傉檀西襲乙弗等部，留其子虎臺居守，西秦王熾磐乘虛襲樂都，樂都尋潰。傉檀還，降於熾磐，既而爲熾磐所殺。_{南凉之亡，有樂都、西平、廣武、浩亹四郡。}○南凉盛時，東自金城，西至西海，南有河、湟，北據廣武。至拱手而得姑臧，爲計得矣，乃卒不能守，并樂都而失之，然則廣地固不可恃哉！

頁一三九至一四〇

散見史料繫年録

公元二六八年　西晉武帝泰始四年

泰始四年，以爲御史中丞。時頗有水旱之災，玄復上疏曰：

臣聞聖帝明王受命，天時未必無災，是以堯有九年之水，湯有七年之旱，惟能濟之以人事耳。故洪水滔天而免沈溺，野無生草而不困匱。伏惟陛下聖德欽明，時小水旱，人未大饑，下祇畏之詔，求極意之言，同禹湯之罪己，侔周文之夕惕。臣伏歡喜，上便宜五事：

其一曰，耕夫務多種而耕暵不熟，徒喪功力而無收。又舊兵持官牛者，官得六分，士得四分；自持私牛者，與官中分，施行來久，衆心安之。今一朝減持官牛者，官得八分，士得二分；持私牛及無牛者，官得七分，士得三分，人失其所，必不歡樂。臣愚以爲宜佃兵持官牛者與四分，持私牛與官中分，則天下兵作歡然悅樂，愛惜成穀，無有損棄之憂。

其二曰，以二千石雖奉務農之詔，猶不勤心以盡地利。昔漢氏以墾田不實，徵殺二千石以十數。臣愚以爲宜申漢氏舊典，以警戒天下郡縣，皆以死刑督之。

其三曰，以魏初未留意於水事，先帝統百揆，分河堤爲四

部，并本凡五謁者，以水功至大，與農事並興，非一人所周故
也。今謁者一人之力，行天下諸水，無時得遍。伏見河堤謁
者車誼不知水勢，轉爲他職，更選知水者代之。可分爲五部，
使各精其方宜。

其四曰，古以步百爲畝，今以二百四十步爲一畝，所覺過
倍。近魏初課田，不務多其頃畝，但務修其功力，故白田收至
十餘斛，水田收數十斛。自頃以來，日增田頃畝之課，而田兵
益甚，功不能修理，至畝數斛已還，或不足以償種。非與曩時
異天地，橫遇災害也，其病正在於務多頃畝而功不修耳。竊
見河堤謁者石恢甚精練水事及田事，知其利害，乞中書召恢，
委曲問其得失，必有所補益。

其五曰，臣以爲胡夷獸心，不與華同，鮮卑最甚。本鄧艾
苟欲取一時之利，不慮後患，使鮮卑數萬散居人間，此必爲害
之勢也。秦州刺史胡烈素有恩信於西方，今烈往，諸胡雖已無
惡，必且消弭，然獸心難保，不必其可久安也。若後有動釁，烈
計能制之。惟恐胡虜適困於討擊，便能東入安定，西赴武威，
外名爲降，可動復動。此二郡非烈所制，則惡胡東西有窟穴浮
游之地，故復爲患，無以禁之也。宜更置一郡於高平川，因安
定西州都尉募樂徙民，重其復除以充之，以通北道，漸以實邊。
詳議此二郡及新置郡，皆使并屬秦州，令烈得專御邊之宜。

詔曰：“得所陳便宜，言農事得失及水官興廢，又安邊御
胡政事寬猛之宜，申省周備，一二具之，此誠爲國大本，當今
急務也。如所論皆善，深知乃心，廣思諸宜，動靜以聞也。”

《晉書》卷四十七《列傳第十七·傅玄》頁一三二〇至
一三二二

　　泰始四年，以爲御史中丞。時頗有水旱之災，玄上疏陳便宜五事：其一曰，耕夫務多種而耕瞋不熟，徒喪功力而無收。又舊兵持官牛者，官得六分，士得四分；自持私牛者，與官中分，施行來久，衆心安之。今一朝減持官牛者，官得八分，士得二分；持私牛及無牛者，官得七分，士得三分，人失其所，必不歡樂。臣愚以爲宜佃兵持官牛者與四分，持私牛與官中分，則天下兵作歡然悦樂，愛惜成穀，無有損棄之憂。其二曰，以二千石雖奉務農者詔，猶不勤心以盡地利。昔漢氏以墾田不實，徵殺二千石以十數。臣愚以爲宜申漢氏舊法，以警戒天下郡縣，皆以死刑督之。其三曰，以魏初未留意於水事，先帝統百揆，分河堤爲四部，并本凡五謁者，以水功至大，與農事並興，非一人所周故也。今謁者一人之力，行天下諸水，無時得遍。伏見河堤謁者車誼不知水勢，轉爲他職，更選知水者代之。可分爲五部，使各精其方宜。其四曰，古以步百爲畝，今以二百四十步爲畝，所覺過倍。近魏初課田，不務多其頃畝，但務修其功力，故白田收至十餘斛，水田收數十斛。自頃以來，日增田頃畝之課，而田兵益其，功不能修理，至畝數斛已還，或不足以償種。非與曩時異天地，橫遇災害也，其病正在於務多頃畝而功不修耳。竊見河堤謁者石恢甚精練水事及田事，知其利害，乞中書召恢，委曲問其得失，必有所補益。其五曰，臣以爲胡夷獸心，不與華同，鮮卑最甚。本鄧艾苟欲取一時之利，不慮後患，使鮮卑數萬散居人間，此必爲害之勢也。秦州刺史胡烈素有恩信於西方，今烈往，諸胡雖已無惡，必且消弭，然獸心難保，不必其可久安也。若後有動釁，烈計能制之。惟恐胡虜適困於討擊，便能東入安定，西赴武威,外名爲降,可動復動。此二郡非烈所制,則惡胡東西有窟穴浮游之地,故復爲患,無以禁之也。宜更置一郡於高平川,因安定西鼠都尉募樂徙民,重其復除以充之,以通北道,漸以實邊。詳議此二郡及新置郡,皆使并屬秦州,令烈得專御邊之宜。優詔答之。

《通志》卷一百二十三《列傳三十六・晉・傅玄》頁一八九九下至一九〇〇上

公元二六九年　西晉武帝泰始五年

二月,以雍州隴右五郡及涼州之金城、梁州之陰平置秦州。〔一一〕

【校勘記】

〔一一〕梁州之陰平置秦州　"陰平",各本皆作"陽平"。《商榷》:"陽平,《地理志》作陰平,宜從之。"今據改。

《晉書》卷三《帝紀第三・武帝》頁五八、八三

及泰始五年,又以雍州隴右五郡及涼州之金城、梁州之陰平,合七郡置秦州,鎮冀城。

《晉書》卷十四《志第四・地理上》頁四三五

二月,分雍、涼、梁州置秦州。《晉志》曰:雍州以其四山之地,故以雍名焉;亦謂西北之位,陽所不及,陰陽氣雍閼也,統京兆、馮翊、扶風、安定、北地、新平、始平。涼州以其地處西方,當寒涼也;統金城、西平、武威、張掖、西郡、敦煌、酒泉、西海。梁州以西方金剛之氣强梁也;統漢中、梓潼、廣漢、新都、涪陵、巴西、巴東。秦州統隴西、南安、天水、略陽、武都、陰平等郡。以胡烈

爲刺史。先是，鄧艾納鮮卑降者數萬，先，悉薦翻。降，戶江翻；下
同。置於雍、涼之間，與民雜居，朝廷恐其久而爲患，以烈素著
名於西方，故使鎮撫之。此河西鮮卑也。

《資治通鑑》卷七十九《晉紀一·武帝泰始五年》頁
二五〇八至二五〇九

二月，以雍州隴右五郡及涼州之金城、梁州之陽平置秦州。
《通志》卷十上《晉紀十上·武帝》頁一八〇上

武帝泰始五年，鮮卑樹機能攻陷涼州，令司馬督馬隆往
討之。隆請自至武庫選仗，武庫令與忿爭。御史中丞劾奏
隆，隆曰："臣將畢命戰場，武庫令乃給以魏時朽仗，非陛下所
以使臣之意也。"帝乃命惟隆所取。

《文獻通考》卷一百六十一《兵十三·軍器》頁四八二四

公元二七〇年　西晉武帝泰始六年

六月戊午，秦州刺史胡烈擊叛虜於萬斛堆，力戰，死之。
詔遣尚書石鑒行安西將軍、都督秦州諸軍事，與奮威護軍田
章討之。

《晉書》卷三《帝紀第三·武帝》頁五九

烈爲秦州刺史，及涼州叛，烈屯於萬斛塠，爲虜所圍，無
援，遇害。

《晉書》卷五十七《列傳第二十七·胡奮附胡烈》頁
一五五七

　　會秦州刺史胡烈爲羌虜所害,亮遣將劉旂、騎督敬琰赴救,不進,坐是貶爲平西將軍。旂當斬,亮與軍司曹閎上言,節度之咎由亮而出,乞丐旂死。詔曰:"高平困急,計城中及旂足以相拔,就不能徑至,尚當深進。今奔突有投,而坐視覆敗,故加旂大戮。今若罪不在旂,當有所在。"有司又奏免亮官,削爵土。詔惟免官。

　　　　《晉書》卷五十九《列傳第二十九・汝南王亮》頁一五九一

　　晉汝南王亮,武帝時,持節、都督關中雍凉諸軍事。會秦州刺史胡烈爲羌虜所害。亮遣將軍劉旂、騎督敬琰赴救,不進,坐是貶爲平西將軍。旂當斬,亮與軍司曹閎上言,節度之咎由亮而出,乞丐旂死。詔曰:"高平困急,計城中及旂足以相拔,就不能徑至,尚當深進。今奔突有投,而坐視覆敗,故加旂大戮。今若罪不在旂,當有所在。"有司又奏免亮官,削爵土。詔惟免官。

　　　　《冊府元龜》卷四四五《將帥部・逗撓》頁五二八四上

　　晉武帝太始六年六月,秦州刺史胡烈擊破虜,戰死之,詔遣尚書石鑒行安西將軍,都督秦州諸軍事,與奮威護軍田章討之。

　　　　《冊府元龜》卷九八四《外臣部・征討三》頁一一五五三下

　　六月,戊午,胡烈討鮮卑禿髮樹機能於萬斛堆,樹機能祖壽闐之在孕也,其母胡掖氏,因寢而産於被中,鮮卑謂被爲禿髮,因而氏焉。至南凉禿髮烏孤,則樹機能之五世孫也。萬斛堆在温圍水東北安定郡高平縣界。兵敗,被殺。都督雍、凉州諸軍事扶風王亮遣將軍劉旂救之,

旂觀望不進。亮坐貶爲平西將軍，旂當斬。亮上言：“節度之
咎，由亮而出，乞丐其死。”丐，居太翻，貸其死命也。詔曰：“若罪
不在旂，當有所在。”乃免亮官。

　　遣尚書樂陵石鑒行安西將軍，都督秦州諸軍事，樂陵縣，漢
屬平原郡，後分屬樂陵國。討樹機能。樹機能兵盛，鑒使秦州刺史
杜預出兵擊之。預以虜乘勝馬肥，而官軍縣乏，縣，讀曰懸。宜
并力大運芻糧，須春進討。鑒奏預稽乏軍興，檻車徵詣廷尉，
以贖論。時預以尚主，在八議，以俟贖論。既而鑒討樹機能，卒不能
克。卒，子恤翻。

　　　　《資治通鑑》卷七十九《晉紀一·武帝泰始六年》頁二五一三

　　會秦州刺史胡烈爲羌虜所害，亮遣將劉旂、騎督敬琰赴
救，不進，坐是貶爲平西將軍。旂當斬，亮與軍司曹冏上言，
節度之咎由亮而出，乞丐旂死。詔曰：“高平困急，計城中及
旂足以相拔，就不能徑至，尚當深進。今奔突有投，而坐視覆
敗，故加旂大戮。今若罪不在旂，當有所在。”有司又奏免亮
官，削爵土。詔惟免官。

　　　　《通志》卷八十《宗室三·晉·八王》頁九七四中

　　六月戊午，秦州刺史胡烈擊叛虜於萬斛堆，力戰死之。
詔遣尚書石鑒行安西將軍，都督秦州諸軍事，與奮威護軍田
章討之。

　　　　《通志》卷十上《晉紀十上·武帝》頁一八〇中

　　烈爲秦州刺史，及涼州叛，烈屯於萬斛堆，爲虜所圍，無

援,遇害。

《通志》卷一百二十四下《列傳三十七下·晉·胡奮附胡烈》頁一九三五上

公元二七一年　西晉武帝泰始七年

北地胡寇金城,涼州刺史牽弘討之。群虜内叛,圍弘於青山,弘軍敗,死之。

《晉書》卷三《帝紀第三·武帝》頁六〇

騫因入朝,言於帝曰:"胡烈、牽弘皆勇而無謀,强於自用,非綏邊之材,將爲國耻。願陛下詳之。"時弘爲揚州刺史,不承順騫命。帝以爲不協相構,於是徵弘,既至,尋復以爲涼州刺史。騫竊歎息,以爲必敗。二人後果失羌戎之和,皆被寇喪没,征討連歲,僅而得定,帝乃悔之。

《晉書》卷三十五《列傳第五·陳騫》頁一〇三六

初,涼州刺史楊欣失羌戎之和,隆陳其必敗。

《晉書》卷五十七《列傳第二十七·馬隆》頁一五五四

騫因入朝,言於帝曰:"胡列、牽弘皆勇而無謀,强於自用,非綏邊之材,將爲國耻。願陛下詳之。"時弘爲揚州刺史,不承順騫命。帝以爲不協相構,於是徵弘,既至,復以爲涼州刺史。騫竊歎息,以爲必敗。二人後果失羌戎之和,皆被寇喪没,征討連歲,僅而得定,帝乃悔之。

《太平御覽》卷二〇九《職官部七·大司馬》頁一〇〇三上

晉陳騫，武帝時爲大司馬，因入朝言於帝曰："胡烈、牽弘皆勇而無謀，强於自用，非綏邊之材也。將爲國恥，願陛下詳之。"時弘爲揚州刺史，不承順騫命，帝以爲不協相搆，於是徵弘，既至，尋復以爲涼州刺史，騫竊歎息，以爲必敗，二人後果失羌戎之和，皆被寇喪没，征討連戰歲，僅而得定，帝乃悔之。

　　《册府元龜》卷三二一《宰輔部·知人》頁三七九七下

馬隆，泰始中稍遷司馬督都。初，涼州刺史楊欣失羌戎之和，隆陳其必敗。俄而，欣爲虜所滅。

　　《册府元龜》卷七九六《總録部·先見二》頁九四五九上

北地胡寇金城，涼州刺史牽弘討之。衆胡皆内叛，與樹機能共圍弘於青山，《續漢志》：青山在北地郡參䜌縣界。賢曰："青山在今慶州，有青山水。"弘軍敗而死。《考異》曰：崔鴻《十六國春秋·秃髮烏孤傳》云："其先樹機能本河西鮮卑，泰始中，殺秦州刺史胡烈，斬涼州刺史牽弘。"《晉帝紀》："叛虜殺胡烈，北地胡殺牽弘，"皆不言鮮卑。蓋言群虜内叛，則鮮卑亦在其中矣。或北地胡即樹機能也。

初，大司馬陳騫言於帝曰："胡烈、牽弘皆勇而無謀，强於自用，非綏邊之材也，將爲國恥。"時弘爲揚州刺史，多不承順騫命，時騫以大司馬都督揚州諸軍，鎮壽春。帝以爲騫與弘不協而毀之。於是徵弘，既至，尋復以爲涼州刺史。騫竊歎息，以爲必敗。二人果失羌戎之和，兵敗身没，征討連年，僅而能定，帝乃悔之。

　　《資治通鑑》卷七十九《晉紀一·武帝泰始七年》頁二五一五至二五一六

北地胡寇金城,涼州刺史牽弘討之,群虜内叛,圍弘於青山,弘軍敗,死之。

　　　《通志》卷十上《晉紀十上・武帝》頁一八〇中

　　騫因入朝,言於帝曰:"胡烈、牽弘皆勇而無謀,强於自用,非綏邊之材,將爲國耻。願陛下詳之。"時弘爲揚州刺史,不承順騫命。帝以爲不協相搆,於是徵弘,既至,尋復以爲涼州刺史。騫竊歎息,以爲必敗。二人後果失羌戎之和,皆被寇喪没,征討連歲,僅而得定,帝乃悔之。

　　　《通志》卷一百二十一上《列傳第三十四上・晉・陳騫》頁一八五八上

　　初,涼州刺史楊欣失羌戎之和,隆陳其必敗。

　　　《通志》卷一百二十四下《列傳三十七下・晉・馬隆》頁一九三四中

　　烏嶺……又晉泰始七年鮮卑樹機能與北地族共圍涼州刺史牽弘於青山,弘敗歿。《續漢志》:"北地參絲,屬國都尉治,有青山。"謝沉《書》:"屬國降羌、胡數千人居山田蓄。"嶺蓋郡境之大山也。

　　　《讀史方輿紀要》卷五十七《陝西六・延安府》頁二七五九

公元二七三年　　西晉武帝泰始九年

鮮卑寇廣寧,殺略五千人。

　　　　　《晉書》卷三《帝紀第三・武帝》頁六三

鮮卑寇廣寧,殺略五千人。

《通志》卷十上《晉紀十上·武帝》頁一八一上

公元二七四年　　西晉武帝泰始十年

八月,涼州虜寇金城諸郡,鎮西將軍、汝陰王駿討之,斬其帥乞文泥等。

《晉書》卷三《帝紀第三·武帝》頁六四

十年八月,涼州虜寇金城諸郡,鎮西將軍汝陰侯王駿討之,斬其帥乞文泥等。

《册府元龜》卷九八四《外臣部·征討三》頁一一五五三下

八月,涼州虜寇金城諸郡,鎮西將軍汝陰王駿討之,斬其帥乞文泥等。

《通志》卷十上《晉紀十上·武帝》頁一八一上

公元二七五年　　西晉武帝咸寧元年

叛虜樹機能送質請降。

《晉書》卷三《帝紀第三·武帝》頁六四

叛虜樹機能送質請降。

《通志》卷十上《晉紀十上·武帝》頁一八一上

公元二七六年　　西晉武帝咸寧二年

夏五月,鎮西大將軍、汝陰王駿討北胡,斬其渠帥吐敦。

《晉書》卷三《帝紀第三·武帝》頁六六

秋七月……鮮卑阿羅多等寇邊,西域戊己校尉馬循討之,斬首四千餘級,獲生九千餘人,於是來降。

《晉書》卷三《帝紀第三·武帝》頁六六

咸寧初,羌虜樹機能等叛,遣衆討之,斬三千餘級。進位征西大將軍,開府辟召,儀同三司,持節、都督如故。

《晉書》卷三十八《列傳第八·宣五王·扶風王駿》頁一一二五

五月,鎮西大將軍、汝陰王駿討北胡,斬其渠帥吐敦。

《册府元龜》卷九八四《外臣部·征討三》頁一一五五四上

七月,鮮卑阿羅多等寇邊,西域戊己校尉馬循討之,斬首四千餘級,獲生口九千餘人,於是來降。

《册府元龜》卷九八四《外臣部·征討三》頁一一五五四上

夏五月,鎮西大將軍汝陰王駿討北胡,斬其渠帥吐敦。

《通志》卷十上《晉紀十上·武帝》頁一八一中

秋七月……鮮卑阿羅多等寇邊,西域戊己校尉馬循討之,斬首四千餘級,獲生九千餘人,於是來降。

《通志》卷十上《晉紀十上·武帝》頁一八一中

咸寧初,羌虜樹機能等叛,遣衆討之,斬三千餘級。進位征西大將軍,開府辟召,儀同三司,持節、都督如故。

《通志》卷八十《宗室三·晉宣五王·扶風王駿》頁
九六九下

公元二七七年　西晉武帝咸寧三年

三月,平虜護軍文淑討叛虜樹機能等,[一七]並破之。

【校勘記】

〔一七〕平虜護軍文淑　周校:"《扶風王駿》、《東安王由
傳》並作'文俶'。"按:《魏志·諸葛誕傳》作"文鴦",《注》
引《晉諸公贊》又作"文俶"。裴松之云鴦一名俶。

《晉書》卷三《帝紀第三·武帝》頁六七、八四

又詔駿遣七千人代涼州守兵。樹機能、侯彌勃等欲先
劫佃兵,駿命平虜護軍文俶督涼、秦、雍諸軍各進屯以威之。
機能乃遣所領二十部及彌勃面縛軍門,各遣入質子。安定、北
地、金城諸胡吉軻羅、侯金多及北虜熱囤等二十萬口又來降。

《晉書》卷三十八《列傳第八·宣五王·扶風王駿》頁
一一二五

三月,平虜護軍文淑討叛虜樹機能,破之。

《冊府元龜》卷九八四《外臣部·征討三》頁一一五五四上

三月,平虜護軍文鴦督涼、秦、雍州諸軍討樹機能,破之,
諸胡二十萬口來降。雍,於用翻。降,戶江翻。

《資治通鑑》卷八十《晉紀二·武帝咸寧三年》頁二五四六

三月,平虜護軍文淑討叛虜樹機能等,並破之。

《通志》卷十上《晉紀十上·武帝》頁一八一下

又詔駿遣七千人代凉州守兵。樹機能、侯彈勃等欲先劫佃兵,駿命平虜護軍文俶督凉、秦、雍諸軍各進屯以威之。機能乃遣所領二十部及彈勃等面縛軍門,各遣入質子。安定、北地、金城諸胡吉軻羅、侯金多及北虜熱囘等二十萬口又來降。

《通志》卷八十《宗室三·晉宣五王·扶風王駿》頁九七〇上

公元二七八年　西晉武帝咸寧四年

凉州刺史楊欣與虜若羅拔能等戰于武威,敗績,死之。

《晉書》卷三《帝紀第三·武帝》頁六九

初,憙爲僕射時,凉州虜寇邊,憙唱義遣軍討之。朝士謂出兵不易,虜未足爲患,竟不從之。

《晉書》卷四十一《列傳第十一·李憙》頁一一九〇

鮮卑樹機能久爲邊患,泰始六年樹機能爲寇,至是九年矣。僕射李憙請發兵討之,朝議皆以爲出兵重事,虜不足憂。 朝,直遥翻;下同。

《資治通鑑》卷八十《晉紀二·武帝咸寧四年》頁二五五三

凉州刺史楊欣與虜若羅拔能等戰于武威,敗績,死之。

《通志》卷十上《晉紀十上·武帝》頁一八二上

初,憙爲僕射,時涼州虜寇邊,憙唱義遣軍討之。朝士謂出兵不易,虜未足爲患,竟不從之。

《通志》卷一百二十二《列傳三十五·晉·李憙》頁一八七八上

公元二七九年　　西晉武帝咸寧五年

五年春正月,虜帥樹機能攻陷涼州。乙丑,使討虜護軍武威太守馬隆擊之。

《晉書》卷三《帝紀第三·武帝》頁六九

十二月,馬隆擊叛虜樹機能,大破,斬之,涼州平。

《晉書》卷三《帝紀第三·武帝》頁七〇

後虜果大縱逸,涼州覆没,朝廷深悔焉。以憙清素貧儉,賜絹百匹。

《晉書》卷四十一《列傳第十一·李憙》頁一一九〇

後秦涼覆没,帝疇咨將帥,上黨李憙曰:"陛下誠能發匈奴五部之衆,假元海一將軍之號,鼓行而西,可指期而定。"孔恂曰:"李公之言,未盡殄患之理也。"憙勃然曰:"以匈奴之勁悍,元海之曉兵,奉宣聖威,何不盡之有!"恂曰:"元海若能平涼州,斬樹機能,恐涼州方有難耳。蛟龍得雲雨,非復池中物也。"帝乃止。

《晉書》卷一百一《載記第一·劉元海》頁二六四六

俄而欣爲虜所没，河西斷絶，帝每有西顧之憂，臨朝而歎曰："誰能爲我討此虜通涼州者乎？"朝臣莫對。隆進曰："陛下若能任臣，臣能平之。"帝曰："必能滅賊，何爲不任，顧卿方略何如耳。"隆曰："陛下若能任臣，當聽臣自任。"帝曰："云何？"隆曰："臣請募勇士三千人，無問所從來，率之鼓行而西，禀陛下威德，醜虜何足滅哉！"帝許之，乃以隆爲武威太守。公卿僉曰："六軍既衆，州郡兵多，但當用之，不宜橫設賞募以亂常典。隆小將妄説，不可從也。"帝弗納。隆募限腰引弩三十六鈞、弓四鈞，立標簡試。自旦至中，得三千五百人，隆曰："足矣。"因請自至武庫選杖。武庫令與隆忿争，御史中丞奏劾隆，隆曰："臣當亡命戰場，以報所受，武庫令乃以魏時朽杖見給，不可復用，非陛下使臣滅賊意也。"帝從之，又給其三年軍資。隆於是西渡温水。虜樹機能等以衆萬計，或乘險以遏隆前，或設伏以截隆後。隆依八陣圖作偏箱車，地廣則鹿角車營，路狹則爲木屋施於車上，且戰且前，弓矢所及，應弦而倒。奇謀間發，出敵不意。或夾道累磁石，賊負鐵鎧，行不得前，隆卒悉被犀甲，無所留礙，賊咸以爲神。轉戰千里，殺傷以千數。自隆之西，音問斷絶，朝廷憂之，或謂已没。後隆使夜到，帝撫掌歡笑。詰朝，召群臣謂曰："若從諸卿言，是無秦涼也。"乃詔曰："隆以偏師寡衆，奮不顧難，冒險能濟，其假節、宣威將軍，加赤幢、曲蓋、鼓吹。"隆到武威，虜大人猝跋韓、且萬能等率萬餘落歸降，前後誅殺及降附者以萬計。又率善戎没骨能等與樹機能大戰，斬之，涼州遂平。

《晉書》卷五十七《列傳第二十七·馬隆》頁一五五四至一五五五

王隱《晉書》曰：馬隆擊涼州惡虜，斷道，隆作八陣圖車營，並追，狹則木屋施輪並前，智謀縱橫，出其不意，故能成功。

　　《太平御覽》卷三〇一《兵部三二·陣》頁一三八五上

王隱《晉書》曰：馬隆爲武威太守，之郡作八陣圖，地廣則鹿角車營，進攻則木屋抱輪，並戰並前，虜弗能逼。

　　《太平御覽》卷三三七《兵部六八·鹿角》頁一五四八上

又曰：馬隆討涼州虜，隆募限腰引弩四十六，鈞弓限四，鈞已上，隆捶櫟欘，懸弓弩，欘側閱試。自旦至中，得三千五百人。

　　《太平御覽》卷三四八《兵部七九·弩》頁一六〇三上至一六〇三下

又曰：馬隆討涼州，或夾道累磁石，負鐵鎧，行不得前，隆卒悉被犀甲，無所留礙，賊咸以爲神，轉戰千里，殺傷以千數。

　　《太平御覽》卷三五五《兵部八六·甲上》頁一六三三下

王隱《晉書》曰：馬隆爲武威太守，之郡惡虜窟局，樹機能等斷道圍隆，隆作八陣圖，地廣則鹿角車營並進，狹則木屋施輪，並戰並前，智謀縱橫，出其不意，以磁石累夾道側，賊鎧不得過，隆兵着牛皮鎧，得過，賊以爲神。

　　《太平御覽》卷三五五《兵部八六·甲上》頁一六三三下

　　《晉書》曰：馬隆，字孝興，東平人。凉州刺史楊欣失羌
戎之計，爲虜所没，河西斷絶。上臨朝歎曰：“誰能爲我討此
虜？”朝臣莫對，隆曰：“陛下若能任臣，臣能平之。”帝遂許。
隆募勇士三千五百人而行，或奇謀間發，或夾道壘礛石，賊負
鐵鎧，亭行不得，隆卒悉被犀甲，無所留礙，賊以爲神，轉戰千
里，凉州遂平。詔假節、西平太守。

　　《太平御覽》卷四四九《人事部九〇・權謀中》頁二〇六五
下至二〇六六上

　　晉武帝泰始六年，凉州爲虜所没。帝臨朝歎曰：“誰能爲
我討此虜乎？”司馬督馬隆曰：“臣能平之。”公卿僉曰：“不
可從也。”帝弗納，以隆爲武威太守。隆西渡温水，轉戰千里，
殺傷以千數。自隆之西，音聞斷絶，朝廷憂之，或謂已没。後
隆使夜到，帝撫掌歡笑。詰朝，召群臣謂曰：“若從諸卿言，是
無秦凉也。”乃詔曰：“隆以偏師寡衆，奮不顧難，冒險能濟，
其假節、宣威將軍，加赤幢、曲蓋、鼓吹。”凉州既平。

　　《册府元龜》卷一二七《帝王部・明賞一》頁一五二八上
至一五二八下

　　馬隆，武帝泰始中爲司馬督，凉州爲虜所没，乃以隆爲武
威太守討之。隆西渡温水，虜樹機能等以衆萬計，或乘險以
遏隆前，或設伏以斷隆後。隆依八陣圖，地狹偏箱車，地廣則
鹿角車營，路狹則爲木屋於車上，且戰且前，弓矢所及，應弦
而倒。奇謀間發，出敵不意。或夾道累磁石，賊負鐵鎧，行不
能前。隆卒悉被犀甲，無所留礙，賊咸以爲神。轉戰千里，殺

傷以千數。隆到武威，虜大人猝跋韓、且高能等，率萬餘落歸降，前後誅殺及降附者以萬計。又率善戎没骨能等與樹機能大戰，斬之，涼州遂平。

　　《册府元龜》卷三五〇《將帥部・立功第三》頁四一四六上至四一四六下

　　馬隆爲司馬督時，涼州刺史楊欣失羌戎之和，欣爲虜所没。武帝以隆爲武威太守，假節、宣威將軍，加赤幢、曲蓋、鼓吹。隆到武威，前後誅殺及降附者以萬計，涼州遂平，加授衛將軍。

　　《册府元龜》卷三七八《將帥部・褒異四》頁四四九八上

　　晉馬隆爲司馬督，會涼州刺史楊欣爲虜所没，河西斷絕，武帝每有西顧之憂，臨朝而歎曰：“誰能爲我討北虜，通涼州者乎？”朝臣莫對。隆進曰：“陛下若能任臣，臣能平之。”帝曰：“必能滅賊，何爲不任？顧卿方略何如耳？”隆曰：“陛下若能任臣，臣能平之。”帝曰：“必能滅賊，何爲不任？顧卿方略何如耳？”隆曰：“陛下若能任臣，當聽臣自任。”帝曰：“云何？”隆曰：“臣請募勇士三千人，無問所從，率之鼓行而西，禀陛下威德，醜虜何足滅哉！”帝許之，乃以隆爲武威太守。公卿僉曰：“六軍既衆，州郡兵多，但當用之，不宜橫設賞募，以亂嘗典。隆小將妄説，不可從也。”帝弗納。隆募限要引弩三十六鈞，弓四鈞，立標簡試，自旦至中得三千五百人。隆曰：“足矣。”因請自至武庫選杖。武庫令與隆忿争，御史中丞奏劾隆。隆曰：“臣當亡命戰場，以報所授。武庫令乃以魏時朽杖見給,不可復用,非陛下使臣滅賊意也。"帝從之,又給其三年軍資。隆於是西渡温水。虜樹機等以衆萬計,或乘險以邀隆前,或設伏以截隆後。隆依八陣圖作偏箱車,地廣則鹿角車營,路狹則爲木屋施於車上,且戰且前,弓矢所及,應弦而倒。奇謀間發,出敵不意。或夾道累磁石,賊負鐵鎧,行不得前;隆卒悉被犀甲,無所留礙,咸以爲神,轉戰千里,殺傷以千數。自隆之西,音問斷絶,朝廷憂之,或謂已没。後隆使夜到,帝撫掌歡笑。詰朝,召群臣謂曰:"若從諸卿言,是無秦凉也。"詔曰:"隆以偏師寡衆,奮不顧難,冒險能濟,其假節、宣威將軍,加赤幢、曲蓋、鼓吹。"隆到武威,虜大王摔跋韓,且萬寧能等率萬餘落歸降,前後誅殺及降附者以萬計。又率善戎没骨能等,與樹機能大戰,斬之,凉州遂平。

　　《册府元龜》卷三八九《將帥部·請行》頁四六一六上至四六一七上

　　晉馬隆,泰始中爲司馬督。時梁州爲虜所没,武帝曰:"誰能爲我討此虜乎?"隆曰:"臣能平之。臣請募勇士三千人,鼓行而西,虜何足滅哉!"帝許之,隆募限腰引弩三十六鈞,立摽簡試,自旦至中,得三千五百人。隆曰:"足矣。"

　　《册府元龜》卷四一三《將帥部·召募》頁四九一五下

　　五年正月,虜帥樹機能攻陷凉州,使討虜護軍、武威太守馬隆擊之。十二月,大破,斬之,凉州平。

　　《册府元龜》卷九八四《外臣部·征討三》頁一一五五四上

春,正月,樹機能攻陷涼州。涼州治武威。帝甚悔之,臨朝而歎曰:"誰能爲我討此虜者?"爲,于僞翻。司馬督馬隆進曰:"陛下能任臣,臣能平之。"帝曰:"必能平賊,何爲不任,顧方略何如耳!"隆曰:"臣願募勇士三千人,無問所從來,應募者,或出於農畝,或出於營伍,或出於逋逃,或出於奴隸,皆不問其所從來也。帥之以西,虜不足平也。"帥,讀曰率。帝許之。乙丑,以隆爲討虜護軍、武威太守。公卿皆曰:"見兵已多,不宜橫設賞募,見,賢遍翻。橫,户孟翻。隆小將妄言,將,即亮翻。不足信也。"帝不聽。隆募能引弓四鈞、挽弩九石者取之,三十斤爲鈞,四鈞爲石,石百二十斤。立標簡試,標,表也。自旦至日中,得三千五百人。隆曰:"足矣。"又請自至武庫選仗,武庫令與隆忿爭,《晉志》:武庫令,屬衛尉。御史中丞劾奏隆。自東漢至魏、晉,以中丞爲御史臺主。劾,户概翻,又户得翻。隆曰:"臣當畢命戰場,武庫令乃給以魏時朽仗,非陛下所以使臣之意也。"帝命惟隆所取,仍給三年軍資而遣之。

《資治通鑑》卷八十《晉紀二·武帝咸寧五年》頁二五五四

初,南單于呼厨泉以兄於扶羅子豹爲左賢王,及魏武帝分匈奴爲五部,五部見上卷泰始六年。以豹爲左部帥。帥,所類翻。豹子淵,幼而雋異,師事上黨崔游,博習經史。嘗謂同門生上黨朱紀、鴈門范隆曰:"吾常恥隨、陸無武,絳、灌無文;隨、陸遇高帝而不能建封侯之業,絳、灌遇文帝而不能興庠序之教,豈不惜哉!"隨、陸,隨何、陸賈。絳、灌,絳侯周勃、灌將軍嬰。於是兼學武事。及長,長,知兩翻。猿臂善射,膂力過人,姿貌魁偉。爲任子在洛陽,王渾及子濟皆重之,屢薦於帝,帝召與語,悦之。

濟曰：“淵有文武長才，陛下任以東南之事，吳不足平也。”孔
恂、楊珧曰：“非我族類，其心必異。”《左傳》，魯季文子曰：“史佚之志
有之：非我族類，其心必異。”珧，余招翻。淵才器誠少比，然不可重任
也。”少，詩沼翻。及涼州覆没，帝問將於李憙，對曰：“陛下誠能
發匈奴五部之衆，假劉淵一將軍之號，使將之而西，樹機能之
首可指日而梟也。”使將，即亮翻。梟，堅堯翻。孔恂曰：“淵果梟樹
機能，則涼州之患方更深耳。”帝乃止。

　　《資治通鑑》卷八十《晉紀二·武帝咸寧五年》頁二五五四
至二五五五

　　馬隆西渡温水，武威之東有温圍水。樹機能等以衆數萬據險
拒之。隆以山路陜隘，乃作扁箱車，陜，與狹同。車箱扁，則可行狹
路。扁，補典翻。爲木屋，施於車上，木屋，所以蔽風雨，捍矢石。轉戰
而前，行千餘里，殺傷甚衆。《考異》曰：《隆傳》曰：“或夾道累磁石，
賊被鐵鎧，行不得前，隆卒悉被犀甲，無所留礙，賊以爲神。”按此説太誕，恐
不可信。余謂磁石脅鐵鎧，誠有此理。自隆之西，音問斷絶，朝廷憂
之，或謂已没。後隆使夜到，使，疏吏翻。帝撫掌歡笑，詰朝，召
群臣謂曰：“若從諸卿言，無涼州矣。”詰，去吉翻。朝，如字。乃
詔假隆節，拜宣威將軍。沈約《志》：魏置將軍四十號，宣威第二。隆
至武威，鮮卑大人猝跋韓且萬能帥萬餘落來降。且，子閭翻。
帥，讀曰率。降，户江翻。十二月，隆與樹機能大戰，斬之；涼州
遂平。

　　《資治通鑑》卷八十《晉紀二·武帝咸寧五年》頁二五五九

　　五年春正月，虜帥樹機能攻陷涼州。乙丑，使討虜護軍、

武威太守馬隆擊之。

　　　《通志》卷十上《晉紀十上·武帝》頁一八二上

　十二月，馬隆擊叛虜樹機能，大破斬之，涼州平。

　　　《通志》卷十上《晉紀十上·武帝》頁一八二中

　後虜果大縱逸，涼州覆没，朝廷深悔焉。以憙清素負儉，賜絹百疋。

　　　《通志》卷一百二十二《列傳三十五·晉·李憙》頁一八七八上

　俄而欣爲虜所没，河西斷絕，帝每有西顧之憂，臨朝而歎曰：“誰能爲我討此虜，通涼州者乎？”朝臣莫對。隆進曰：“陛下若能任臣，臣能平之。”帝曰：“必能滅賊，何爲不任，顧卿方略何如耳。”隆曰：“陛下若能任臣，當聽臣自任。”帝曰：“云何？”隆曰：“臣請募勇士三千人，無問所從來，率之鼓行而西，禀陛下威德，醜虜何足滅哉！”帝許之，乃以隆爲武威太守。公卿僉曰：“六軍既衆，州郡兵多，但當用之，不宜橫設賞募以亂常典。隆小將妄説，不可從也。”帝不納。隆募限腰引弩三十六鈞、弓四鈞，立標簡試。自旦至中，得三千五百人，隆曰：“足矣。”因請自至武庫選杖。武庫令與隆忿争，御史中丞奏劾隆，隆曰：“臣當亡命戰場，以報所受，武庫令乃以魏時朽杖見給，不可復用，非陛下使臣滅賊之意也。”帝從之，又給其三年軍資。隆於是西渡温水。虜樹機能等以衆萬計，或乘險以遏隆前，或設伏以截隆後。隆依八陣圖作偏箱車，地廣則鹿角車營,路狹則爲木屋施於車上,且戰且前,弓矢所及,應弦而倒。奇謀間發,出敵不意。或夾道累磁石,賊負鐵鎧,行不得前,隆卒悉被犀甲,無所留礙,賊咸以爲神。轉戰千里,殺傷以千數。自隆之初西,音問斷絕,朝廷憂之,或謂已没。後隆使夜到,帝撫掌大笑。詰朝,召群臣謂曰:"若從諸卿言,是無秦凉也。"乃詔加隆假節、宣威將軍、赤幢、曲蓋、鼓吹。隆到武威,虜大人猝跋韓、且萬能等率萬餘落歸降,前後誅殺及降附者以萬計。又率善戎没骨能等與樹機能大戰,斬之,凉州遂平。

《通志》卷一百二十四下《列傳三十七下·晉·馬隆》頁一九三四中至一九三四下

後秦凉覆没,帝疇咨將帥,上黨李憙曰:"陛下誠能發匈奴五部之衆,假劉淵一將軍之號,鼓行而西,可指期而定。"孔恂曰:"李公之言未盡,殄患之理也。"憙勃然曰:"以匈奴之勁悍,劉淵之曉兵,奉宣聖威,何不盡之有。"恂曰:"淵若能平凉州,斬樹機能,恐凉州方有難耳。蛟龍得雲雨,非復池中物也。"帝乃止。

《通志》卷一百八十六《載記一·前趙》頁二九七四下至二九七五上

晉馬隆擊鮮卑,樹機能以衆數萬據險拒之,隆以山陋隘,乃作扁箱車,地廣則爲鹿角車營,路狹則爲木屋施於車上,轉戰而前,行千餘里,殺傷甚衆,遂平凉州。

《文獻通考》卷一百五十八《兵十·車戰》頁四七三〇

馬隆，東平平陸人。以討羌平涼州功封奉高侯。

《文獻通考》卷二百七十一《封建十二·晉諸侯王列侯》頁七四○一

及秦涼覆沒，帝問將於上黨李熹，熹曰：“陛下誠能發匈奴五部之衆，假劉淵一將軍之號，使將之而西，樹機能之首可指期而梟也。”孔恂曰：“李公之言未盡，殄患之理也。”熹勃然曰：“夫以匈奴之勁悍，劉淵之曉兵，奉宣聖威，何不盡之有！”恂曰：“淵果能平涼州，斬樹機能，則涼州之難方更深耳。蛟龍得雲雨，非復池中物也。”帝乃止。

屠本《十六國春秋》卷一《前趙録一·劉淵》頁四正至四背

後秦涼覆沒，帝疇咨將帥，上黨李憙曰：“陛下誠能發匈奴五部之衆，假元海一將軍之號，鼓行而西，可指期而定。”孔恂曰：“李公之言，未盡殄患之理也。”憙勃然曰：“以匈奴之勁悍，元海之曉兵，奉宣聖威，何不盡之有！”恂曰：“元海若能平涼州，斬樹機能，恐涼州方有難耳。蛟龍得雲雨，非復池中物也。”帝乃止。

《十六國春秋輯補》卷一《前趙録一·劉淵》頁三至四

温圍水……晉咸寧五年馬隆討涼州鮮卑，度温圍水，[七]是也。胡氏曰：“温圍水東北即萬斛堆，漢武威郡有媪圍縣，此水或因以名。媪訛爲温也。”

【校勘記】

〔七〕度温圍水　《晉書》卷五七《馬隆傳》及《通鑑》卷

八〇《晉紀》二俱作"度温水"，無"圍"字。

《讀史方輿紀要》卷六十二《陝西十一·寧夏鎮》頁
二九六一、二九六九

公元二八〇年　西晉武帝太康元年

秋七月，虜軻成泥寇西平、浩亹，殺督將以下三百餘人。
《晉書》卷三《帝紀第三·武帝》頁七二

秋七月，虜軻成泥寇西平、浩亹，殺督將以下三百餘人。
《通志》卷十上《晉紀十上·武帝》頁一八二下

公元三〇一年　西晉惠帝永寧元年

永寧初，出爲護羌校尉、涼州刺史。于時鮮卑反叛，寇
盜從橫，軌到官，既討破之，斬首萬餘級，遂威著西州，化行
河右。
《晉書》卷八十六《列傳第五十六·張軌》頁二二二一

惠帝永寧初，出爲護羌校尉，涼州刺史。于時鮮卑反叛，
寇盜縱橫，軌到官，即討破之，斬首萬餘級，遂威著西州，化行
河右。
《册府元龜》卷二二一《僭偽部·勳伐一》頁二六四七上

春，正月，以散騎常侍安定張軌爲涼州刺史。散，悉亶翻。
騎，奇寄翻。軌以時方多難，陰有保據河西之志，故求爲涼州。
時州境盜賊縱橫，難，乃旦翻。縱，子容翻。鮮卑爲寇；軌至，以宋

配、氾瑗爲謀主，楊正衡曰：氾，音凡，姓也。瑗，于眷翻。悉討破之，威
著西土。張氏保據凉土始此。嗚呼！世亂則人思自全，然求全而不能自全
者亦多矣。竇融、張軌之求出河西，此求全而得全者也。謝晦、袁顗之求鎮荊、
襄，此求全而不能自全者也。蓋竇融、張軌，始終一心以奉漢、晉，此固宜永終
福禄、詒及子孫者也。謝晦、袁顗，志在據地險以全身，其用心非矣，天所不與
也。然劉焉求牧益州，袁紹志圖冀部，石敬瑭心欲河東，皆以之潛規非望；至其
成敗久速，則有非智慮所及者。

　　《資治通鑑》卷八十四《晉紀六·惠帝永寧元年》頁二六五〇

　　永寧初，出爲護羌校尉、凉州刺史。于時鮮卑反叛，寇盗
從横，軌到官，即討破之，斬首萬餘級，遂威著河右。

　　　《通志》卷一百八十六《載記一·前凉》頁二九六七下

　　永寧初，爲護羌校尉、凉州刺史，以破鮮卑功封安樂鄉
侯，進封西平郡公。

　　《文獻通考》卷二百七十一《封建十二·晉諸侯王列侯》
頁七三九六

　　永寧初，出爲持節、護羌校尉、凉州刺史。於時鮮卑反叛，
寇盗縱横，軌到官，即討破之，斬首萬級，威著西州，化行河右。

　　　屠本《十六國春秋》卷七十《前凉録一·張軌》頁一背

　　軌至姑臧，即凉州治。芟夷盗賊，討破鮮卑，威著西土。

　　《讀史方輿紀要》卷三《歷代州域形勢三·十六國》頁
一二五

永寧初,出爲護羌校尉、凉州刺史。於時鮮卑反叛,寇
盜縱橫。軌到官,即討破之,斬首萬餘級,遂威著西州,化行
河右。

《十六國春秋輯補》卷六十七《前凉録一·張軌》頁
七八一至七八二

公元三〇五年　西晉惠帝永興二年

永興中,鮮卑若羅拔能皆爲寇,軌遣司馬宋配擊之,斬拔
能,俘十餘萬口,威名大震。

《晉書》卷八十六《列傳第五十六·張軌》頁二二二二

永興中,鮮(卑)若羅拔能皆爲寇,軌遣司馬宋配擊之,斬
拔能,俘十餘萬口,威名大震。

《册府元龜》卷二二一《僭僞部·勳伐一》頁二六四七下

張輔至秦州,殺天水太守封尚,欲以立威;又召隴西太守
韓稚,守,式又翻。稚子朴勒兵擊輔,輔軍敗,死。凉州司馬楊胤
言於張軌曰:“韓稚擅殺刺史,明公杖鉞一方,不可不討。”軌
從之,遣中督護氾瑗帥衆二萬討稚,稚詣軌降。中督護,中軍督護
也。氾,音凡。瑗,于眷翻。帥,讀曰率;下同。未幾,幾,居豈翻。鮮卑若
羅拔能寇凉州,軌遣司馬宋配擊之,斬拔能,俘十餘萬口,威
名大振。史言張軌能尊主攘夷以致强盛。

《資治通鑑》卷八十六《晉紀八·惠帝永興二年》頁
二七〇八

永興中,鮮卑若羅拔能皆爲寇,軌遣司馬宋配擊之,斬拔能,俘十餘萬口,威名大震。

《通志》卷一百八十六《載記一·前涼》頁二九六八上

永興中,鮮卑若羅拔能皆爲寇,軌遣司馬宋配擊之,斬拔能,俘十餘萬口,威能大振。

屠本《十六國春秋》卷七十《前涼録一·張軌》頁二背

軌任爲謀主,鮮卑若羅拔能爲寇,軌以配爲司馬,率兵擊之,斬拔能,俘虜十餘萬,屢立戰功。

屠本《十六國春秋》卷七十五《前涼録四·宋配或作宋醜》頁三背至四正

永興中,鮮卑若羅拔能皆爲寇,軌遣司馬宋配擊之,斬拔能,俘十餘萬口,威名大震。

【校勘記】

〔一〕前涼張氏事《晉書》不入《載記》而立《張軌傳》,湯球《前涼録》即本此傳,而注中通謂之"載記"。今校勘記内仍稱"本傳"。

《十六國春秋輯補》卷六十七《前涼録一〔一〕·張軌》頁七八二、七八九

公元三三九年　東晉成帝咸康五年
北魏昭成帝建國二年

五月,代王什翼犍會諸大人於參合陂,_{參合縣,前漢屬代郡,後}

漢、晉省。東魏天平二年置梁城郡,參合縣屬焉。《水經注》:參合陘在縣西北,俗謂之倉鶴陘。鞬,居言翻。議都灊源川。其母王氏曰:"吾自先世以來,以遷徙爲業;謂逐水草爲行國,草盡水竭則徙而之他也。灊,力水翻;又作"灞"。今國家多難,若城郭而居,一旦寇來,無所避之。"乃止。是後鏟勿崙之諫禿髮利鹿孤,其説不過如此。難,乃旦翻。

　　《資治通鑑》卷九十六《晉紀十八·成帝咸康五年》頁三〇三〇

公元三六五年　東晉哀帝興寧三年

　　鮮卑禿髮椎斤卒,年一百一十,子思復鞬代統其衆。鞬,居言翻。椎斤,樹機能從弟務丸之孫也。樹機能亂涼州,見《晉武帝紀》。從,才用翻。

　　《資治通鑑》卷一百一《晉紀二十三·哀帝興寧三年》頁三二〇一

公元三八六年　東晉孝武帝太元十一年
前秦哀平帝太安二年　前秦高帝太初元年
後秦武昭帝建初元年　後凉懿武帝太安元年

　　初,苻堅之敗,張天錫南奔,其世子大豫爲長水校尉王穆所匿。及堅還長安,穆將大豫奔禿髮思復鞬,思復鞬送之魏安。是月,魏安人焦松、齊肅、張濟等起兵數千,迎大豫於揩次,陷昌松郡。光遣其將杜進討之,爲大豫所敗。大豫遂進逼姑臧,求決勝負,王穆諫曰:"吕光糧豐城固,甲兵精銳,逼之非利。不如席卷嶺西,厲兵積粟,東向而争,不及期年,可以平也。"大豫不從,乃遣穆求救於嶺西諸郡,建康太守李隰、

祁連都尉嚴純及閻襲起兵應之。大豫進屯城西，王穆率衆三
萬及思復韃子奚于等陣于城南。光出擊，破之，斬奚于等二
萬餘級。光謂諸將曰：“大豫若用王穆之言，恐未可平也。”諸
將曰：“大豫豈不及此邪！皇天欲贊成明公八百之業，故令大
豫迷於良算耳。”光大悅，賜金帛有差。大豫自西郡詣臨洮，
驅略百姓五千餘户，保據俱城。光將彭晃、徐炅攻破之，大豫
奔廣武，穆奔建康。廣武人執大豫，送之，斬于姑臧市。

　　《晉書》卷一百二十二《載記第二十二·呂光》頁三〇五七

　　初，苻堅之敗，張天錫南奔，其世子大豫爲長水校尉王
穆所匿。及堅還長安，穆將大豫奔禿髮思復韃，思復韃送之
魏安。是月，魏安人焦松、齊肅、張濟等起兵數千迎大豫於揖
次，陷昌松郡。光遣其將杜進討之，爲大豫所敗。大豫遂進
逼姑臧，求決勝負，王穆諫曰：“呂光糧豐城固，甲兵精鋭，逼
之非利。不如席卷嶺西，厲兵積粟，東向而爭，不及期年，可
以平也。”大豫不從，乃遣穆求救於嶺西諸郡，建康太守李隰、
祁連都尉嚴純及閻襲起兵應之，大豫進屯城西，王穆率衆三
萬及思復韃子奚于等陣于城南。光出擊破之，斬奚于等二萬
餘級。光謂諸將曰：“大豫若用王穆之言，恐未可平也。”諸將
曰：“大豫豈不及此耶！皇天欲贊成明公八百之業，故令大豫
迷于良算爾。”光大悅，賜金帛有差。大豫自西郡詣臨洮，驅
略百姓五千餘户，保據俱城。光將彭晃、徐裔攻破之，大豫奔
廣武，穆奔建康。黃武人執大豫，送之，斬于姑臧市。

　　《册府元龜》卷二二二《僭僞部·勤伐二》頁二六六四上
至二六六四下

　　初，張天錫之南奔也，見上卷太元八年。秦長水校尉王穆匿其世子大豫，與俱奔河西，依禿髮思復鞬，思復鞬，烏孤之父也。鞬，居言翻。思復鞬送魏安。《五代志》：武威郡昌松縣，後魏置昌松郡；後周廢郡，以揩次縣入焉。又有後魏魏安郡，後亦廢。《載記》言焦松等迎大豫於揩次，則魏安蓋後魏所置郡。《晉書》成於唐，唐史臣以後魏郡名書之耳。孟康曰：揩，音子如翻。次，音恣。魏安人焦松、齊肅、張濟等聚兵數千人迎大豫爲主，攻呂光昌松郡，拔之，昌松，即漢倉松縣地，本屬武威郡，蓋河西張氏分置郡也。呂光後以郭麘言，改昌松爲東張掖郡。執太守王世强。光使輔國將軍杜進擊之，進兵敗，大豫進逼姑臧。王穆諫曰："光糧豐城固，甲兵精鋭，逼之非利；不如席卷嶺西，卷，讀曰捲。礪兵積粟，然後東向與之争，不及期年，光可取也。"大豫不從，自號撫軍將軍、涼州牧，改元鳳凰，以王穆爲長史，傳檄郡縣，使穆説諭嶺西諸郡，自西郡至張掖、酒泉、建康、晉昌，其地皆嶺西也。説，輸芮翻。建康太守李隰、祁連都尉嚴純皆起兵應之，建康郡，張駿置，屬涼州。《新唐書·地理志》：甘州張掖縣西北百九十里有祁連山，北有建康軍，蓋張氏置郡地也。《晉書·地理志》：永興中，張祚置漢陽縣以守牧地，張玄靚改爲祁連郡。有衆三萬，保據楊塢。楊塢在姑臧城西。

　　《資治通鑑》卷一百六《晉紀二十八·孝武帝太元十一年》頁三三五九至三三六〇

　　張大豫自楊塢進屯姑臧城西，王穆及禿髮思復鞬子奚于帥衆三萬屯于城南；鞬，居言翻。呂光出擊，大破之，斬奚于等二萬餘級。

　　《資治通鑑》卷一百六《晉紀二十八·孝武帝太元十一年》頁三三六四

　　初，苻堅之敗，張天錫南奔，其世子大豫爲長水校尉王穆所匿。及堅還長安，穆將大豫奔禿髮思復鞬，思復鞬送之魏安。是月，魏安人焦松、齊肅、張濟等起兵數千，迎大豫於揖次，陷昌松郡。光遣其將杜進討之，爲大豫所敗。大豫遂進逼姑臧，求決勝負，王穆諫曰：“呂光糧豐城固，甲兵精鋭，逼之非利。不如席卷嶺西，厲兵積粟，東向不争，不及期年，可以平也。”大豫不從，乃遣穆求救於嶺西諸郡，建康太守李隰、祁連都尉嚴純及閻襲起兵應之。大豫進屯城西，王穆率衆三萬及思復鞬子奚于等陣于城南。光出擊破之，斬奚于等二萬餘級。光謂諸將曰：“大豫若用王穆之言，恐未可平也。”諸將曰：“大豫豈不及此邪！皇天欲贊成明公八百之業，故令大豫迷於良算耳。”光大悦，賜之金帛有差。大豫自西郡詣臨洮，驅略百姓五千餘户，保據俱城。光將彭晃、徐炅攻破之，大豫奔廣武，穆奔建康。廣武人執大豫送之，戰于姑臧市。

　　《通志》卷一百九十《載記五·後涼》頁三〇六二中

　　太安元年春正月，初，苻堅之敗，張天錫南奔，其世子大豫爲長水校尉略陽王穆所匿。堅還長安，穆將大豫俱奔河西，依禿髮思復鞬，思復鞬送之魏安。至是，魏安人焦松、齊肅、張濟等起兵數千，迎大豫爲主，攻拔昌松郡，執太守王世强。二月，光遣輔國將軍杜進擊之，進等敗績。大豫遂進逼姑臧，求決勝負。王穆諫曰：“呂光糧豐城固，甲兵精鋭，逼之非利，不如席卷嶺西，厲兵積粟，然後東向而争，不及期年，光可平也。”大豫不從。乃自號撫軍將軍、涼州牧，改元鳳凰，以王穆爲長史，傅檄郡縣。使穆求救於嶺西諸郡，建康太守李隰、祁連都尉嚴純及閤襲皆起兵應之。有衆三萬,保據楊塢。夏四月,大豫自揚塢進屯姑臧城西,王穆率衆三萬及禿髮思復鞬子奚干一作于等陣於城南。光出擊,大破之,斬奚干等二萬餘級。光謂諸將曰:"大豫若用王穆之言,恐未可平也。"諸將皆曰:"大豫豈不及此耶! 皇天欲贊成明公八百之業,故令大豫迷於良算耳。"光大悦,賞賜金帛有差。

　　屠本《十六國春秋》卷八十一《後涼録一·吕光》頁八背至十正

　　張大豫自西郡入臨洮,驅略百姓五千餘家,保據俱城。光將彭晃、徐靈攻破之,大豫奔廣武,穆奔建康。廣武人執大豫,送之,斬於姑臧市。

　　屠本《十六國春秋》卷八十一《後涼録一·吕光》頁十正至十背

　　丙戌。大安元年〔三○〕　　初,苻堅之敗,張天錫南奔,其世子大豫爲長水校尉王穆所匿。及堅還長安,穆將大豫奔禿髮思復鞬,思復鞬送之魏安。是月,魏安人焦松、齊肅、張濟等起兵數千,迎大豫於揟次,陷昌松郡。光遣其將杜進討之,爲大豫所敗。大豫遂進逼姑臧,求決勝負,王穆諫曰:"吕光糧豐城固,甲兵精鋭,逼之非利,不如席卷嶺西,厲兵積粟,東向而争,不及期年,可以平也。"大豫不從,乃遣穆求救於嶺西諸郡,建康太守李隰、祁連都尉嚴純及閤襲起兵應之。大豫進屯城西,王穆率衆三萬,及思復鞬子奚干等陣於城南。〔三一〕光出擊破之,斬奚干等二萬餘級。光謂諸將曰:"大豫若用王穆之言,恐未可平也。"諸

將曰：“大豫豈不及此邪，皇天欲贊成明公八百之業，故令大豫
迷於良算耳。”光大悦，賜金帛有差。大豫自西郡詣臨洮，驅略
百姓五千餘户保據俱城。〔三二〕光將彭晃、徐炅攻破之。大豫奔
廣武，穆奔建康，廣武人執大豫送之，斬於姑臧市。

【校勘記】

〔三〇〕大安元年　見《偏霸部》，《載記》無。

〔三一〕思復鞬子奚干　“奚干”，《載記》作“奚于”，下同。

〔三二〕驅略百姓五千餘户保據俱城　“俱城”，原作“其
城”，據《載記》、《通鑑》卷一〇六改。

《十六國春秋輯補》卷八十一《後凉録一·吕光》頁
九二〇、九二五

公元三九四年　東晉孝武帝太元十九年
後凉懿武帝麟嘉六年

南凉秃髮烏孤嗣位，無農桑，修鄰好。吕光遣使署爲假
節、冠軍大將軍、河西鮮卑大都督、廣武縣侯，烏孤謂諸將
曰：“吕氏遠來假授，當可受不？”衆咸曰：“吾士衆不少，何
故屬人！”烏孤將從之，其將石真善留曰：“今本根未固，理
宜隨時，光德刑修明，境内無虞，若致死於我者，大小不敵，
後雖悔之，無所及也。不如受而遵養之，以待其釁。”烏孤乃
受之。

《册府元龜》卷二三〇《僭僞部·交好》頁二七三六下至
二七三七上

初，秃髮思復鞬卒，鞬，居言翻。子烏孤立。烏孤雄勇有大

志,與大將紛陁謀取涼州。欲并吕光也。將,即亮翻。紛陁曰:"公必欲得涼州,宜先務農講武,禮俊賢,修政刑,然後可也。"烏孤從之。三河王光遣使拜烏孤冠軍大將軍、河西鮮卑大都統。冠,古玩翻。烏孤與其群下謀之曰:"可受乎?"皆曰:"吾士馬衆多,何爲屬人!"石真若留不對。烏孤曰:"卿畏吕光邪?"石真若留曰:"吾根本未固,小大非敵,若光致死於我,何以待之!不如受以驕之,俟釁而動,蔑不克矣。"烏孤乃受之。紛陁與石真若留,皆能審宜應事者也。史言禿髮烏孤所以興。紛與石真,蓋皆夷姓。

《資治通鑑》卷一百八《晉紀三十·孝武帝太元十九年》頁三四一二

麟嘉六年春正月,光遣使拜禿髮烏孤假節、冠軍大將軍、河西鮮卑大都統、廣武郡侯。

屠本《十六國春秋》卷八十一《後涼録一·吕光》頁十六正

公元三九五年　東晉孝武帝太元二十年
後凉懿武帝麟嘉七年　西秦武元王太初八年

索虜禿髮如苟率户二萬降之,乾歸妻以宗女。

《晉書》卷一百二十五《載記第二十五·乞伏乾歸》頁三一一八

索虜禿髮如苟率户二萬降之,乾歸妻以宗女。

《通志》卷一百九十一《載記六·西秦》頁三〇七五上

夏四月，索虜禿髮如茍率户二萬來降，乾歸妻以宗女。

屠本《十六國春秋》卷八十五《西秦録一·乞伏乾歸》頁十正

索虜禿髮如茍率户二萬降之，乾歸妻以宗女。

《十六國春秋輯補》卷八十六《西秦録二·乞伏乾歸》頁九六四

禿髮烏孤擊乙弗、折掘等諸部，皆破降之，築廉川堡而都之。乙弗、折掘二部，皆在禿髮氏之西。廉川在湟中。降，户江翻。廣武趙振，少好奇略，少，詩照翻。好，呼到翻。聞烏孤在廉川，棄家從之。烏孤喜曰："吾得趙生，大事濟矣！"拜左司馬。三河王光封烏孤爲廣武郡公。

《資治通鑑》卷一百八《晉紀三十·孝武帝太元二十年》頁三四二二

廉川城，在鎮西南百二十里。漢破羌縣地，晉太元二十年禿髮烏孤擊降乙弗折掘等部，築廉川堡而都之。

《讀史方輿紀要》卷六十四《陝西十三·西寧鎮》頁三〇一一

公元三九六年　東晉孝武帝太元二十一年
後涼懿武帝龍飛元年

三河王吕光即天王位，國號大涼，大赦，改元龍飛；吕光，字世明，略陽氐也，父婆樓，爲苻堅佐命。備置百官，以世子紹爲太子，封子弟爲公侯者二十人；以中書令王詳爲尚書左僕射，著作郎段業等五人爲尚書。

　　光遣使者拜禿髮烏孤爲征南大將軍、益州牧、左賢王。烏孤謂使者曰：“吕王諸子貪淫，光諸子見於史者，纂、弘、紹、覆。三甥暴虐，光甥石聰譖殺杜進；餘二人當考。遠近愁怨，吾安可違百姓之心，受不義之爵乎！吾當爲帝王之事耳。”乃留其鼓吹、羽儀，吹，昌瑞翻。謝而遣之。

　　《資治通鑑》卷一百八《晉紀三十・孝武帝太元二十一年》頁三四二九

　　又遣使拜禿髮烏孤爲征南大將軍、益州牧、左賢王。

　　屠本《十六國春秋》卷八十一《後涼録一・吕光》頁十六背

公元三九七年　東晉安帝隆安元年
南涼武王太初元年　後涼懿武帝龍飛二年
北魏道武帝皇始二年

　　二月，吕光將禿髮烏孤自稱大都督、大單于，國號南涼。擊光將竇苟于金昌，[一]大破之。

　　【校勘記】

　　〔一〕竇苟　原作“竇荀”。周校：《光》及《禿髮載記》作“竇苟”。《斠注》：《御覽》三三六引《後涼録》亦作“竇苟”。按：《通鑑》一〇九亦作“竇苟”，“苟”“荀”形近易誤，今據改。

　　《晉書》卷十《帝紀第十・安帝》頁二四九、二七一

是歲也,禿髮烏孤據廉川稱南凉,段業據張掖稱北凉。〔二〕

【校勘記】

〔二〕是歲也禿髮烏孤據廉川稱南凉段業據張掖稱北凉　是歲指慕容德據滑臺之年,檢《慕容德載記》事在隆安二年,而禿髮烏孤稱南凉,段業稱凉州牧,據《安紀》在隆安元年,不在一歲。此誤。

《晉書》卷一百一《載記第一·序》頁二六四四、二六五四

是歲,鮮卑禿髮烏孤私署大單于、西平王。

《魏書》卷二《太祖紀第二》頁三一

是月,鮮卑禿髮烏孤私署大單于、西平王。

《北史》卷一《魏本紀第一·太祖道武帝》頁一五

前凉張寔置廣武郡,張駿又分置武始郡,西秦乞伏國仁都苑川,南凉禿髮烏孤都廣武,皆此地也。苑川在今五泉縣。至乞伏慕末,爲赫連定所滅。廣武即今廣武縣。至禿髮耨檀,爲乞伏熾盤所滅也。

《通典》卷第一百七十四《州郡四·蘭州》頁四五四七

乾歸故城,在縣西四十三里。乞伏乾歸據苑川,自號西秦,因築此城。〔五三〕

【校勘記】

〔五三〕乾歸故城至因築此城　《考證》:此錯簡,宜移入蘭州五泉縣。蘭州叙云"西秦伏乞乾歸都苑川,南凉禿髮烏孤都廣武,皆此地也"。原注云"苑川在今五泉縣"。與天興

無涉,傳鈔跳錯,宜改正。

《元和郡縣圖志》卷第二《關内道二·鳳翔府》頁四一、
五二

永熹末,前涼張軌分立晉興郡,張寔徙金城縣,^{〔四四〕}即今
州理是也。西秦乞伏乾歸都苑川,南涼禿髮烏孤都廣武,皆
此地也。苑川在今五泉縣,至乞伏慕末爲赫連定所滅。廣武,^{〔四五〕}至禿髮
傉檀,爲乞伏熾磐所滅。

【校勘記】

〔四四〕永熹末至徙金城縣　《考證》:“熹”當作“嘉”。
官本“晉興”作“興晉”,按云:“《晉書·張重華傳》《魏
書·張駿傳》並有晉興郡,與此‘興晉’異。”按《晉志》作
“晉興”,顧祖禹曰“《十六國春秋》晉咸康元年張軌分置興晉
郡,屬河州”。自是柸罕爲興晉,非晉興也,官本作“興晉”當
是此志原文,此作“晉興”者,蓋後人依《晉志》誤改。又按
《十六國春秋》,符堅建元七年,以李辨領興晉太守;乾歸太
初九年,以翟瑥爲興晉太守,不云晉興。後仿此。今按:“張
寔”,岱南閣本,《畿輔》本“寔”誤“寶”。

〔四五〕今五泉縣至廣武　今按:殿本無“今五泉縣”句。
“廣武”下岱南閣本,《畿輔》本有“縣也”二字。

《元和郡縣圖志》卷第三十九《隴右道上·蘭州》頁
九八七、一〇〇八

是歲也,禿髮烏孤據廉川,稱南涼。

《太平御覽》卷一一九《偏霸部三·前趙劉元海》頁五七四上

乾歸故城,在縣西四十三里。《十六國春秋》曰:"苻登太初三年,乞伏乾歸西據苑川,號爲西秦。"因築此城也。[二〇]

【校勘記】

[二〇]乾歸故城至築此城也　"四十三",底本作"四十二",《庫》本同,據萬本及《元和郡縣圖志》鳳翔府改。按本書卷一五一蘭州序曰:"西秦乞伏乾德自苑川徙都焉,十六國南凉禿髮烏孤都廣武,皆此也。"蘭州治五泉縣苑川城:"在郡西,即乞伏國仁所都。"與天興縣無涉,此傳鈔誤入。

《太平寰宇記》卷之三十《關西道六·鳳翔府》頁六三五、六五〇

西秦乞伏乾歸自苑川徙都焉,十六國南凉禿髮烏孤都廣武,皆此也。

《太平寰宇記》卷之一百五十一《隴右道二·蘭州廢》頁二九二六

廣武縣,北微西二百二十里。五鄉。本漢枝陽縣地,前凉張駿三年分晉興于此置廣武郡。又爲南凉禿髮烏孤所都,至傉檀,爲乞伏熾磐所滅于此。

《太平寰宇記》卷之一百五十一《隴右道二·蘭州廢》頁二九二八

禿髮烏孤負西平之阻,而號南凉。

《册府元龜》卷二一九《僭僞部·總序》頁二六二一下

南涼禿髮烏孤,初爲吕光將,晉安帝隆安元年自稱大都督、大將軍、大單于、西平王,赦其境內,年號太初,在位三年,弟利鹿孤立。

　　《册府元龜》卷二一九《僭僞部·年號》頁二六三四上

南涼禿髮烏孤,晉隆安元年自稱大都督、大將軍、大單于、西平王,赦其境內。

　　《册府元龜》卷二二六《僭僞部·恩宥》頁二六九九上

禿髮烏孤自稱大都督、大將軍、大單于、西平王,單,音蟬。大赦,改元太初。治兵廣武,攻涼金城,克之。涼王光遣將軍竇苟伐之,戰于街亭,涼兵大敗。

　　《資治通鑑》卷一百九《晉紀三十一·安帝隆安元年》頁三四三九

二月,吕光將禿髮烏孤自稱大都督、大單于,國號南涼,擊光將竇苟于金昌,大破之。

　　　　《通志》卷十下《晉紀十下·安帝》頁二〇八下

是月,鮮卑禿髮烏孤私署大單于、西平王。

　　《通志》卷十五上《後魏紀十五上·道武帝》頁二七二上

烏孤,河西鮮卑人,與後魏同出,爲吕光將,光累拜爲征西大將軍、益州牧、左賢王。以是歲春二月叛光,自稱大都督、大將軍、大單于、西平王。

《通志》卷二十三《年譜三·南涼烈祖禿髮烏孤太初元年》頁四三〇中

二月，呂光將禿髮烏孤自稱西平王。

《通志》卷二十三《年譜三·晉隆安元年》頁四三〇中

禿髮烏孤都張掖，謂之南涼。<small>蘭州與乞伏國仁分據，定樂在其東。</small>

《通志》卷四十一《都邑一·十六國都》頁五五五下

是歲也，禿髮烏孤據廉川，稱南涼。

《通志》卷一百八十六《載記一·序》頁二九六七中

前涼張寔置廣武郡，張駿又分置武始郡。西秦乞伏國仁都苑川，南涼禿髮烏孤都廣武，皆是地也。<small>苑川在今五泉縣，廣武即今廣武縣。</small>

《文獻通考》卷三百二十二《輿地八·古雍州》頁八八三〇

廣武城……<small>太元末南涼禿髮烏孤據廣武，攻後涼之金城是也。</small>

《讀史方輿紀要》卷六十《陝西九·臨洮府》頁二八七三

允街城……<small>街亭城，在衛南，後涼所置城也。晉隆安初禿髮烏孤自廣武取後涼金城，呂光遣竇苟伐之，戰於街亭，大敗。</small>

《讀史方輿紀要》卷六十三《陝西十二·甘肅行都司》頁二九九九

　　晉因之,東晉末爲禿髮烏孤所據,稱西平王。其弟利鹿孤復都西平,是爲南涼也。

　　《讀史方輿紀要》卷六十四《陝西十三·西寧鎮》頁三〇〇五

　　光散騎常侍、太常郭黁明天文,善占候,謂王詳曰:“於天文,涼之分野將有大兵。主上老病,太子沖闇,纂等凶武,一旦不諱,必有難作。以吾二人久居内要,常有不善之言,恐禍及人,深宜慮之。田胡王氣乞機部衆最强,〔九〕二苑之人多其故衆。吾今與公唱義,推機爲主,則二苑之衆盡我有也。克城之後,徐更圖之。”詳以爲然。夜燒光洪範門,二苑之衆皆附之,詳爲内應。事發,光誅之。黁遂據東苑以叛。光馳使召纂,諸將勸纂曰:“業聞師迴,必躡軍後。若潛師夜還,庶無後患矣。”纂曰:“業雖憑城阻衆,無雄略之才,若夜潛還,張其奸志。”乃遣使告業曰:“郭黁作亂,吾今還都。卿能決者,可出戰。”於是引還。業不敢出。纂司馬楊統謂其從兄桓曰:“郭黁明善天文,起兵其當有以。京城之外非復朝廷之有,纂今還都,復何所補! 統請除纂,勒兵推兄爲盟主,西襲吕弘,據張掖以號令諸郡,亦千載一時也。”桓怒曰:“吾聞臣子之事君親,有隕無二,吾未有包胥存救之效,豈可安榮其禄,亂增其難乎! 吕宗若敗,吾爲弘演矣。”統懼,至番禾,遂奔郭黁。黁遣軍邀纂于白石,纂大敗。光西安太守石元良率步騎五千赴難,與纂共擊黁軍,破之,遂入于姑臧。黁之叛也,得光孫八人于東苑。及軍敗,恚甚,悉投之于鋒刃之上,枝分節解,飲血盟衆,衆皆掩目,不忍視之,黁悠然自若。

　　麛推後將軍楊軌爲盟主,軌自稱大將軍、涼州牧、西平公。吕纂擊麛將王斐于城西,大破之,自是麛勢漸衰。光遺楊軌書曰:"自羌胡不靖,郭麛叛逆,南藩安否,音問兩絕。行人風傳,云卿擁逼百姓,爲麛唇齒。卿雅志忠貞,有史魚之操,鑒察成敗,遠侔古人,豈宜聽納奸邪,以虧大美!陵霜不彫者松柏也,臨難不移者君子也,何圖松柏彫於微霜,鷄鳴已於風雨!郭麛巫卜小數,時或誤中,考之大理,率多虛謬。朕宰化寡方,澤不逮遠,致世事紛紜,百城離叛。勠力一心,同濟巨海者,望之於卿也。今中倉積粟數百千萬,東人戰士一當百餘,入則言笑晏晏,出則武步涼州,吞麛咀業,綽有餘暇。但與卿形雖君臣,心過父子,欲全卿名節,不使貽笑將來。"軌不答。

【校勘記】

　　〔九〕王氣乞機　周校:《藝術·郭麛傳》及《禿髮載記》俱作"王乞基","機"、"基"同音通用。"氣"古爲"气",今爲"乞",一字誤書,當去其一。參卷九五校記。

　　《晉書》卷一百二十二《載記第二十二·吕光》頁三〇六二至三〇六三、三〇七四

　　涼散騎常侍、太常西平郭麛,善天文數術,散,悉亶翻。騎,奇寄翻。麛,奴昆翻。國人信重之。會熒惑守東井,麛謂僕射王詳曰:"涼之分野,將有大兵。分,扶問翻。主上老病,太子闇弱,太原公凶悍,悍,下罕翻,又侯旰翻。一旦不諱,禍亂必起。吾二人久居內要,彼常切齒,將爲誅首矣。田胡王乞基部落最強,田胡,胡之一種也。二苑之人,多其舊衆。吾欲與公舉大事,推乞基

爲主,二苑之衆,盡我有也。<small>涼州治姑臧,有東、西苑城。</small>得城之後,徐更議之。"詳從之。麞夜以二苑之衆燒洪範門,使詳爲内應;事泄,詳被誅,<small>被,皮義翻。</small>麞遂據東苑以叛。民間皆言聖人舉兵,事無不成,從之者甚衆。

涼王光召太原公纂使討麞。纂將還,諸將皆曰:"段業必躡軍後,宜潛師夜發。"纂曰:"業無雄才,憑城自守;若潛師夜去,適足張其氣勢耳。"<small>張,知亮翻。</small>乃遣使告業曰:"郭麞作亂,吾今還都;<small>都謂姑臧。</small>使,<small>疏吏翻。</small>卿能決者,可早出戰。"於是引還。業不敢出。

纂司馬楊統謂其從兄桓曰:<small>從,才用翻。</small>"郭麞舉事,必不虛發。吾欲殺纂,推兄爲主,西襲吕弘,據張掖,號令諸郡,此千載一時也。"桓怒曰:"吾爲吕氏臣,安享其禄,危不能救,豈可復增其難乎! <small>復,扶又翻。難,乃旦翻。</small>吕氏若亡,吾爲弘演矣!"<small>春秋衞懿公與狄人戰于熒澤,爲狄人所殺,弘演納肝以殉之。桓女配纂,其見親異於他臣,故云然。</small>統至番禾,遂叛歸麞。<small>番禾縣,漢屬張掖郡,晉屬武威郡,唐天寶中,改爲天寶縣。番,音盤。弘,纂之弟也。</small>

纂與西安太守石元良共擊麞,大破之,乃得入姑臧。麞得光孫八人於東苑,及敗而恚,<small>恚,於避翻。</small>悉投於鋒上,枝分節解,飲其血以盟衆,衆皆掩目。

涼人張捷、宋生等招集戎、夏三千人,反於休屠城。<small>夏,户雅翻。休屠縣,漢屬武威郡,因休屠王城以爲名也;晉省縣。《水經注》:姑臧城西有馬城,東城即休屠縣故城也。屠,直於翻。</small>與麞共推涼後將軍楊軌爲盟主。<small>軌,略陽氏也。</small>將軍程肇諫曰:"卿棄龍頭而從蛇尾,非計也。"軌不從;自稱大將軍、涼州牧、西平公。

纂擊破麞將王斐于城西,麞兵勢漸衰,遣使請救于秃髮

烏孤。使，疏吏翻。九月，烏孤使其弟驃騎將軍利鹿孤帥騎五千
赴之。帥，讀曰率。騎，奇寄翻。

《資治通鑑》卷一百九《晉紀三十一·安帝隆安元年》頁
三四五六至三四五八

　　光散騎常侍、太常郭黁明天文，善占候，謂王詳曰："於天
文，涼之分野將有大兵。主上老病，太子沖闇，纂等凶武，一
旦不諱，必有難作。以吾二人久居內要，常有不善之言，恐禍
及人，深宜慮之。田胡王氣乞機部眾最強，二苑之人多其故
眾。吾今與公唱義，推機爲主，則二苑之眾盡我有也。克城
之後，徐更圖之。"詳以爲然。夜燒光洪範門，二苑之眾皆附
之，詳爲內應。事發，光誅之。黁遂據東苑以叛。光馳使召
纂，諸將勸纂曰："業聞師迴，必躡軍後。若潛師夜還，庶無後
患矣。"纂曰："業雖憑城阻眾，無雄略之才，若夜潛還，張其奸
志。"乃遣使告業曰："郭黁作亂，吾今還都。卿能決者，可出
戰。"於是引還。業不敢出。纂司馬楊統謂其從兄桓曰："郭
黁明善天文，起兵其當有以。京城之外非復朝廷之有，纂今
還都，復何所補！統請除纂，勒兵推兄爲盟主，西襲呂弘，據
張掖以號令諸郡，亦千載一時也。"桓怒曰："吾聞臣子之事君
親，有隕無二，吾未有包胥存救之效，豈可安榮其祿，亂增其
難乎！呂宗若敗，吾爲弘演矣。"統懼，至番禾，遂奔郭黁。黁
遣軍邀纂于白石，纂大敗。光西安太守石元良率步騎五千赴
難，與纂擊黁軍，破之，遂入于姑臧。黁之叛也，得光孫八人
于東苑。及軍敗，恚甚，悉投之于鋒刃之上，枝分節解，飲血
盟眾，眾皆掩目，不忍視之，黁悠然自若。黁推後將軍楊軌爲

盟主,軌自稱大將軍、涼州牧、西平公。呂纂擊廧將王斐于城西,大破之,自是廧勢漸衰。光遣楊軌書責以大義,軌不答。

《通志》卷一百九十《載記五·後涼》頁三〇六三下至三〇六四上

八月,光散騎常侍西平郭廧以光年老,知其將敗,遂與僕射王詳起兵作亂,詳爲内應,事發,光乃誅詳,廧遂據東苑以叛。民間皆言:"聖人舉兵,事無不成,從之者甚衆。"廧以爲代吕者王,乃推王乞基爲主,光馳使召纂討廧。纂將還,諸將勸纂曰:"段業聞師回,必躡軍後,若潛師夜還,庶無後患也。"纂曰:"業雖憑城阻衆,無雄略之才,若夜潛還,適足張其奸志耳。"乃遣使告業曰:"郭廧作亂,吾今還都,卿能決者,可早出戰。"遂棄大軍,先將輕騎引還,業亦不敢出,纂司馬楊統謂其從兄桓曰:"郭廧明善天文,起兵其當有以,京城之外非復朝廷之有,纂今還都,復何所補! 請除纂,勒兵推兄爲盟主,西襲吕弘,據張掖號令諸郡,亦千載一時也。"桓怒曰:"吾聞臣子之事,君親有隕無二,吾爲吕氏臣,安榮其禄,危不能救,豈可復增其難乎! 吕氏若亡,吾爲弘演矣! "統懼,至番禾奔歸於廧,廧遣軍邀纂於白石,纂大敗,光西安太守石元良率步騎五千赴難,與纂共擊廧軍,破之,遂入姑臧,涼人張捷、宋生等招集戎夏三千餘人反於休屠城,與廧共以書箋招誘。後將軍楊軌推爲盟主,軌性粗直不慮,廧之傾危,河西太守程肇諫曰:"將軍之與吕王可謂臭味是同,今欲釋同心託異類,背龍頭從蛇尾,非將軍之高算也,願將軍熟思之。"軌不從,乃自稱大將軍、涼州牧、西平公。纂擊廧將王斐於城西,大破之,廧

勢漸衰，遣使請救於禿髮烏孤。九月，烏孤使弟驃騎利鹿孤
帥騎五千援麀。

屠本《十六國春秋》卷八十一《後涼録一・呂光》頁二十
正至二十一背

　　光散騎常侍、太常郭麀明天文，善占候，謂王詳曰："於天
文，涼之分野將有大兵。主上老病，太子沖闇，纂等凶武，一
旦不諱，必有難作。以吾二人久居内要，常有不善之言，恐禍
及人，深宜慮之。田胡王乞機部衆最强，〔一五〕二苑之人多其
故衆。吾今與公唱義，推機爲主，則二苑之衆盡我有也。尅
城之後，徐更圖之。"詳以爲然。夜燒光洪範門，二苑之衆皆
附之，詳爲内應。事發，光誅之。麀遂據東苑以叛。

　　光馳召纂，諸將勸纂曰："業聞師迴，必躡軍後，若潛師夜
還，庶無後患矣。"纂曰："業雖憑城阻衆，無雄略之才，若夜
潛還，張其奸志。"乃遣使告業曰："郭麀作亂，吾今還都。卿
能決者，可出戰。"於是引還。業不敢出。

　　纂司馬楊統謂其從兄桓曰："郭麀明善天文，起兵其當有
以。京城之外非復朝廷之有，纂今還都，復何所補。統請除
纂，勒兵推兄爲盟主，西襲呂弘，據張掖以號令諸郡，亦千載
一時也。"桓怒曰："吾聞臣子之事君親，有隕無二。吾未有包
胥存救之效，豈可安榮其禄，亂增其難乎！呂宗若敗，吾爲弘
演矣。"統懼，至番禾，遂奔郭麀。

　　麀遣軍邀纂於白石，纂大敗。光西安太守石元良率步騎
五千赴難，與纂共擊麀軍，破之，遂入於姑臧。麀之叛也，得
光孫八人於東苑，及軍敗，恚甚，悉投之於鋒刃之上，枝分節

解，飲血盟衆。衆皆掩目，不忍視之，麝悠然自若。

　　麝推後將軍楊軌爲盟主，軌自稱大將軍、涼州牧、西平公。呂纂擊麝將王斐於城西，大破之。自是麝勢漸衰。光遺楊軌書曰：“自羌胡不靖，郭麝叛逆，南蕃安否，音問兩絶。行人風傳，云卿擁逼百姓，爲麝唇齒。卿雅志忠貞，有史魚之操，鑒察成敗，遠侔古人，豈宜聽納奸邪，以虧大美！陵霜不彫者松柏也，臨難不移者君子也，何圖松柏彫於微霜，而鷄鳴已於風雨！郭麝巫卜小數，時或誤中，考之大理，率多虚謬。朕宰化寡方，澤不逮遠，致世事紛紜，百城離叛。戮力一心，同濟巨海者，望之於卿也。今中倉積粟數百千萬，東人戰士一當百餘，入則言笑晏晏，出則武步涼州，吞麝咀業，綽有餘暇。但與卿形雖君臣，心過父子，欲全卿名節，不使貽笑將來。”軌不答。

【校勘記】

　　〔一五〕田胡王乞機部衆最强　“王乞機”，《載記》作“王氣乞機”。按《晉書》卷九五《藝術・郭麝傳》，麝叛，“推王乞基爲主”，即此王乞機也。屠本卷八一、《通鑑》卷一〇九並作“田胡王乞基”。

　　《十六國春秋輯補》卷八十二《後涼録二・呂光》頁九三一至九三二、九三五

　　河南鮮卑吐秖等十二部大人，皆附於禿髮烏孤。此金城河南也。

　　《資治通鑑》卷一百九《晉紀三十一・安帝隆安元年》頁三四六〇

公元三九八年　東晉安帝隆安二年
南涼武王太初二年　後涼懿武帝龍飛三年
西秦武元王太初十一年　北涼文王神璽二年

　　麛後以光年老，知其將敗，遂與光僕射王祥起兵作亂。〔一三〕百姓聞麛起兵，咸以聖人起事，事無不成，故相率從之如不及。麛以爲代呂者王，乃推王乞基爲主。〔一四〕

　　【校勘記】

　　〔一三〕王祥　　周校：《呂光載記》作“王詳”。按：《通鑑》一〇八亦作“王詳”。

　　〔一四〕王乞基　　周校：《呂光載記》作“王氣乞機”。按：《通鑑》一〇九作“田胡王乞基”，胡注云：田胡，胡之一種也。

　　《晉書》卷九十五《列傳第六十五·藝術·郭麛》頁二四九八、二五〇五

　　率步騎二萬北赴郭麛。至姑臧，壘于城北。軌以士馬之盛，議欲大決成敗，麛每以天文裁之。呂弘爲段業所逼，光遣呂纂迎之。軌謀於衆曰：“呂弘精兵一萬，若與光合，則敵强我弱。養獸不討，將爲後患。”遂率兵邀纂，纂擊敗之。郭麛聞軌敗，東走魏安，遂奔于乞伏乾歸。楊軌聞麛走，南奔廉川。

　　《晉書》卷一百二十二《載記第二十二·呂光》頁三〇六三

　　楊軌以其司馬郭緯爲西平相，帥步騎二萬北赴郭麛。禿髮烏孤遣其弟車騎將軍傉檀帥騎一萬助軌。緯，于季翻。相，息

亮翻。帥,讀曰率。麿,奴昆翻。傉,奴沃翻。軌至姑臧,營于城北。

　　《資治通鑑》卷一百一十《晉紀三十二·安帝隆安二年》
頁三四六六

　　涼太原公纂將兵擊楊軌,郭黁救之,纂敗還。
　　《資治通鑑》卷一百一十《晉紀三十二·安帝隆安二年》
頁三四七〇

　　楊軌自恃其衆,欲與涼王光決戰,郭黁每以天道抑止之。
言天道未利也,郭黁善數,故如此。黁,奴昆翻。涼常山公弘鎮張掖,段
業使沮渠男成及王德攻之;光使太原公纂將兵迎之。將,即亮
翻。楊軌曰:“吕弘精兵一萬,若與光合,則姑臧益强,不可取
矣。”乃與秃髮利鹿孤共邀擊纂,纂與戰,大破之;軌奔王乞
基。王乞基,田胡也。黁性褊急殘忍,不爲士民所附,褊,補典翻。
聞軌敗走,降西秦;降,户江翻。西秦王乾歸以爲建忠將軍、散
騎常侍。散,悉亶翻。騎,奇寄翻。
　　《資治通鑑》卷一百一十《晉紀三十二·安帝隆安二年》
頁三四七一

　　楊軌屯廉川,收集夷、夏,衆至萬餘。夏,户雅翻。王乞基謂
軌曰:“秃髮氏才高而兵盛,且乞基之主也,不如歸之。”軌乃
遣使降於西平王烏孤。降,户江翻。軌尋爲羌酋梁飢所敗,酋,慈
由翻。敗,補邁翻。西奔僬海,闞駰曰:金城臨羌縣西有卑和羌海。酈道元
曰:古西零之地也。僬,音憐。襲乙弗鮮卑而據其地。烏孤謂群臣
曰:“楊軌、王乞基歸誠於我,卿等不速救,使爲羌人所覆,孤

甚愧之。”平西將軍渾屯曰：渾，古有是姓。《左傳》鄭有渾罕，衛有渾良夫。吐谷渾氏後改爲渾姓。渾，户昆翻。“梁飢無經遠大略，可一戰擒也。”

飢進攻西平，西平人田玄明執太守郭倖而代之，以拒飢，遣子爲質於烏孤。質，音致。烏孤欲救之，群臣憚飢兵强，多以爲疑。左司馬趙振曰：“楊軌新敗，吕氏方强，洪池以北，未可冀也，洪池，嶺名，在涼州姑臧之南。唐涼州有洪池府。嶺南五郡，庶幾可取。嶺南，謂洪池嶺南也。五郡，謂廣武、西平、樂都、澆河、湟河也。幾，居希翻。大王若無開拓之志，振不敢言；若欲經營四方，此機不可失也。使羌得西平，華、夷震動，非我之利也。”烏孤喜曰：“吾亦欲乘時立功，安能坐守窮谷乎！”廉川在塞外，故謂之窮谷。乃謂群臣曰：“梁飢若得西平，保據山河，不可復制。西平據湟河之要，有大、小榆谷之饒，故云然。復，扶又翻；下同。飢雖驍猛，驍，堅堯翻。軍令不整，易破也。”易，以豉翻。遂進擊飢，大破之。飢退屯龍支堡。唐鄯州有龍支縣。劉昫曰：龍支，漢允吾縣地。此時當爲西平界。烏孤進攻，拔之，飢單騎奔澆河，澆河，吐谷渾之地，吕光開以爲郡，隋、唐之廓州即其地也。澆，堅堯翻。水洄洑曰澆。此郡蓋置於洮河洄曲處。杜佑曰：澆河城在廓州達化縣賀蘭山。劉昫曰：廓州，隋澆河郡，治廣威縣，即後漢燒當羌之地，前涼置湟河郡，後魏置石城郡，廢帝因縣内化隆谷置化隆縣，後周置廓州，唐天寶元年，改爲廣威縣，管下有達化縣。吐渾澆河城，在縣西百二十里。杜佑曰：澆河城，吐谷渾阿豺所築。俘斬數萬。以田玄明爲西平内史。樂都太守田瑶、樂都，注已見二十六卷漢宣帝神爵元年。《五代志》：西平郡湟水縣，後周置樂都郡。觀此，則吕氏已置郡矣。杜佑曰：湟水一名樂都水，唐鄯州治。樂，音洛。湟河太守張禕、禕，除留翻。湟河郡蓋置於此地。澆河太守王稚皆以郡降，降，户江翻。嶺南羌、胡數萬落皆附於烏孤。

　　《資治通鑑》卷一百一十《晉紀三十二·安帝隆安二年》
頁三四七九至三四八一

　　涼建武將軍李鸞以興城降於禿髮烏孤。興城在允吾縣西南
龍支堡之東。

　　《資治通鑑》卷一百一十《晉紀三十二·安帝隆安二年》
頁三四八三

　　楊軌、王乞基帥户數千自歸於西平王烏孤。帥,讀曰率;
下同。

　　《資治通鑑》卷一百一十《晉紀三十二·安帝隆安二年》
頁三四八三

　　麐後以光年老,知其將敗,遂與光僕射王祥起兵作亂。
百姓聞麐起兵,咸以聖人起事,事無不成,故相率從之如不
及。麐以爲代吕者王,乃推王乞基爲主。

　　《通志》卷一百八十二《藝術二·晉·郭麐》頁二九一九下

　　率步騎二萬北赴郭麐。至姑臧,壘於城北。軌以士馬之
盛,議欲大決成敗,麐每以天文裁之。吕弘爲段業所逼,光遣
吕纂迎之。軌謀於衆曰:"吕弘精兵一萬,若與光合,則敵强我
弱。養獸不討,將爲後患。"遂率兵邀纂,纂擊敗之。郭麐聞
軌敗,東走魏安,遂奔于乞伏乾歸。楊軌聞麐走,南奔廉川。

　　《通志》卷一百九十《載記五·後涼》頁三〇六四上

　　龍飛三年,春二月,楊軌以司馬郭緯爲西平相,率步騎二萬北赴郭廯,禿髮傉檀亦率騎一萬助之,軌至姑臧,營於城北。三月,太原公纂將兵擊軌,郭廯帥衆來救,纂敗引還。

　　屠本《十六國春秋》卷八十一《後凉録一·吕光》頁二十二正

　　夏六月,楊軌自恃士馬之盛,議欲與光大決成敗,廯每以天文裁止之,常山公弘鎮張掖,業使輔國將軍沮渠男成及酒泉太守王德來攻,光遣太原公纂迎之,軌謀於衆曰:“吕弘精兵一萬,若與纂合,則敵强我弱,養獸不討,將爲後患。”乃與禿髮利鹿孤共邀纂,纂與戰,大破之。軌奔王乞基,郭廯聞軌敗,東走魏安,降於乞伏乾歸。

　　屠本《十六國春秋》卷八十一《後凉録一·吕光》頁二十二背

　　冬十月,建武將軍李鸞以興城降於禿髮烏孤。

　　屠本《十六國春秋》卷八十一《後凉録一·吕光》頁二十三正

　　戊戌。三年　軌率步騎二萬北赴郭廯,至姑臧,壘於城北。軌以士馬之盛,議欲大決成敗,廯每以天文裁之。吕弘爲段業所逼,光遣吕纂迎之。軌謀於衆曰:“吕弘精兵一萬,若與光合,則敵强我弱。養獸不討,將爲後患。”遂率兵邀纂,纂擊敗之。郭廯聞軌敗,東走魏安,遂奔於乞伏乾歸。楊軌聞麾走,南奔廉川。

　　《十六國春秋輯補》卷八十二《後凉録二·吕光》頁
九三三

　　西海……晉隆安四年後凉楊軌叛,起兵攻姑臧,兵敗屯
廉川,降於禿髮烏孤。軌尋爲羌梁饑所敗,西奔僬海,襲乙弗
鮮卑而據其地。①
　　《讀史方輿紀要》卷五十二《陜西一·山川險要》頁二四
八五至二四八六

　　洪池嶺……隆安二年羌酋梁饑攻後凉西平,禿髮烏孤欲救之,左司馬
趙振曰:"吕氏尚强,洪池以北未可冀也,嶺南五郡庶幾可取。"烏孤擊饑,大破
之,遂取嶺南五郡。嶺即洪池嶺;五郡,廣武、西平、樂都、湟河、澆河,皆在洪
池嶺南也。《唐志》凉州有洪池府。又姑臧有二嶺,南曰洪池嶺,西曰删丹嶺。
後凉楊穎諫吕纂曰:"今疆宇日蹙,崎嶇二嶺間。"是也。自删丹嶺以西謂之嶺
西,張氏以後西郡、張掖、酒泉、建康、晉昌皆謂之嶺西地云。
　　《讀史方輿紀要》卷六十三《陜西十二·甘肅行都司》頁
二九九五

　　晉隆安二年時,禿髮烏孤屯據廉川,羌酋梁饑攻後凉西
平,烏孤欲救之,議者多以饑兵强爲疑。趙振曰:"使羌得西平,

①後凉楊軌反叛并降於禿髮烏孤一事,據《資治通鑑》等文獻記載爲
　隆安二年,僅《讀史方輿紀要》記爲隆安四年,孤證不立。又,隆安
　四年,禿髮烏孤已去世,此時南凉已進入禿髮利鹿孤統治時期。今
　從《資治通鑑》。

中外震動,非吾利也。"烏孤亦曰:"饑若得西平,保據河山,不可復制矣。"遂進擊饑,破之,於是據有嶺南之地。<small>嶺謂洪池嶺,見涼州衛。</small>又楊統言于烏孤曰:"呂光衰耄,諸子乖離,若使浩亹、廉川乘虛疊出,不過二年姑臧可圖也。"烏孤從之,後涼益困。

《讀史方輿紀要》卷六十四《陝西十三‧西寧鎮》頁三〇〇六

湟水廢縣……<small>隆安二年禿髮烏孤敗羌酋梁饑于西平,明年使其弟傉檀鎮焉,後又爲西秦所據。</small>

《讀史方輿紀要》卷六十四《陝西十三‧西寧鎮》頁三〇〇七

龍支城……<small>晉隆安二年,南涼禿髮烏孤擊羌酋梁饑于西平,饑退屯龍支堡,烏孤攻拔之。</small>

《讀史方輿紀要》卷六十四《陝西十三‧西寧鎮》頁三〇〇九

長寧城……<small>隆安二年後涼將李鸞以興城降于禿髮烏孤。胡氏曰:"興城在允吾之西南,白土之東。"允吾,今見蘭州。</small>

《讀史方輿紀要》卷六十四《陝西十三‧西寧鎮》頁三〇〇九至三〇一〇

廉川城……<small>隆安二年後涼楊軌等舉兵攻姑臧不克,尋敗屯廉川,收集彝、夏,衆至萬餘,既而降于烏孤。</small>

《讀史方輿紀要》卷六十四《陝西十三‧西寧鎮》頁

三〇一一

　　廓州城……晉隆安二年秃髪烏孤敗梁饑于西平,湟河太守張稠以郡降。
　　《讀史方輿紀要》卷六十四《陝西十三·西寧鎮》頁
三〇一一

　　澆河城……晉隆安二年秃髪烏孤拔龍支堡,梁饑單騎奔澆河。既而澆
河太守王稚以郡降于烏孤。
　　《讀史方輿紀要》卷六十四《陝西十三·西寧鎮》頁
三〇一二

　　秃髪烏孤遣使來結和親。
　　《晉書》卷一百二十五《載記第二十五·乞伏乾歸》頁
三一一九

　　西秦乞伏乾歸初稱河南王時,南涼秃髪烏孤遣使來結
和親。
　　　《冊府元龜》卷二三〇《僭僞部·和好》頁二七三八上

　　秃髪烏孤遣使來結和親。
　　　《通志》卷一百九十一《載記六·西秦》頁三〇七五中

　　夏六月,秃髪烏孤遣使求結和親。
　　　屠本《十六國春秋》卷八十五《西秦録一·乞伏乾歸》頁
十二正

戌戌。　十一年　　禿髮烏孤遣使來結和親。

《十六國春秋輯補》卷八十六《西秦録二・乞伏乾歸》頁
九六五

禿髮烏孤自稱武威王。

《晉書》卷十《帝紀第十・安帝》頁二五一

永嘉後,禿髮烏孤初稱西平王,其弟利鹿孤復都西平,即
此地也。

《通典》卷第一百七十四《州郡四・古雍州下》頁四五五一

南凉禿髮烏孤自稱武威王,徙都於此。

《元和郡縣圖志》卷第三十九《隴右道上》頁九九一

自永嘉之後,南凉禿髮烏孤以後魏天興元年自稱武威
王,徙居于此。

《太平寰宇記》卷之一百五十一《隴右道二・鄯州廢》頁
二九二三

西平王禿髮烏孤更稱武威王。更,工衡翻。

《資治通鑑》卷一百一十《晉紀三十二・安帝隆安二年》
頁三四八五

禿髮烏孤自稱武威王。

《通志》卷十下《晉紀十下・安帝》頁二〇九上

　　永嘉後,禿髮烏孤初稱西平王,其弟利鹿孤復都西平,即此地也。

　　　　《文獻通考》卷三百二十二《輿地八·古雍州》頁八八三六

公元三九九年　東晉安帝隆安三年
北魏道武帝天興二年　南涼武王太初三年
北涼文王天璽元年　後涼懿武帝龍飛四年

　　禿髮烏孤爲南涼,建號於樂都。

　　　　《晉書》卷十四《志第四·地理上·涼州》頁四三五

　　湟水　漢破羌縣,屬金城郡。漢破匈奴,取西河地,開湟中處月氏,即此。湟水,俗呼湟河,又名樂都水,南涼禿髮烏孤始都此。〔一〇九〕

【校勘記】

　　〔一〇九〕南涼禿髮烏孤　"南"下各本原有"有"字,據《寰宇記》卷一五一删。

　　　　《舊唐書》卷四十《志第二十·地理三·隴右道》頁一六三三、一六五九

　　湟水縣……湟水,俗呼湟河,又名樂都水。南涼禿髮烏孤始都此。

　　　　《太平寰宇記》卷之一百五十一《隴右道二·鄯州》頁二九二四

　　南涼禿髮烏孤僭稱武威王,署弟利鹿孤爲驃騎大將軍、

西平公,鎮安夷。傉檀爲車騎大將軍、廣武公,鎮西平。後以利鹿孤爲涼州牧,鎮西平,傉檀入録府國事。

《册府元龜》卷二二四《僭僞部·宗族》頁二六八二下

南涼秃髮烏孤自稱武威王,從容謂其群下曰:"隴右區區數郡地耳! 因其兵亂,分裂遂至十餘。乾歸擅命河南,段業阻兵張掖,虐氐假息,據姑臧。吾藉父兄遺烈,思廓清西夏,兼弱攻昧,三者何先?" 楊統進曰:"乾歸本我所部,終必歸服。段業儒生,才非經世,權臣擅命,制不由己,千里伐之,糧運懸絶,且與我鄰好,許以分災共患,乘其危弊,非義舉也。吕光衰老,嗣紹冲闇,二子纂、弘,雖頗有文武,而内相猜忌。若天威臨之,必應鋒瓦解。宜遣車騎鎮浩亹,鎮北據廉川,乘虚迭出,多方以誤之,救右則擊其左,救左則擊其右,使纂疲於奔命,人不得安其農業。兼弱攻昧,於是乎在,不出二年,可以坐定姑臧。姑臧既拔,二寇不待兵戈,自然服矣。"烏孤然之,遂陰有并吞之志。

《册府元龜》卷二二七《僭僞部·謀略》頁二七〇六下至二七〇七上

武威王烏孤徙治樂都,治,直之翻。樂,音洛。以其弟西平公利鹿孤安夷,安夷縣,漢屬金城郡,晉分屬西平郡。廣武公傉檀鎮西平,西平治樂都縣,唐鄯州之湟水縣也。傉,奴沃翻。叔父素渥鎮湟河,若留鎮澆河,從弟替引鎮嶺南,嶺南,即洪池嶺之南。洛回鎮廉川,從叔吐若留鎮浩亹;從,才用翻。浩亹在樂都之東,隋、唐併入湟水縣。浩,音誥;亹,音門。夷、夏俊傑,夏,户雅翻。隨才授任,内居顯位,外典郡縣,咸得其宜。

　　烏孤謂群臣曰:"隴右、河西,本數郡之地,漢時河西置武威、張掖、酒泉四郡;隴右置隴西、金城二郡。遭亂,分裂至十餘國,吕氏、乞伏氏、段氏最强,今欲取之,三者何先?"楊統曰:"乞伏氏本吾之部落,終當服從。乞伏與禿髮氏,皆鮮卑也。段氏書生,無能爲患,且結好於我,攻之不義。好,呼到翻。吕光衰耄,嗣子微弱,謂光以子紹爲嗣也。纂、弘雖有才而内相猜忌,若使浩亹、廉川乘虚迭出,彼必疲於奔命,不過二年,兵勞民困,則姑臧可圖也。姑臧,吕光所都。姑臧舉,則二寇不待攻而服矣。"烏孤曰:"善!"

　　《資治通鑑》卷一百一十一《晉紀三十三·安帝隆安三年》頁三四八七

　　浩亹城……隆安三年禿髮烏孤使從叔吐若留鎮浩亹。①
　　《讀史方輿紀要》卷六十四《陝西十三·西寧鎮》頁三○○七至三○○八

　　安夷城……隆安三年南涼禿髮烏孤以其弟利鹿孤鎮安夷是也。
　　《讀史方輿紀要》卷六十四《陝西十三·西寧鎮》頁三○○八至三○○九

　　樂都城……晉隆安三年禿髮烏孤自西平徙治樂都。

_____

①原文爲"隆和"。按:東晉無"隆和"年號,疑爲"隆安"之訛,今俱改,下同。

《讀史方輿紀要》卷六十四《陝西十三・西寧鎮》頁
三〇〇九

廉川城……三年烏孤使從弟洛回鎮廉川，其後爲北凉所取。

《讀史方輿紀要》卷六十四《陝西十三・西寧鎮》頁
三〇一一

廓州城……明年烏孤使其叔素渥鎮湟河，即此。

《讀史方輿紀要》卷六十四《陝西十三・西寧鎮》頁
三〇一一

澆河城……明年烏孤使其叔若留鎮澆河。

《讀史方輿紀要》卷六十四《陝西十三・西寧鎮》頁
三〇一二

　　呂光遣其二子紹、纂伐業，業請救于禿髮烏孤，烏孤遣其
弟鹿孤及楊軌救業。紹以業等軍盛，欲從三門關挾山而東。
纂曰：“挾山示弱，取敗之道，不如結陣衝之，彼必憚我而不戰
也。”紹乃引軍而南。業將擊之，蒙遜諫曰：“楊軌恃虜騎之
強，有窺覦之志。紹、纂兵在死地，必決戰求生。不戰則有太
山之安，戰則有累卵之危。”業曰：“卿言是也。”乃按兵不戰。
紹亦難之，各引兵歸。

　　《晉書》卷一百二十九《載記第二十九・沮渠蒙遜》頁
三一九〇至三一九一

　　十六國後涼呂光遣二子紹、纂伐段業,南涼禿髮烏孤遣其弟鹿孤及楊軌救業。紹以業等軍盛,欲從三門關挾山而東。〔七七〕纂曰:"挾山示弱,取敗之道,不如結陣衝之,彼必憚我而不戰也。"紹乃引軍而南。業將擊之,其將沮渠蒙遜諫曰:"楊軌恃虜騎之强,有窺覦之志。〔七八〕紹、纂兵在死地,必決戰求生。不戰則有太山之安,戰則有累卵之危。"〔七九〕業曰:"卿言是也。"乃按兵不戰。紹亦難之,各引兵歸。段業悟而不敗。

　　【校勘記】

　　〔七七〕欲從三門關挾山而東　"從"原脱,據《晉書·沮渠蒙遜載記》三一九〇頁補。

　　〔七八〕有窺覦之志　"窺"原作"覬",後人擅改,今據北宋本、明抄本、明刻本改回。按:《晉書·沮渠蒙遜載記》三一九〇頁即作"窺"。

　　〔七九〕不戰則有太山之安戰則有累卵之危　"不"原誤在"安"下,據《晉書·沮渠蒙遜載記》三一九〇頁移上。

　　《通典》卷第一百五十九《兵十二·死地勿攻》頁四〇八六、四一〇一

　　北涼段業僭稱涼王,以沮渠蒙遜爲尚書左丞,梁中庸爲右丞。呂光遣其二子紹、纂伐業,請救於禿髮烏孤,烏孤遣其弟鹿孤及揚軌救業。紹等軍盛,欲從三門關挾山而東。纂曰:"挾山示弱,取敗之道,不如結陣衝之,彼必憚我而不戰也。"紹乃引軍而南。業將擊之,蒙遜諫曰:"楊軌恃虜騎之强,有窺覦之志。紹、纂兵在死地,必決戰求生。不戰則有太

山之安，戰則有累卵之危。"業曰："卿言是也。"乃案兵不戰。
紹亦難之，各引兵歸。

《冊府元龜》卷二二九《僭偽部·聽納》頁二七三〇上

涼太子紹、太原公纂將兵伐北涼，_{河西四郡，張掖在北，故號北}
_{涼。將，即亮翻。}北涼王業求救於武威王烏孤，烏孤遣驃騎大將
軍利鹿孤及楊軌救之。_{驃，匹妙翻。騎，奇寄翻。}業將戰，沮渠
蒙遜諫曰："楊軌恃鮮卑之强，有窺窬之志，_{禿髮，本鮮卑種也。}
_{沮，子余翻。}紹、纂深入，置兵死地，不可敵也。今不戰則有
泰山之安，戰則有累卵之危。"業從之，按兵不戰。紹、纂引
兵歸。

六月，烏孤以利鹿孤爲涼州牧，鎮西平，召車騎大將軍傉
檀入録府國事。_{傉，奴沃翻。}

《資治通鑑》卷一百一十一《晉紀三十三·安帝隆安三
年》頁三四九一至三四九二

呂光遣其二子紹、纂伐業，業請救於禿髮烏孤，烏孤遣其
弟鹿孤及楊軌救業。紹以業等軍盛，欲從三門關挾山而東。
纂曰："挾山示弱，取敗之道，不如結陣衝之，彼必憚我而不戰
也。"紹乃引軍而南。業將擊之，蒙遜諫曰："楊軌恃虜騎之
强，有窺覦之志。紹、纂兵在死地，必決戰求生。不戰則有泰
山之安，戰則有累卵之危。"業曰："卿言是也。"乃按兵不戰。
紹亦難之，各引兵歸。

《通志》卷一百九十二《載記七·北涼》頁三〇九〇中

龍飛四年夏五月，太子紹、太原公纂將兵伐段業，業乞救於秃髮烏孤，烏孤遣驃騎利鹿孤及楊軌救之。紹以業等軍盛，欲從三門關挾山而東。纂曰："挾山示弱，取敗之道，不如結陣衝之，彼必憚我，而不戰也。"紹乃引軍而南。業案兵不動。紹等亦引而還。

屠本《十六國春秋》卷八十一《後涼錄一‧呂光》頁二十三正至二十三背

夏五月，三河王呂光遣其二子紹、纂來攻業，請救於秃髮烏孤，烏孤遣弟利鹿孤及楊軌救之。紹等引軍而南，業將擊之，蒙遜諫曰："楊軌恃鮮卑一作虜騎之強，有窺覦之心，紹、纂深入，置兵死地，必決戰求生，不可敵也。今不戰則有泰山之安，戰則有累卵之危。"業曰："卿言是也。"按兵不戰。紹亦難之，各引兵歸。

屠本《十六國春秋》卷九十四《北涼錄一‧沮渠蒙遜》頁三背至四正

呂光遣其二子紹、纂伐業，業請救於秃髮烏孤，烏孤遣其弟利鹿孤及楊軌救業。紹以業等軍盛，欲從三門關挾山而東。纂曰："挾山示弱，取敗之道，不如結陣衝之，彼必憚我而不戰也。"紹乃引軍而南。業將擊之，蒙遜諫曰："楊軌恃虜騎之強，有窺覦之志。紹、纂兵在死地，必決戰求生。不戰則有泰山之安，戰則有累卵之危。"業曰："卿言是也。"乃按兵不戰。紹亦難之，各引兵歸。此段亦見《通典》一百五十九。

《十六國春秋輯補》卷九十五《北涼録一·沮渠蒙遜》頁一〇五五

秋八月,禿髮烏孤死,其弟利鹿孤嗣僞位。

《晉書》卷十《帝紀第十·安帝》頁二五二

禿髮烏孤死,弟鹿孤代立,遣使朝貢。

《魏書》卷二《太祖紀第二》頁三六

是月,禿髮烏孤死,其弟利鹿孤立,遣使朝貢。

《北史》卷一《魏本紀第一·太祖道武帝》頁一九

烏孤卒,弟利鹿孤嗣位,復都此爲西平王,即從此又遷于姑臧。〔一五〕

【校勘記】

〔一五〕即從此又遷于姑臧　按《晉書》卷一二六《禿髮利鹿孤載記》載,禿髮利鹿孤卒,弟禿髮傉檀嗣。同書《禿髮傉檀載記》載,傉檀遷于姑臧。《元和郡縣圖志》卷三九《鄯州總序》亦謂禿髮烏孤“弟傉檀遷于姑臧”,非利鹿孤遷。

《太平寰宇記》卷之一百五十一《隴右道二·鄯州廢》頁二九二三、二九三一

禿髮利鹿孤晉隆安三年立。既逾年,赦其境内,改元曰建和。在位三年,弟傉檀嗣。

《册府元龜》卷二一九《僭僞部·年號》頁二六三四上

南涼禿髮利鹿孤嗣兄烏孤位,僞謚烏孤曰武王,廟號烈祖。

《册府元龜》卷二二四《僭僞部・奉先》頁二六七六上

利鹿孤,烏孤之弟,晉隆安三年即僞位,赦其境内殊死已下。既逾年,改元,赦其境内。

《册府元龜》卷二二五《僭僞部・恩宥》頁二六九九下

南涼麴梁明爲禿髮利鹿孤記室監。利鹿孤既紹兄位,使梁明聘于段業,曰:“貴主先王,創業啓運,功高先世,宜爲國之太祖,有子何以不立?”梁明曰:“有子羌奴,先王之命也。”業曰:“昔成王弱齡,周召作宰;漢昭歲幼,金霍夾輔。雖嗣子幼冲,而二叔休明,左提右挈,不亦可乎?”梁明曰:“宋宣能以國讓,《春秋》美之;孫伯符委事仲謀,終開有吳之業。且兄終弟及,殷湯之制也,亦聖人之格言,萬代之通式,何必系己爲是,紹見爲非。”業曰:“美哉!使乎之義也。”

《册府元龜》卷六五九《奉使部・敏辯一》頁七八九一上

後魏道武天興二年十二月,禿髮鹿孤遣使朝貢。

《册府元龜》卷九六九《外臣部・朝貢二》頁一一三八七下

武威王禿髮烏孤醉,走馬傷脅而卒,遺令立長君。長,知兩翻。國人立其弟利鹿孤,謚烏孤曰武王,廟號烈祖。利鹿孤大赦,徙治西平。

《資治通鑑》卷一百一十一《晉紀三十三・安帝隆安三

年》頁三四九五

秋七月，禿髮烏孤死，其弟利鹿孤嗣僞位。
　　　　《通志》卷十下《晉紀十下・安帝》頁二〇九上

是月，禿髮烏孤死，其弟利鹿孤立，遣使朝貢。
《通志》卷十五上《後魏紀十五上・道武帝》頁二七三中

秋八月，禿髮烏孤死，弟利鹿孤嗣。
　　　　《通志》卷二十三《年譜三・晉隆安三年》頁四三〇下

　春正月，烏孤徙治樂都，八月卒。利鹿孤，烏孤之弟也。烏孤卒，衆推利鹿孤僭嗣僞位，徙居西平。
　　　　《通志》卷二十三《年譜三・南涼烈祖禿髮烏孤太初三年》頁四三〇下

　南涼禿髮烏孤以太初三年造一刀，狹小長二尺五寸，青色，匠人曰：“當作之時，夢見一人被朱服，云：‘吾是太乙神，來看汝作。’云此刀有獻，必鳴。”後落突厥可汗所有也。
　　　　　　　　　　　　　　《古今刀劍録》頁八至九

　又曰：南涼禿髮烏孤大初三年造一刀，狹小，長三尺五寸，青色，匠云：“當作之時，夢見一人被朱衣，云：‘吾是太一神，故看爾作此刀，有敵至，刀必鳴。’”後落突厥可汗處。
　　　《太平御覽》卷三四六《兵部七七・刀下》頁一五九二上

公元四〇〇年　東晉安帝隆安四年
南涼康王建和元年　西秦武元王太初十三年
後涼靈帝咸寧二年　後秦文桓帝弘始二年

秃髮利鹿孤大赦，改元建和。

《資治通鑑》卷一百一十一《晉紀三十三·安帝隆安四年》頁三五〇七

　　呂弘自以功名崇重，恐不爲纂所容，纂亦深忌之。弘遂起兵東苑，劫尹文、楊桓以爲謀主，請宗燮俱行。燮曰："老臣受先帝大恩，位爲列棘，不能隕身授命，死有餘罪，而復從殿下，親爲戎首者，豈天地所容乎！且智不能謀，衆不足恃，將焉用之！"弘曰："君爲義士，我爲亂臣！"乃率兵攻纂。纂遣其將焦辨擊弘，弘衆潰，出奔廣武。纂縱兵大掠，以東苑婦女賞軍，弘之妻子亦爲士卒所辱。纂笑謂群臣曰："今日之戰何如？"其侍中房晷對曰："天禍涼室，釁起戚藩。先帝始崩，隱王幽逼，山陵甫訖，大司馬驚疑肆逆，京邑交兵，友于接刃。雖弘自取夷滅，亦由陛下無棠棣之義。宜考己責躬，以謝百姓，而反縱兵大掠，幽辱士女。釁自由弘，百姓何罪！且弘妻，陛下之弟婦也；弘女，陛下之姪女也，奈何使無賴小人辱爲婢妾。天地神明，豈忍見此！"遂歔欷悲泣。纂改容謝之，召弘妻及男女于東宮，厚撫之。呂方執弘繫獄，馳使告纂，纂遣力士康龍拉殺之。

《晉書》卷一百二十二《載記第二十二·呂纂》頁三〇六五至三〇六六

凉王纂以大司馬弘功高地逼，忌之；弘亦自疑，遂以東苑之兵作亂，攻纂。纂遣其將焦辨擊之，<small>將，即亮翻。</small>弘衆潰，出走。纂縱兵大掠，悉以東苑婦女賞軍，弘之妻子亦在中。纂笑謂群臣曰："今日之戰何如？"侍中房晷對曰："天禍凉室，憂患仍臻。先帝始崩，隱王廢黜；山陵甫訖，大司馬稱兵；京師流血，昆弟接刃。雖弘自取夷滅，亦由陛下無常棣之恩，<small>《左傳》：富辰曰："召穆公思周德之不類，糾合宗族於成周，而作詩曰：'常棣之華，鄂不韡韡。凡今之人，莫如兄弟。'其四章曰：'兄弟鬩于墻，外禦其侮。'如是，則兄弟雖有小忿，不廢懿親。"</small>當省己責躬以謝百姓。<small>省，悉景翻。</small>乃更縱兵大掠，囚辱士女，釁自弘起，百姓何罪！且弘妻，陛下之弟婦，弘女，陛下之姪也，柰何使無賴小人辱爲婢妾，天地神明，豈忍見此！"遂歔欷流涕。<small>歔，音虛。欷，許既翻，又音希。</small>纂改容謝之；召弘妻子寘於東宮，厚撫之。

弘將奔禿髮利鹿孤，道過廣武，詣呂方，方見之，大哭曰："天下甚寬，汝何爲至此！"乃執弘送獄，纂遣力士康龍就拉殺之。<small>拉，盧合翻。</small>

《資治通鑑》卷一百一十一《晉紀三十三·安帝隆安四年》頁三五〇八

呂弘自以功名崇重，恐不爲纂所容，纂亦深忌之。弘遂起兵東苑，劫尹文、楊桓以爲謀主，請宗變俱行。變曰："老臣受先帝大恩，位爲列棘，不能隕身授命，死有餘罪，而復從殿下，親爲戎首者，豈天地所容乎！且智不能謀，衆不足恃，將焉用之！"弘曰："君爲義士，我爲亂臣！"乃率兵攻纂。纂遣其將焦辨擊弘，弘衆潰，出奔廣武。纂縱兵大掠，以東苑婦女賞軍，弘之妻子亦爲士卒所辱。纂笑謂群臣曰："今日之戰何如？"其侍中房晷對曰："天禍涼室，釁起戚藩。先帝始崩，隱王幽逼，山陵甫訖，大司馬驚疑肆逆，京邑交兵，友于接刃。雖弘自取夷滅，亦由陛下無棠棣之義。宜考己責躬，以謝百姓，而反縱兵大掠，幽辱士女。釁自由弘，百姓何罪！且弘妻，陛下之弟婦也；弘女，陛下之姪女也，奈何使無賴小人辱爲婢妾。天地神明，豈忍見此！"遂歔欷悲泣。纂改容謝之，召弘妻及男女于東宮，厚撫之。呂方執弘繫獄，馳使告纂，纂遣力士康龍拉殺之。

　　　　《通志》卷一百九十《載記五·後涼》頁三〇六四下

　　咸寧二年春三月，大司馬、番禾公弘自以功名崇重，恐不爲纂所容。纂亦以弘功高地逼，深忌嫉之，弘以東苑之兵作亂。劫尹文、楊桓以爲謀主，請宗敞俱行，敞固辭之，遂率兵攻纂。纂遣將軍焦辨擊之，弘衆潰，出奔廣武，纂縱兵大掠，悉以東苑婦女賞軍，弘之妻女亦爲士卒所辱。纂笑謂群臣曰："今日之戰何如？"侍中房晷對曰："天禍涼室，釁起戚藩，先帝始崩，隱王以幽逼致殂，山陵甫訖，大司馬以驚疑肆虐，京邑流血，昆弟接刃。雖弘自取夷滅，亦由陛下無棠棣之恩，宜省己責躬以謝百姓。而反縱兵大掠，囚辱士女，釁自弘起，百姓何罪！且弘妻陛下之弟婦，女陛下之侄女也，奈何使無賴小人污辱爲婢妾，天地神明，豈忍見此！"因歔欷悲泣，纂改容謝之。乃召弘妻及男女置於東宮，厚撫之。弘將奔禿髮利鹿孤，道過廣武，詣征東將軍方，方見之，大哭曰："天下甚寬，汝何爲至此！"乃執弘繫獄，馳使告纂，纂遣力士康龍就拉殺之。

屠本《十六國春秋》卷八十二《後涼録二·呂纂》頁四正
至五正

姑臧廢縣……四年弘復以東苑之兵作亂，敗死。

《讀史方輿紀要》卷六十三《陝西十二·甘肅行都司》頁
二九九二

庚子。咸寧二年　呂弘自以功名崇重，恐不爲纂所容，纂
亦深忌之。弘遂起兵東苑，劫尹文、楊桓以爲謀主，請宗變俱
行。變曰：“老臣受先帝大恩，位爲列棘，不能隕身授命，死有
餘罪，而復從殿下親爲戎首者，豈天地所容乎！且智不能謀，
衆不足恃，將焉用之！”弘曰：“君爲義士，我爲亂臣。”乃率
兵攻纂。纂遣其將焦辨擊弘，弘衆潰，出奔廣武。纂縱兵大
掠，以東苑婦女賞軍，弘之妻子亦爲士卒所辱。纂笑謂群臣
曰：“今日之戰何如？”其侍中房晷對曰：“天禍涼室，釁起戚
藩，先帝始崩，隱王幽逼，山陵甫訖，大司馬驚疑肆逆，京邑交
兵，友于接刃。雖弘自取夷滅，亦由陛下無棠棣之義。宜考
己責躬，以謝百姓，而反縱兵大掠，幽辱士女。釁自由弘，百
姓何罪！且弘妻，陛下之弟婦也，弘女，陛下之姪女也，奈何
使無賴小人辱爲婢妾，天地神明，豈忍見此！”遂覷歔悲泣。
纂改容謝之。召弘妻及男女於東宮，厚撫之。呂方執弘繫
獄，馳使告纂，纂遣力士康龍拉殺之。

《十六國春秋輯補》卷八十三《後涼録三·呂纂》頁
九三九至九四〇

　　纂將伐禿髮利鹿孤，中書令楊穎諫曰："夫起師動衆，必
參之天人，苟非其時，聖賢所不爲。禿髮利鹿孤上下用命，
國未有釁，不可以伐。宜繕甲養鋭，勸課農殖，待可乘之機，
然後一舉蕩滅。比年多事，公私罄竭，不深根固本，恐爲患將
來，願抑赫斯之怒，思萬全之算。"纂不從。度浩亹河，爲鹿孤
弟傉檀所敗，遂西襲張掖。姜紀諫曰："方今盛夏，百姓廢農，
所利既少，所喪者多。若師至嶺西，虜必乘虛寇抄都下，宜且
迴師以爲後圖。"纂曰："虜無大志，聞朕西征，正可自固耳。
今速襲之，可以得志。"遂圍張掖，略地建康。聞傉檀寇姑臧，
乃還。

　　　　《晉書》卷一百二十二《載記第二十二·吕纂》頁三〇六六
至三〇六七

　　吕纂僭即天王位，伐禿髮利鹿孤，圍張掖，略地建康，聞
傉檀寇姑臧，乃還。

　　　　《册府元龜》卷二三一《僭僞部·征伐》頁二七五一下至
二七五二上

　　後凉吕纂既僭位，將伐禿髮利鹿孤，中書令楊穎諫曰：
"夫起師動衆，必參之天人，苟非其時，聖賢所不爲。禿髮利
鹿孤上下用命，國未有釁，不可以伐。宜繕甲養鋭，勸課農
殖，待可乘之機，然後一舉蕩滅。比年多事，公私罄竭，不深
根固本，恐爲患將來，願抑赫斯之怒，思萬全之美。"纂不從。
度浩亹河，爲鹿孤弟傉檀所敗。

　　　　《册府元龜》卷二三三《僭僞部·失策》頁二七七七下

凉王纂將伐武威王利鹿孤,中書令楊穎諫曰:"利鹿孤上下用命,國未有釁,不可伐也。"不從。利鹿孤使其弟傉檀拒之,傉,奴沃翻。夏,四月,傉檀敗凉兵於三堆,三堆,在浩亹河南。敗,補邁翻。斬首二千餘級。

《資治通鑑》卷一百一十一《晉紀三十三·安帝隆安四年》頁三五〇九

楊軌、田玄明謀殺武威王利鹿孤,利鹿孤殺之。隆安二年,楊軌降利鹿孤。

《資治通鑑》卷一百一十一《晉紀三十三·安帝隆安四年》頁三五一一

凉王纂將襲北凉,姜紀諫曰:"盛夏農事方殷,且宜息兵。今遠出嶺西,自姑臧西北出張掖,其間有大嶺,度嶺而西,西郡當其要。禿髮氏乘虛襲京師,將若之何!"不從。進圍張掖,西掠建康。禿髮傉檀聞之,將萬騎襲姑臧,纂弟隴西公緯憑北城以自固。傉檀置酒朱明門上,鳴鐘鼓,饗將士,曜兵於青陽門,朱明門,姑臧城南門也;青陽門,東門也。傉,奴沃翻。掠八千餘户而去。纂聞之,引兵還。

《資治通鑑》卷一百一十一《晉紀三十三·安帝隆安四年》頁三五一一至三五一二

纂將伐禿髮利鹿孤,中書令楊穎諫曰:"夫起師動衆,必參之天人,苟非其時,聖賢所不爲。禿髮利鹿孤上下用命,國未有釁,不可以伐。宜繕甲養鋭,勸課農殖,待可乘之機,然後一舉蕩滅。比年多事，公私罄竭，不深根固本，恐爲患將來，願抑赫斯之怒，思萬全之算。"纂不從。度浩亹河，爲鹿孤弟傉檀所敗，遂西襲張掖。姜紀諫曰："方今盛夏，百姓廢農，所利既少，所喪者多。若師至嶺西，虜必乘虛寇抄都下，宜且迴師以爲後圖。"纂曰："虜無大志，聞朕西征，正可自固耳。今速襲之，可以得志。"遂圍張掖，略地建康。聞傉檀寇姑臧，乃還師。

　　　　《通志》卷一百九十《載記五·後涼》頁三〇六四下

　　夏四月，纂將伐禿髮利鹿孤，中書令楊穎諫曰："夫起師動衆，必恭之天人，苟非其時，聖賢所不爲也。利鹿孤上下用命，國未有釁，不可以伐。宜繕甲養鋭，勸課農桑，待可乘之機，然後一舉蕩滅，比年多事，公私罄竭，不深根固本，恐爲患將來，願抑赫斯之怒，思萬全之策。"纂不從。遂帥衆度浩亹河。利鹿孤遣弟傉檀來拒，戰於三堆，纂衆敗績，失士卒二千餘人。六月，纂將西襲張掖，尚書姜紀諫曰："方今盛夏，農事方殷，百姓廢農，所利者少，所喪者多。若師至嶺西，虜必乘虛寇掠都下，將若之何！宜且回師，以爲後計。"纂曰："虜無大志，聞吾西征，正可自固耳。今速襲之，可以得志。"遂進圍張掖，略地建康。傉檀聞之，率萬騎襲姑臧，纂弟隴西公緯憑北城以自固。傉檀曜兵於青陽門，虜掠八千餘户而去。纂聞之，引還。

　　　　屠本《十六國春秋》卷八十二《後涼録二·吕纂》頁五正至五背

姑臧廢縣……又是年纂襲北凉,圍張掖。南凉秃髮傉檀聞之,乘虛襲姑臧,纂弟偉憑北城自固,傉檀置酒朱明門,大饗將士,耀兵青陽門,掠八千餘戶而去。

《讀史方輿紀要》卷六十三《陝西十二·甘肅行都司》頁二九九二

纂將伐秃髮利鹿孤,中書令楊穎諫曰:"夫起師動衆,必參之天人,苟非其時,聖賢所不爲。秃髮利鹿孤上下用命,國未有釁,不可以伐。宜繕甲養銳,勸課農殖,待可乘之機,然後一舉蕩滅。比年多事,公私罄竭,不深根固本,恐爲患將來。願抑赫斯之怒,思萬全之算。"纂不從。渡浩亹河,爲利鹿孤弟傉檀所敗,遂西襲張掖。姜紀諫曰:"方今盛夏,百姓廢農,所利既少,所喪者多。若師至嶺西,虜必乘虛寇掠都下。宜且迴師,以爲後圖。"纂曰:"虜無大志,聞朕西征,正可自固耳。今速襲之,可以得志。"遂圍張掖,略地建康。聞傉檀寇姑臧,乃還。

《十六國春秋輯補》卷八十三《後凉錄三·呂纂》頁九四〇

姚興將姚碩德率衆五萬伐之,入自南安峽。乾歸次于隴西以距碩德。興潛師繼發。乾歸聞興將至,謂諸將曰:"吾自開建以來,屢摧勍敵,乘機藉算,舉無遺策。今姚興盡中國之師,軍勢甚盛。山川阻狹,無縱騎之地,宜引師平川,伺其怠而擊之。存亡之機,在斯一舉,卿等勠力勉之。若梟翦姚興,關中之地盡吾有也。"於是遣其衛軍慕容允率中軍二萬遷于柏

陽,鎮軍羅敦將外軍四萬遷于侯辰谷,乾歸自率輕騎數千候興
軍勢。俄而大風昏霧,遂與中軍相失,爲興追騎所逼,入于外
軍。旦而交戰,爲興所敗。乾歸遁還苑川,遂走金城,謂諸豪
帥曰:"吾才非命世,謬爲諸君所推,心存撥亂,而德非時雄,
叨竊名器,年踰一紀,負乘致寇,傾喪若斯! 今人衆已散,勢不
得安,吾欲西保允吾,以避其鋒。若方軌西邁,理難俱濟,卿等
宜安土降秦,保全妻子。"群下咸曰:"昔古公杖策,邠人歸懷;
玄德南奔,荊楚襁負。分岐之感,古人所悲,況臣等義深父子,
而有心離背! 請死生與陛下俱。"乾歸曰:"自古無不亡之國,
廢興命也。苟天未亡我,冀興復有期。德之不建,何爲俱死!
公等自愛,吾將寄食以終餘年。"於是大哭而別,乃率騎數百
馳至允吾。禿髮利鹿孤遣弟傉檀迎乾歸,處之於晉興。

　　南羌梁弋等遣使招之。乾歸將叛,謀泄,利鹿孤遣弟吐
雷屯于捫天嶺。乾歸懼爲利鹿孤所害,謂其子熾磐曰:"吾不
能負荷大業,致茲顛覆。以利鹿孤義兼姻好,冀存唇齒之援,
方乃忘義背親,謀人父子,忌吾威名,勢不全立。姚興方盛,
吾將歸之。若其俱去,必爲追騎所及。今送汝兄弟及汝母爲
質,彼必不疑。吾既在秦,終不害汝。"於是送熾磐兄弟於西
平,乾歸遂奔長安。

　　《晉書》卷一百二十五《載記第二十五·乞伏乾歸》頁
三一一九至三一二一

　　初,乾歸爲姚興所敗,熾磐質於禿髮利鹿孤。
　　《晉書》卷一百二十五《載記第二十五·乞伏熾盤》頁
三一二三

十三年,秦征西大將軍姚碩德帥衆來伐,入自兩安峽。歸次于隴西以拒碩德。興潛師繼發。歸聞興至,自率輕騎數千候興。俄與中軍相失,爲興追騎所逼,戰敗。遁歸苑川,乃率騎數百馳至允吾。禿髮利鹿孤迎歸,處之於晉。歸將叛,謀泄,懼爲利鹿孤所害,謂其子熾磐曰:"姚興方盛,吾將歸之,令送汝兄弟及汝母爲質。"於是送熾磐兄弟於西平,歸遂奔長安。

《太平御覽》卷一二七《偏霸部一一·西秦乞伏乾歸》頁六一三下

南涼禿髮利鹿孤時,乞伏乾歸爲姚興所敗,率騎數百來奔,處之晉興,待以上賓之禮。鎮北將軍俱延言於利鹿孤曰:"乾歸本我之屬國,妄自尊立,理窮歸命,非有款誠,若奔東秦,必引歸西侵,非我利也,宜徙於乙弗之間,防其越逸之路。"利鹿孤曰:"吾力弘信義以牧天下之心,乾歸投誠而徙之四海,將謂我不可以誠信託也。"俄而乾歸果奔於姚興。利鹿孤謂延曰:"不用卿言,乾歸果叛,卿爲吾行也。"延追乾歸至河,不及而還。

《册府元龜》卷二三三《僭僞部·悔過》頁二七七二上

西秦乞伏乾歸僭稱河南王,姚興、碩德率衆五萬伐之,入自南安峽。乾歸次於隴西以距碩德。興潛師繼發。乾歸聞興將至,遣其衛軍慕容允率中軍二萬遷於柏陽,鎮軍羅郭將外軍四萬遷于候辰谷,乾歸自率輕騎數千候興軍勢。俄而大風昏霧,遂與中軍相失,爲興追騎所逼,入於外軍。旦而交

戰,爲興所敗。乾歸遁還苑川,遂走金城,率騎數百馳至允
吾。秃髮利鹿孤處之於晉興。乾歸後懼爲利鹿孤所害,遂奔
長安。

《册府元龜》卷二三四《僭僞部・兵敗》頁二七八四上至
二七八四下

　　西秦王乾歸使武衛將軍慕兀等屯守,秦軍樵采路絶,秦
王興潛引兵救之。乾歸聞之,使慕兀帥中軍二萬屯柏楊,《水
經注》:伯陽水出伯陽谷,在董亭東;又東有伯陽城,城南謂之伯陽川。蓋李耳
西入往逕所由,故川原畎谷,往往播其名,後又訛爲柏楊。《五代志》:天水郡秦
嶺縣,後魏置伯陽縣,隋開皇中更名秦嶺,唐併秦嶺入清水縣。帥,讀曰率;下
同。鎮軍將軍羅敦帥外軍四萬屯侯辰谷,乾歸自將輕騎數千
前候秦兵。將,即亮翻。騎,奇寄翻;下同。會大風昏霧,與中軍相
失,爲追騎所逼,入於外軍。旦,與秦戰,大敗,走歸苑川,其
部衆三萬六千皆降於秦。興進軍枹罕。降,户江翻。枹,音膚。
　　乾歸奔金城,謂諸豪帥曰:帥,所類翻。"吾不才,叨竊名
號,已踰一紀,孝武太元十三年,乾歸嗣國,至是十三年。今敗散如此,
無以待敵,欲西保允吾。允吾縣,漢屬金城郡,《晉志》省。劉昫曰:唐
鄯州龍支縣,漢允吾縣。允吾,音鉛牙。若舉國而去,必不得免;卿等
留此,各以其衆降秦,以全宗族,勿吾隨也。"皆曰:"死生願
從陛下。"乾歸曰:"吾今將寄食於人,若天未亡我,庶幾異日
克復舊業,幾,居希翻。復與卿等相見,今相隨而死,無益也。"
乃大哭而別。乾歸獨引數百騎奔允吾,乞降於武威王利鹿
孤,利鹿孤遣廣武公傉檀迎之,實於晉興,張軌分西平界,置晉興
郡。闞駰曰:允吾縣西四十里,有小晉興城。傉,奴沃翻。待以上賓之禮。

鎮北將軍禿髮俱延言於利鹿孤曰："乾歸本吾之屬國,因亂自尊,今勢窮歸命,非其誠款,若逃歸姚氏,必爲國患,不如徙置乙弗之間,乙弗,亦鮮卑種,居西海。《北史》曰:吐谷渾北有乙弗勿敵國,國有曲海,海周回千餘里,種有萬落,風俗與吐谷渾同。《北史》又曰:乙弗世爲吐谷渾渠帥,居青海,號青海王。使不得去。"利鹿孤曰:"彼窮來歸我,而逆疑其心,何以勸來者!"俱延,利鹿孤之弟也。

秦兵既退,南羌梁戈等密招乾歸,乾歸將應之。其臣屋引阿洛以告晉興太守陰暢,暢馳白利鹿孤,利鹿孤遣其弟吐雷帥騎三千屯抧天嶺。抧天嶺,在允吾東南。乾歸懼爲利鹿孤所殺,謂其太子熾磐曰:熾,昌志翻。"吾父子居此,必不爲利鹿孤所容。今姚氏方强,吾將歸之,若盡室俱行,必爲追騎所及,吾以汝兄弟及汝母爲質,質,音致。彼必不疑,吾在長安,彼終不敢害汝也。"乃送熾磐等於西平。八月,乾歸南奔枹罕,遂降於秦。

《資治通鑑》卷一百一十一《晉紀三十三·安帝隆安四年》頁三五一二至三五一三

乞伏乾歸至長安,秦王興以爲都督河南諸軍事、河州刺史、歸義侯。此河南謂金城河之南。久之,乞伏熾磐欲逃詣乾歸,武威王利鹿孤追獲之。利鹿孤將殺熾磐,廣武公傉檀曰:"子而歸父,無足深責,宜宥之以示大度。"利鹿孤從之。禿髮傉檀勸其兄宥熾磐,而卒死於熾磐之手,豈非養虎自遺患乎!

《資治通鑑》卷一百一十一《晉紀三十三·安帝隆安四年》頁三五一四

姚興將姚碩德率衆五萬伐之，入自南安峽。乾歸次于隴
西以距碩德。興潛師繼發。乾歸聞興將至，謂諸將曰："吾自
開建以來，屢摧勁敵，乘機藉算，舉無遺策。今姚興盡中國之
師，軍勢甚盛。山川阻狹，無縱騎之地，宜引師平川，伺其殆
而擊之。存亡之機，在斯一舉，卿等勠力勉之。若梟翦姚興，
關中之地盡吾有也。"於是遣其衛軍慕容允率中軍二萬遷于
柏陽，鎮軍羅敦將外軍四萬遷于侯辰谷，乾歸自率輕騎數千
候興軍勢。俄而大風昏霧，遂與中軍相失，爲興追騎所逼，入
于外軍。旦而交戰，爲興所敗。乾歸遁還苑川，遂走金城，與
諸豪帥大哭而別，乃率騎數百馳至允吾。秃髪利鹿孤遣弟俱
檀迎乾歸，處之於晉興。南羌梁弋等遣使招之。乾歸將叛，
謀泄，利鹿孤遣弟吐雷屯于捫天嶺。乾歸懼爲利鹿孤所害，
謂其子熾磐曰："吾不能負荷大業，致茲顛覆。以利鹿孤義
兼姻好，冀存脣齒之援，方乃忘義背親，謀人父子，忌吾威名，
勢不全立。姚興方盛，吾將歸之。若其俱去，必爲追騎所及。
今送汝兄弟及汝母爲質，彼必不疑。吾既在秦，終不害汝。"
於是送熾磐兄弟於西平，乾歸遂奔長安。

　　《通志》卷一百九十一《載記六·西秦》頁三〇七五中

　　初，乾歸爲姚興所敗，熾磐質於秃髪利鹿孤。

　　《通志》卷一百九十一《載記六·西秦》頁三〇七六上

　　三年，秦征西大將軍姚碩德率衆來伐，入自南安峽。歸
次於隴西，以拒碩德。興潛師繼發。乾歸聞兵將至，率輕騎
數千候興。俄與中軍相失，爲興追騎所逼，戰敗遁歸苑川，乃

率騎數百馳上允吾。禿髮利鹿孤逆歸之於晉興。乾歸將叛，謀泄，懼爲利鹿孤所害，謂其子熾磐曰："姚興將盛，吾將歸之。今送汝兄弟及汝母爲質。"於是送熾磐兄弟於西平，乾歸遂奔長安。

　　《十六國春秋別本》卷十四《西秦録‧乞伏乾歸》頁二至三

　　夏五月，秦姚興遣征西姚碩德率衆五萬來伐，入自南安陝。乾歸率諸將拒之，次於隴西。興復遣別將潛師繼發。秋七月，乾歸聞興將至，謂諸將曰："吾自開建以來，屢摧勍敵，乘機籍算，舉無遺策。今姚興盡中國之師，軍勢甚盛。山川阻狹，無縱騎之地，宜引師平川，俟其殆而擊之。存亡之機，在斯一舉，諸君戮力勉之。若梟剪姚興，關中之地盡吾有也。"於是遣武衛將軍慕兀等屯守秦軍，樵采路絕。秦姚興潛引兵來救。乾歸聞之，復使慕兀率中軍二萬遷屯柏陽，鎮軍將軍羅敦率外軍四萬遷屯侯辰谷，自率輕騎數千前候軍勢。會大風昏霧，遂與中軍相失，爲追騎所逼，入於外軍。且與秦戰，爲興所敗。遁歸苑川，部衆三萬六千皆降於秦。興進軍枹罕，乾歸遂走金城，謂諸豪帥曰："吾才非命世，謬爲諸君所推，心存撥亂，而德非時雄，叨竊名號，已踰一紀，負乘致寇，傾喪若斯！今衆已散，敗勢不得安，吾欲西堡允吾，以避其鋒。若方軌西邁，理難俱濟，卿等留此，各以其衆降秦，保全妻子。勿吾隨也。"群下咸曰："昔古公杖策，豳人歸懷；玄德南奔，荆楚襁負。分岐之感，古人所悲，況臣等義深父子，而有心離背！死生願從陛下。"乾歸曰："自古無不亡之國，不敗

之家,廢興命也。苟天未亡我,庶幾異日,克復舊業,復與卿
等相見有期。德之不建,何爲俱死！公等自愛,吾今將寄食
於人,以終餘年。”乃大哭而別,遂帥騎數百馳至允吾。乞降
於武威王利鹿孤,利鹿孤遣車騎傉檀迎之,置於晉興,待以上
賓之禮。秦兵既退,南羌梁戈等密遣使來招。乾歸將應之,
其臣屋引阿洛以告晉興太守陰暢,暢馳白利鹿孤。利鹿孤遣
其弟吐雷率騎三千屯捫天嶺。乾歸懼爲利鹿孤所殺,謂太子
熾磐曰:“吾不能負荷大業,致茲顛覆。以利鹿孤義兼親好,
冀存脣齒之援,乃忘義背親,謀人父子,忌吾威名,勢不全立。
今姚氏方强,吾將歸之。若盡室俱行,必爲追騎所及。吾送
汝兄弟及汝母爲質,彼必不疑。吾既在長安,彼終不敢害汝
也。”於是,送熾磐兄弟於西平。八月,乾歸南奔枹罕,遂降於
秦。冬十一月,乾歸至長安,姚興見而大悦,署爲持節、都督
河南諸軍事、鎮遠將軍、河州刺史,封歸義侯。久之,熾磐欲
逃詣乾歸,武威王利鹿孤遣兵追獲。將殺之,廣武公傉檀勸
曰:“子而歸父,無足深責,宜宥之以示大度。”利鹿孤從之。

　　屠本《十六國春秋》卷八十五《西秦録一·乞伏乾歸》頁
十二背至十五正

　　初,乾歸爲姚興所敗,熾磐質於禿髮利鹿孤。
　　屠本《十六國春秋》卷八十六《西秦録二·乞伏熾磐》
頁一正

　　秦姚興征西大將軍姚碩德率衆五萬來伐,〔二一〕入自南安
峽,乾歸次於隴西以距碩德。興潛師繼發,乾歸聞興將至,謂

諸將曰："吾自開建以來,屢摧勍敵,乘機籍算,舉無遺策。今姚興盡中國之師,軍勢甚盛,山川阻狹,無縱馳之地,宜引師平川,伺其殆而擊之。存亡之機,在斯一舉,卿等勠力勉之!若梟剪姚興,關中之地盡吾有也。"於是遣其衛軍慕容允率中軍二萬遷於柏陽,鎮軍羅敦將外軍四萬遷於侯辰谷,乾歸自率輕騎數千候興軍勢。俄而大風昏霧,遂與中軍相失,爲興追騎所逼,入於外軍。旦而交戰,爲興所敗。乾歸遁還苑川,遂走金城,謂諸豪帥曰:"吾才非命世,謬爲諸君所推,心存撥亂,而德非時雄,叨竊名器,年踰一紀,負乘致寇,傾喪若斯。今人衆已散,勢不得安,吾欲西保允吾以避其鋒。若方軌西邁,理難俱濟,卿等宜安土降秦,保全妻子。"群下咸曰:"昔古公杖策,豳人歸懷;玄德南奔,荆楚襁負。分岐之感,古人所悲,況臣等義深父子,而有心離背!請死生與陛下俱。"乾歸曰:"自古無不亡之國,廢興命也。苟天未亡我,冀興復有期。德之不建,何爲俱死!公等自愛,吾將寄食以終餘年。"於是大哭而別,乃率騎數百馳至允吾。禿髮利鹿孤遣弟俱檀迎乾歸,處之於晉興。

　　南羌梁弋等遣使招之,乾歸將叛,謀泄,利鹿孤遣弟吐雷屯於抨天嶺。乾歸懼爲利鹿孤所害,謂其子熾磐曰:"吾不能負荷大業,致兹顛覆。以利鹿孤義兼姻好,冀存唇齒之援,乃忘義背親,謀人父子,忌吾威名,勢不全立。姚興方盛,吾將歸之。若其俱去,必爲追騎所及。今送汝兄弟及汝母爲質,彼必不疑。吾既在秦,終不害汝。"於是送熾磐兄弟於西平,乾歸遂奔長安。姚興見而大悅,拜乾歸持節、都督河南諸軍事、鎮遠將軍、河州刺史、歸義侯。

【校勘記】

〔二一〕秦姚興征西大將軍姚碩德率衆五萬來伐 《偏霸部》無"姚興",《載記》作:"姚興將姚碩德率衆五萬伐之。"

《十六國春秋輯補》卷八十六《西秦録二·乞伏乾歸》頁九六五至九六七、九七一

初,乾歸爲姚興所敗,熾磐質於禿髮利鹿孤。

《十六國春秋輯補》卷八十七《西秦録三·乞伏熾磐》頁九七五

隆安四年,乾歸遷都苑川。是年姚興伐西秦,乾歸兵敗,其部衆悉降於秦。興進軍枹罕,乾歸自金城奔允吾,在今蘭州西北。乞降於武威王利鹿孤,尋又南奔枹罕降於姚秦。

《讀史方輿紀要》卷三《歷代州域形勢三·十六國》頁一三四

允吾城⋯⋯隆安四年乾歸爲姚興所敗,走保允吾,降於禿髮利鹿孤是也。

《讀史方輿紀要》卷六十《陝西九·臨洮府》頁二八七三

晉興城⋯⋯晉隆安中乞伏乾歸爲姚秦所敗,降於利鹿孤,利鹿孤置之於晉興,即小晉興城云。

《讀史方輿紀要》卷六十《陝西九·臨洮府》頁二八七四

捫天嶺,志云:在允吾東南。晉隆安中乞伏乾歸敗降禿髮利鹿孤,居於

晉興,利鹿孤聞其謀遁去,遣其弟吐雷屯捫天嶺以備之。

《讀史方輿紀要》卷六十《陝西九·臨洮府》頁二八七五

凉吕方降於秦,廣武民三千餘户奔武威王利鹿孤。吕方鎮
廣武,既降於秦,其民無主,故奔禿髮氏。

《資治通鑑》卷一百一十一《晉紀三十三·安帝隆安四
年》頁三五一三至三五一四

秋九月,征東將軍方率廣武民三千餘户奔利鹿孤。

屠本《十六國春秋》卷八十二《後凉錄二·吕纂》頁五背
至六正

公元四〇一年　東晉安帝隆安五年
南凉康王建和二年　後秦文桓帝弘始三年
北凉武宣王永安元年　後凉靈帝咸寧三年

南凉禿髮利鹿孤既僭稱西河王,謂其群下曰:“二三君
子其極言無諱,吾將覽焉。”祠部郎中史暠對曰:“古之王者,
行師以全軍爲上,破軍次之,拯溺救焚,東征西怨。今不以綏
寧爲先,唯以徙户爲務,安土重遷,故有離叛,所以斬將剋城,
土不加廣。今取士拔才,必先弓馬,文章學藝爲無用之條,非
所以來遠人,垂不朽也。孔子曰:‘不學藝,無以立。’宜建學
校,開庠序,選者德碩儒以訓胄子。”利鹿孤善之,於是以田玄
冲、趙誕爲博士祭酒,以教胄子。

《册府元龜》卷二二七《僭僞部·崇儒》頁二七一四下至
二七一五上

　　南凉禿髮利鹿孤僭稱西凉王，謂其群下曰：“吾無經濟之才，忝承業統，自負乘在位，三載于兹。雖夙夜惟寅，思弘道化，而刑政未能允中，風俗尚多凋弊；戎事屢駕，無闢境之功；務進賢彦，而下猶蓄滯。豈所任非才，將吾不明所致也？二三君子其極言無諱，吾將覽焉。”

　　　　《册府元龜》卷二二九《僭僞部·求諫》頁二七二五下

　　春，正月，武威王利鹿孤欲稱帝，群臣皆勸之。安國將軍鍮勿崘曰：安國將軍，漢獻帝以授張楊。鍮，託侯翻。崘，盧昆翻。“吾國自上世以來，被髮左袵，被，皮義翻。無冠帶之飾，逐水草遷徙，無城郭室廬，故能雄視沙漠，抗衡中夏。夏，户雅翻。今舉大號，誠順民心。然建都立邑，難以避患，儲蓄倉庫，啓敵人心；不如處晉民於城郭，勸課農桑以供資儲，帥國人以習戰射，鄰國弱則乘之，强則避之，此久長之良策也。自漢以來，善爲夷狄謀者，莫過此策矣。處，昌吕翻。帥，讀曰率。且虛名無實，徒足爲世之質的，將安用之！”質受斧，的受矢。按《詩》發彼有的，毛《傳》曰：的，質也。《正義》曰：毛氏於射侯之事，正鵠不明；惟《猗嗟傳》云：二尺曰正，亦不言正之所施。《周禮》鄭衆、馬融《注》，皆云十尺曰侯，四尺曰鵠，二尺曰正，四寸曰質；則以爲侯皆一丈，鵠及正、質於一侯之中爲此等級，則以質爲四寸也。王肅引《爾雅》云：射，張皮謂之侯，侯中謂之鵠，鵠中謂之正，正方二尺；正中謂之槷，槷方六寸。槷則質也。舊云方四寸，今云方六寸，《爾雅》説明，宜從之。肅意惟改質爲六寸，餘同鄭、馬。賈逵《周禮注》云：四尺曰正，正五重，鵠居其内，而方二尺。以爲正正〔衍〕大於鵠，鵠在正内，雖内外不同，亦共在一侯。鄭於《周禮》上下檢之，以爲大射之侯，其中制皮爲鵠賓射之侯，其中采畫爲正，正大如鵠，皆居侯中三分之一。其燕射則射獸侯，侯中畫爲獸形，即《鄉射記》所謂熊侯白質之類。《射義》云：孔子曰：循聲而發；發而不失正鵠者，其惟賢者乎！《詩》云：發彼有的，以祈爾爵。既言正鵠，即引此的。則詩人之意以的爲正鵠之謂也。《司裘注》説皮侯之狀云：以虎、熊、麋之皮飾其側，又方制之以爲質，謂之鵠。是鄭意以侯中所射之處爲質也。此毛《傳》唯言的質也。利鹿孤曰："安國之言是也。"乃更稱河西王，更，工衡翻。王武威則一郡而已，王河西則欲兼漢四郡之地，此利鹿孤之志也。以廣武公傉檀爲都督中外諸軍事、涼州牧、録尚書事。傉，奴沃翻。

《資治通鑑》卷一百一十二《晉紀三十四·安帝隆安五年》頁三五一七至三五一八

呂纂妻楊氏，弘農人也。美艷有義烈。纂被呂超所殺，楊氏與侍婢十數人殯纂於城西。將出宮，超慮齎珍物出外，使人搜之。楊氏厲聲責超曰："爾兄弟不能和睦，手刃相屠，我旦夕死人，何用金寶！"超慚而退。又問楊氏玉璽所在，楊氏怒曰："盡毀之矣。"超將妻之，謂其父桓曰："后若自殺，禍及卿宗。"桓以告楊氏，楊氏曰："大人本賣女與氏以圖富貴，一之已甚，其可再乎！"乃自殺。

《晉書》卷九十六《列傳第六十六·列女·呂纂妻楊氏》頁二五二六

纂游田無度，荒耽酒色，其太常楊穎諫曰："臣聞皇天降鑒，惟德是與。德由人弘，天應以福，故勃焉之美奄在聖躬。大業已爾，宜以道守之，廓靈基於日新，邀洪福於萬祀。自陛下龍飛，疆宇未闢，崎嶇二嶺之內，綱維未振於九州。當兢兢夕惕，經略四方，成先帝之遺志，拯蒼生於荼蓼。而更飲酒過度,出入無恒,宴安游盤之樂,沈湎樽酒之間,不以寇讎爲慮,竊爲陛下危之。糟丘酒池,洛汭不返,皆陛下之殷鑒。臣蒙先帝夷險之恩,故不敢避干將之戮。”纂曰:“朕之罪也。不有貞亮之士,誰匡邪僻之君!”然昏虐自任,終不能改。常與左右因醉馳獵於坑澗之間,殿中侍御史王回、中書侍郎王儒扣馬諫曰:“千金之子坐不垂堂,萬乘之主清道而行,奈何去輿輦之安,冒奔騎之危! 銜橛之變,動有不測之禍。愚臣竊所不安,敢以死争。願陛下遠思袁盎攬轡之言,不令臣等受譏千載。”纂不納。

纂番禾太守吕超擅伐鮮卑思盤,思盤遣弟乞珍訴超於纂,纂召超將盤入朝。超至姑臧,大懼,自結於殿中監杜尚。纂見超,怒曰:“卿恃兄弟桓桓,欲欺吾也,要當斬卿,然後天下可定。”超頓首不敢。纂因引超及其諸臣讌于内殿。吕隆屢勸纂酒,已至昏醉,乘步輓車將超等游于内。至琨華堂東閣,車不得過,纂親將寶川、駱騰倚劍於壁,推車過閣。超取劍擊纂,纂下車擒超,超刺纂洞胸,奔于宣德堂。川、騰與超格戰,超殺之。纂妻楊氏命禁兵討超,杜尚約兵舍杖。將軍魏益多入,斬纂首以徇曰:“纂違先帝之命,殺害太子,荒耽酒獵,昵近小人,輕害忠良,以百姓爲草芥。番禾太守超以骨肉之親,懼社稷顛覆,已除之矣。上以安宗廟,下爲太子報仇。凡我士庶,同兹休慶。”

僞巴西公吕他、隴西公吕緯時在北城,或説緯曰:“超陵天逆上,士衆不附。明公以懿弟之親,投戈而起,姜紀、焦辨在南城,楊桓、田誠在東苑,皆我之黨也,何慮不濟!”緯乃嚴兵謂他曰:“隆、超弑逆,所宜擊之。昔田恒之亂,孔子鄰國之臣,猶抗言於哀公,況今蕭墻有難,而可坐觀乎!"他將從之,他妻梁氏止之曰:"緯、超俱兄弟之子,何爲舍超助緯而爲禍首乎!"他謂緯曰:"超事已立,據武庫,擁精兵,圖之爲難。且吾老矣,無能爲也。"超聞,登城告他曰:"纂信讒言,將滅超兄弟。超以身命之切,且懼社稷覆亡,故出萬死之計,爲國家唱義,叔父當有以亮之。"超弟邈有寵於緯,説緯曰:"纂殘國破家,誅戮兄弟,隆、超此舉應天人之心,正欲尊立明公耳。先帝之子,明公爲長,四海顒顒,人無異議。隆、超雖不達臧否,終不以孽代宗,更圖異望也,願公勿疑。"緯信之,與隆、超結盟,單馬入城,超執而殺之。

　　《晉書》卷一百二十二《載記第二十二·呂纂》頁三〇六七至三〇六九

　　隆,字永基,光弟寶之子也。初,超讓位於隆,隆難之,超曰:"今猶乘龍上天,豈得中下!"乃僭位,改神鼎元年。超使纂妻楊氏及侍婢數人殯纂於城西,超慮楊持珍寶出,使人搜之。楊氏責超曰:"郎君兄弟手刃相圖,新婦旦夕死人,用金寶何爲!"超慚而退。楊氏國色,超將妻焉,謂其父桓曰:"后若自殺,禍及卿宗。"桓以告之,楊氏曰:"大人本賣女與氏,以圖富貴,一之以甚,復可使女辱於二氏乎!"乃自殺。

　　《魏書》卷九十五《列傳第八十三·呂隆》頁二〇八六

　　纂遊田無度,荒耽酒色,常與左右因醉馳獵於坑澗之間,殿中侍御史王回扣馬諫,不納。番和太守呂超擅伐鮮卑思盤,思盤訴超於纂,纂召超入朝,怒曰:"卿恃兄弟桓桓,欲欺

吾也，要當殺卿，然後天下可定。”超頓首曰："不敢。”纂引
諸臣讌于内殿。吕隆屢勸纂酒，已至昏醉，乘步輓車將超等
遊于内。至琨華堂東閣，車不得過，纂親將竇川、駱騰倚劍于
壁，推車過閣。超取劍擊纂，纂下車擒超，超刺纂洞胸，奔于
宣德堂。將軍魏益入斬纂首以徇。

　　《太平御覽》卷一二五《偏霸部九·吕纂》頁六○五上

　　凉王纂嗜酒好獵，好，呼到翻。太常楊穎諫曰："陛下應天
受命，當以道守之。今疆宇日蹙，崎嶇二嶺之間，姑臧南有洪池
嶺，西有丹嶺，一作"删丹嶺"。陛下不兢兢夕惕以恢弘先業，而沈湎
遊敗，沈，持林翻。不以國家爲事，臣竊危之。”纂遜辭謝之，然
猶不悛。

　　番禾太守吕超擅擊鮮卑思盤，番禾縣，漢屬張掖郡，後漢、晉省。
番，音盤。此郡蓋吕氏置。劉昫曰："唐凉州天寶縣，漢番禾縣地。悛，七縁翻。
番，音盤。思盤遣其弟乞珍訴於纂，纂命超及思盤皆入朝。朝，
直遥翻。超懼，至姑臧，深自結於殿中監杜尚。纂見超，責之
曰："卿恃兄弟桓桓，孔安國曰：桓桓，武貌。乃敢欺吾，今人謂相
陵爲相欺。要當斬卿，天下乃定！”超頓首謝。纂本以恐愒
超，愒，許葛翻。實無意殺之。因引超、思盤及群臣同宴於内殿。
超兄中領軍隆數勸纂酒，數，所角翻。纂醉，乘步輓車，步輓車不
用牛馬若羊等，令人步而輓之。《魏書·禮志》：步輓車，天子小駕，亦爲副乘。
將超等游禁中。將，如字。至琨華堂東閣，車不得過，纂親將竇
川、駱騰倚劍於壁，推車過閣。將，即亮翻。推，吐雷翻。超取劍擊
纂，纂下車禽超，超刺纂洞胸；刺，七亦翻。川、騰與超格戰，超
殺之。纂后楊氏命禁兵討超；杜尚止之，超之結尚也，蓋有密約。

皆捨仗不戰。將軍魏益多入，取纂首，楊氏曰："人已死，如土石，無所復知，何忍復殘其形骸乎！"復,扶又翻。益多罵之，遂取纂首以徇曰："纂違先帝之命，殺太子而自立,事見上卷三年。荒淫暴虐。番禾太守超順人心而除之，以安宗廟，凡我士庶，同兹休慶！"

纂叔父巴西公佗、佗,徒河翻。弟隴西公緯皆在北城。緯,于貴翻。或説緯曰："超爲逆亂，公以介弟之親,杜預曰:介,大也。説,輸芮翻;下同。仗大義而討之，姜紀、焦辨在南城，楊桓、田誠在東苑，皆吾黨也，何患不濟！"緯嚴兵欲與佗共擊超。佗妻梁氏止之曰："緯、超俱兄弟之子，何爲舍超助緯，自爲禍首乎！"舍,讀曰捨。佗乃謂緯曰："超舉事已成，據武庫，擁精兵，圖之甚難；且吾老矣，無能爲也。"超弟邈有寵於緯，説緯曰："纂賊殺兄弟,謂殺紹又殺弘也。説,輸芮翻。隆、超順人心而討之，正欲尊立明公耳。方今明公先帝之長子，當主社稷，人無異望，夫復何疑！"長,知兩翻。復,扶又翻。緯信之，乃與隆、超結盟，單馬入城；超執而殺之。讓位於隆，隆有難色。超曰："今如乘龍上天，豈可中下！"隆遂即天王位,隆,字永基,光弟寶之子也。大赦，改元神鼎。超先於番禾得小鼎,以爲神瑞,故以紀元。尊母衛氏爲太后，妻楊氏爲后；以超爲都督中外諸軍事、輔國大將軍、録尚書事，封安定公；謚纂曰靈帝。

纂后楊氏將出宮，超恐其挾珍寶，命索之。索,山客翻。楊氏曰："爾兄弟不義，手刃相屠，我旦夕死人，安用寶爲！"超又問玉璽所在。璽,斯氏翻。楊氏曰："已毀之矣。"后有美色，超將納之，謂其父右僕射桓曰："后若自殺，禍及卿宗！"桓以告楊氏。楊氏曰："大人賣女與氏以圖富貴，一之謂甚，其可再乎！”引《左傳》之言。遂自殺，謚曰穆后。桓奔河西王利鹿孤，利鹿孤以爲左司馬。

《資治通鑑》卷一百一十二《晉紀三十四·安帝隆安五年》頁三五一八至三五二〇

河西王利鹿孤伐涼，與涼王隆戰，大破之，徙二千餘户而歸。

《資治通鑑》卷一百一十二《晉紀三十四·安帝隆安五年》頁三五二一

纂游田無度，荒耽酒色，其太常楊穎切諫。纂曰：“朕之罪也。不有貞亮之士，誰匡邪僻之君！”然昏虐自任，終不能改。常與左右因醉馳獵於坑澗之間，殿中侍御史王回、中書侍郎王儒叩馬以諫。纂不納。纂番禾太守吕超擅伐鮮卑思盤，思盤遣弟乞珍訴超於纂，纂召超將盤入朝。超至姑臧，大懼，自結於殿中監杜尚。纂見超，怒曰：“卿恃兄弟桓桓，欲欺吾也，要當斬卿，然後天下可定。”超頓首不敢。纂因引超及其諸臣讌于内殿。吕隆屢勸纂酒，已至昏醉，乘步輓車將超等游于内。至琨華堂東閣，車不得過，纂親將竇川、駱騰倚劍於壁，推車過閣。超取劍擊纂，纂下車擒超，超刺纂洞胸，奔于宣德堂。川、騰與超格戰，超殺之。纂妻楊氏命禁兵討超，杜尚約兵舍杖。將軍魏益多入，斬纂首以徇曰：“纂違先帝之命，殺害太子，荒耽酒獵，昵近小人，輕害忠良，以百姓爲草芥。番禾太守超以骨肉之親，懼社稷顛覆，已除之矣。上以安宗廟，下爲太子報仇。凡我士庶，同兹休慶。”僞巴西公吕他、隴西公吕

緯時在北城，或説緯曰："超陵天逆上，士衆不附。明公以懿弟
之親，投戈而起，姜紀、焦辨在南城，楊桓、田誠在東苑，皆我之
黨也，何慮不濟！"緯乃嚴兵謂他曰："隆、超弑逆，所宜擊之。
昔田恒之亂，孔子鄰國之臣，猶抗言於哀公，況今蕭墻有難，
而可坐觀乎！"他將從之，他妻梁氏止之曰："緯、超俱兄弟之
子，何爲舍超助緯而爲禍首乎！"他謂緯曰："超事已立，據武
庫，擁精兵，圖之爲難。且吾老矣，無能爲也。"超聞而登城告
他曰："纂信讒言，將滅超兄弟。超以身命之切，且懼社稷覆
亡，故出萬死之計，爲國家唱義，叔父當有以亮之。"超弟邈有
寵於緯，説緯曰："纂殘國破家，誅戮兄弟，隆、超此舉應天人
之心，正欲尊立明公耳。先帝之子，明公爲長，四海顒顒，人無
異議。隆、超雖不達臧否，終不以孼代宗，更圖異望也，願公勿
疑。"緯信之，與隆、超結盟，單馬入城，超執而殺之。

　　《通志》卷一百九十《載記五·後涼》頁三〇六五上至
三〇六五中

　　咸寧三年春二月，纂昏虐任情，游田無度，荒耽酒色，不
恤政事。太常楊穎諫曰："臣聞皇天降監，惟德是與。德由
人弘，天應以福，故勃焉之美奄在聖躬。大業已爾，宜以道守
之，廓靈基於日新，邀洪福於萬世。自陛下龍飛，疆宇未闢，
崎嶇二嶺之内，綱維未振於九州。陛下兢兢夕惕，經略四方，
成先帝之遺志，拯蒼生於荼毒一作蓼。而更飲酒過度，出入無
恒，宴安游盤之樂，沈湎樽酒之間，不以寇讎爲慮，臣竊危之。
糟丘酒池，洛汭不返，皆陛下之殷鑒。臣蒙先帝夷險之恩，故
不敢避干將之戮。"纂謝曰："朕之罪也。不有貞亮之臣，誰匡

邪僻之君！”然昏虐自任，雖有此諫，終不能改。常與左右因
醉騁馳遊獵，或馬奔於坑塹之間，殿中侍御史王回、中書侍郎
王儒控馬諫曰：“千金之子坐不垂堂，萬乘之主清道而行，奈
何去輿輦之安，冒奔馳之危！銜橛之變，動有不測之禍。愚
臣竊所不安，敢以死争。願陛下遠思遠思二字，段龜龍《凉州紀》
作“宜憶”袁盎攬轡之言，不令臣等受譏千載。”纂不納。纂番
禾太守超擅擊鮮卑思盤，思盤遣弟乞珍訴超於纂，纂召超及
思盤皆入朝。超至姑臧，大懼，深自結於殿中監杜尚。纂見
超，怒責之，曰：“卿恃兄弟桓桓，乃敢欺吾，要當斬卿，天下乃
定。”超頓首曰：“不敢。”纂奔以恐愒超，實無意殺之。因引
超、思盤及諸臣同讌於内殿。超兄中領軍隆屢勸纂酒，已至
昏醉，乘步輓車將超等遊禁内。至琨華堂東閣，車不得過，纂
親將寶川、駱騰倚劍於壁，推車過閣。超取劍擊纂，纂下車擒
超，超刺纂洞胸，奔於宣德堂。川、騰與超格戰，超殺之。纂
妻楊氏命禁兵討超，杜尚止之，皆納兵舍杖。將軍魏益多斬
取纂首以徇曰：“纂違先帝之命，殺太子而自立，荒耽酒獵，昵
近小人，輕害忠良，以百姓爲草芥。番禾太守超以骨肉之親，
懼社稷顛覆，順人心而除之。上以安宗廟，下爲太子報仇。
凡我士庶，同兹休慶。”

　　屠本《十六國春秋》卷八十二《後凉録二·吕纂》頁六背
至八背

　　二月，右僕射楊桓奔河西，利鹿孤任爲左司馬，利鹿孤率
衆來攻，隆與戰，敗績，掠其民二千餘户而去。

　　屠本《十六國春秋》卷八十三《後凉録三·吕隆》頁一背

呂纂妻楊氏,弘農人。尚書右僕射楊桓之女也。咸寧元年,立爲皇后。楊氏美艷有義烈。纂爲呂超所刺,楊氏命禁兵討之,殿中皆其黨與,莫有應者。將軍魏益多入,斬纂首,楊氏泣曰:"人已死,如土石,無所復知,何忍復殘其形骸乎!"益多罵之,楊氏與婢十數人殯纂於城西。將出宮,超恐其挾珍寶出外,使人搜索之。楊氏厲聲責曰:"爾兄弟不能和睦,手刃相屠,我旦夕死人,用金寶何!"爲超慚而退。又問楊氏玉璽所在,楊氏怒曰:"已毀之矣。"超見其有色,欲納之,謂其父桓曰:"后若自殺,禍及卿宗!"桓以言告楊氏。楊氏曰:"大人本賣女與氏以圖富貴,一之已甚,其可復使女辱於二氏乎!"桓不能强,遂自殺,謚曰穆后。

屠本《十六國春秋》卷八十四《後涼錄四·纂妻楊氏》頁二背至三背

辛丑。三年　纂游田無度,荒耽酒色,其太常楊穎諫曰:"臣聞皇天降鑒,〔九〕惟德是與,德由人弘,天應以福。故勃焉之美,奄在聖躬。大業已爾,宜以道守之,廓靈基於日新,邀洪福於萬祀。自陛下龍飛,疆宇未闢,崎嶇二嶺之內,綱維未振於九州。當兢兢夕惕,經略四方,成先帝之遺志,拯蒼生於荼蓼。而更飲酒過度,出入無恒,宴安游盤之樂,沈湎樽酒之間,不以寇讎爲慮,竊爲陛下危之。糟丘酒池,洛汭不返,皆陛下之殷鑒。臣蒙先帝夷險之恩,故不敢避干將之戮。"纂曰:"朕之罪也。不有貞亮之士,誰匡邪僻之君!"然昏虐自任,終不能改。常與左右因醉馳獵於坑澗之間,殿中侍御史王迴、中書侍郎王儒扣馬諫曰:"千金之子,坐不垂堂,萬乘之主,清道而行。奈何去輿輦之安,冒奔騎之危! 銜橛之變,動有不測之禍,愚臣竊所不安,敢以死争。願陛下遠思袁盎攬轡之言,不令臣等受譏千載。"纂不納。

纂番禾太守吕超擅伐鮮卑思盤,思盤遣弟乞珍訴超於纂,纂召超將盤入朝。超至姑臧,大懼,自結於殿中監杜尚。纂見超,怒曰:"卿恃兄弟桓桓,欲欺吾也! 要當殺卿,然後天下可定。"超頓首曰:"不敢。"纂因引超及其諸臣讌於内殿,吕隆屢勸纂酒,已至昏醉,乘步輓車將超等游於内。〔一〇〕至琨華堂東閣,車不得過,纂親將竇川、駱騰倚劍於壁,推車過閣。超取劍擊纂,纂下車擒超,超刺纂洞胸,奔於宣德堂。川、騰與超格戰,超殺之。纂妻楊氏命禁兵討超,杜尚約兵舍杖。將軍魏益多入斬纂首以徇,曰:"纂違先帝之命,殺害太子,荒耽酒獵,昵近小人,輕害忠良,以百姓爲草芥。番禾太守超以骨肉之親,懼社稷顛覆,已除之矣。上以安宗廟,下爲太子報仇。凡我士庶,同兹休慶。"

僞巴西公吕他、隴西公吕緯時在北城,或謂緯曰:"超陵天逆上,士衆不附,明公以懿弟之親,投戈而起,姜紀、焦辯在南城,〔一一〕楊桓、田誠在東苑,皆我之黨也,何慮不濟! "緯乃嚴兵,謂他曰:"隆、超弒逆,所宜擊之。昔田恒之亂,孔子鄰國之臣,猶抗言於哀公。況今蕭牆有難,而可坐觀乎! "他將從之,他妻梁氏止之曰:"緯、超俱兄弟之子,何爲舍超助緯而爲禍首乎! "他謂緯曰:"超事已立,據武庫,擁精兵,圖之爲難。且吾老矣,無能爲也。"超聞,登城告他曰:"纂信讒言,將滅超兄弟。超以身命之切,且懼社稷覆亡,故出萬死之計,爲國家唱義。叔父當有以亮之。"超弟邈有寵於緯,説緯曰:

“纂殘國破家，誅戮兄弟。隆、超此舉，應天人之心，正欲尊立明公耳。先帝之子，明公爲長，四海顒顒，人無異議。隆、超雖不達臧否，終不以孽代宗，更圖異望也。願公勿疑。”緯信之，與隆、超結盟，單馬入城。超執而殺之。

【校勘記】

〔九〕皇天降鑒　“降”，原作“隆”，據《載記》改。

〔一〇〕乘步輓車將超等游於内　“步輓車”，《偏霸部》同，《載記》作“輓車”。

〔一一〕姜紀焦辯在南城　“焦辯”，屠本卷八四《吕緯傳》同，《載記》作“焦辨”。

《十六國春秋輯補》卷八十三《後凉録三·吕纂》頁九四一至九四三、九四八至九四九

纂妻楊氏及侍婢數人〔一三〕殯纂於城西。將出宫，超恐其齎珍寶出外，使人搜之，楊氏厲色責超曰：“爾兄弟不能和睦，手刃相屠，我旦夕死人，何用金寶！”超慚而退。〔一四〕又問楊氏玉璽何一作“所”。在，楊氏怒曰：“盡壞之一作“毁之”。矣。”楊氏，國色也，超將妻之，謂其父桓曰：“后若自殺，禍及卿宗。”桓以言告楊氏，楊氏曰：“大人本賣女與氏，一作“吕”。〔一五〕以圖富貴，一之已甚，可復使女辱於二氏乎！”桓不能强。乃自殺。謚曰穆后。〔一六〕此見《御覽》四百三十九引，而以《晉書·列女傳》補足。

【校勘記】

〔一三〕侍婢數人　《御覽》卷四三九引同，《晉書》卷九六《列女·吕纂妻楊氏傳》作“侍婢十數人”。

〔一四〕將出宫至超慚而退　見《晉書》卷九六《列女·吕

纂妻楊氏傳》,《御覽》卷四三九引無。

〔一五〕按《御覽》卷四三九引、《晉書》卷九六《列女·呂纂妻楊氏傳》、屠本卷八四《纂妻楊氏傳》皆作"氏",未見作"呂"者。

〔一六〕謚曰穆后　《御覽》卷四三九引、《晉書》卷九六《列女·呂纂妻楊氏傳》皆無,見屠本卷八四《纂妻楊氏傳》。

《十六國春秋輯補》卷八十三《後涼録三·呂纂》頁九四三、九四九

右僕射楊桓纂后父。奔河西利鹿孤,任爲左司馬。利鹿孤率衆來攻,隆與戰,敗,掠其民二千餘户而去。[二四]

【校勘記】

〔二四〕右僕射楊桓至二千餘户而去　此節見屠本卷八三《呂隆傳》,《載記》無。

《十六國春秋輯補》卷八十三《後涼録三·呂隆》頁九四五、九四九

沮渠男成之弟富占、將軍俱傔帥户五百降于河西王利鹿孤。傔,石子之子也。傔,倫追翻。俱石子見一百六卷孝武太元十年。帥,讀曰率;下同。

《資治通鑑》卷一百一十二《晉紀三十四·安帝隆安五年》頁三五二三

男成弟富占、將軍俱傔帥户五百降於河西王利鹿孤。

屠本《十六國春秋》卷九十四《北涼録一·沮渠蒙遜》頁六背

河西王利鹿孤命群臣極言得失。西曹從事史嵩曰：嵩，古老翻。“陛下命將出征，將，即亮翻；下同。往無不捷；然不以綏寧爲先，唯以徙民爲務；民安土重遷，故多離叛，此所以斬將拔城而地不加廣也。”利鹿孤善之。

《資治通鑑》卷一百一十二《晉紀三十四·安帝隆安五年》頁三五二五

碩德至姑臧，大敗呂隆之衆，俘斬一萬。隆將呂他等率衆二萬五千，以東苑來降。先是，禿髮利鹿孤據西平，沮渠蒙遜據張掖，李玄盛據敦煌，與呂隆相持。至是，皆遣使降。

《晉書》卷一百十七《載記第十七·姚興上》頁二九八二

四年五月，遣大將軍、隴西王碩德率步騎六萬伐呂隆於涼州。先是，吐蕃傉檀內沃切據西平，沮渠蒙遜據張掖，李暠據燉音屯煌，各制方域，共相侵伐。碩德從金城濟河，直趣廣武，逕蒼松至隆城下，隆遣弟輔國超、龍驤邈等率衆拒碩德，碩德大破之，生擒邈。傉檀、蒙遜、李暠等各脩表奉獻。

《太平御覽》卷一二三《偏霸部七·後秦姚興》頁五九五上

秦隴西公碩德自金城濟河，直趣廣武，河西王利鹿孤攝廣武守軍以避之。趣，七喻翻。攝，收也。秦軍至姑臧，涼王隆遣輔國大將軍超、龍驤將軍邈等逆戰，驤，思將翻。碩德大破之，生禽邈，俘斬萬計。隆嬰城固守，巴西公佗帥東苑之衆二萬五千降於秦。帥，讀曰率。西涼公暠、河西王利鹿孤、沮渠蒙遜各遣使奉表入貢於秦。暠，古老翻。使，疏吏翻。沮，子余翻。

初，凉將姜紀降於河西王利鹿孤，廣武公傉檀與論兵略，甚愛重之，傉，奴沃翻。坐則連席，出則同車，每談論，以夜繼晝。利鹿孤謂傉檀曰："姜紀信有美才，然視候非常，必不久留於此，不如殺之。紀若入秦，必爲人患。"傉檀曰："臣以布衣之交待紀，紀必不相負也。"八月，紀將數十騎奔秦軍，秃髪兄弟皆推傉檀之明略，余究觀傉檀始末，未敢許也。又究觀姜紀自凉入秦始末，則紀蓋反覆詭譎之士，而傉檀愛重之，則傉檀蓋以才辨爲諸兄所重，而智略不能濟，此其所以亡國也。説碩德曰："吕隆孤城無援，明公以大軍臨之，其勢必請降；然彼徒文降而已，未肯遂服也。請給紀步騎三千，與王松匆因焦朗、華純之衆，王松匆，秦將也；焦朗、華純皆凉人。説，輸芮翻。華，户化翻。伺其釁隙，隆不足取也。不然，今秃髪在南，兵强國富，若兼姑臧而據之，威勢益盛，沮渠蒙遜、李暠不能抗也，必將歸之，如此，則爲國家之大敵矣。"碩德乃表紀爲武威太守，配兵二千，屯據晏然。班固《地理志》，武威休屠縣，王莽改曰晏然，後復曰休屠。永寧中，張軌於姑臧西北置武興郡，晏然縣屬焉。

秦王興聞楊桓之賢而徵之，利鹿孤不敢留。史言諸凉畏秦之强。

《資治通鑑》卷一百一十二《晉紀三十四·安帝隆安五年》頁三五二五至三五二六

秦隴西公碩德圍姑臧累月，東方之人在城中者多謀外叛，魏益多復誘扇之，復，扶又翻，下復生同。欲殺凉王隆及安定公超，事發，坐死者三百餘家。碩德撫納夷、夏，分置守宰，夏，户雅翻。守，式又翻。節食聚粟，爲持久之計。

凉之群臣請與秦連和，隆不許。安定公超曰："今資儲内竭，上下嗷嗷，雖使張、陳復生，亦無以爲策。張良、陳平，智謀之士,故稱之。陛下當思權變屈伸,何愛尺書、單使爲卑辭以退敵! 使,疏吏翻。敵去之後,脩德政以息民,若卜世未窮,何憂舊業之不復! 周成王定鼎于郟鄏,卜世三十,卜年七百。若天命去矣,亦可以保全宗族。不然,坐守困窮,終將何如?" 隆乃從之,九月,遣使請降於秦。降,户江翻;下同。《考異》曰:《姚興載記》,姚平伐魏與姚碩德伐吕隆同時。《魏書》,天興五年五月姚平來侵。晉元興元年,秦弘始四年也。《晉帝紀》、《晉春秋》皆云"隆安五年降秦"。《十六國・西秦春秋》云:"太初十四年、五月,乾歸隨姚碩德伐涼。"《南涼春秋》云:"建和二年,七月,姚碩德伐吕隆,孤攝廣武守軍以避之。"皆隆安五年也。按秦小國,既與魏相持,豈暇更興兵伐涼! 蓋《載記》之誤也。今以《晉帝紀》、《晉春秋》、《十六國・西秦》、《南涼春秋》爲據。碩德表隆爲鎮西大將軍、涼州刺史、建康公。隆遣子弟及文武舊臣慕容筑、楊穎等五十餘家入質于長安。慕容筑,燕宗室也。苻堅滅燕,其宗室悉補邊郡,故筑留河西。筑,張六翻。質,音致;下爲質同。碩德軍令嚴整,秋毫不犯,祭先賢,禮名士,西土悦之。

沮渠蒙遜所部酒泉、涼寧二郡叛降於西涼,酒泉郡治福禄縣。魏收《地形志》,涼寧郡領園池、貢澤二縣。又聞吕隆降秦,大懼,遣其弟建忠將軍挐、牧府長史張潛蒙遜自稱涼州牧,置牧府長史。挐,女居翻。見碩德於姑臧,請帥其衆東遷。帥,讀曰率。碩德喜,拜潛張掖太守,挐建康太守。潛勸蒙遜東遷。挐私謂蒙遜曰:"姑臧未拔,吕氏猶存,碩德糧盡將還,不能久也,何爲自棄土宇,受制於人乎!" 臧莫孩亦以爲然。孩,何開翻。

蒙遜遣子奚念爲質於河西王利鹿孤,蒙遜既不東遷,故納質於利鹿孤以求援。利鹿孤不受,曰:"奚念年少,可遣挐也。"少,詩照翻。冬,十月,蒙遜復遣使上疏於利鹿孤曰:"臣前遣奚念具

披誠款，而聖旨未昭，復徵弟挈。復，扶又翻。臣竊以爲，苟有誠
信，則子不爲輕，若其不信，則弟不爲重。今寇難未夷，難，乃旦
翻。不獲奉詔，願陛下亮之。"利鹿孤怒，遣張松侯俱延、興城
侯文支將騎一萬襲蒙遜，至萬歲臨松，《晉書・地理志》，酒泉郡有延
壽縣，當是後改爲萬歲。張天錫置臨松郡。《五代志》曰：臨松縣有臨松山，後
周省入張掖縣。宋白曰：隋煬帝併萬歲入删丹縣，屬張掖郡。將，即亮翻。騎，
奇寄翻。執蒙遜從弟鄯善苟子，從，才用翻；下同。鄯，時戰翻。康曰：
鄯善，複姓，其先西域人，以國爲姓，苟子其名。余據紀文，以鄯善苟子爲蒙遜
從弟，則鄯善非姓也明矣。虜其民六千餘戶。蒙遜從叔孔遮入朝
于利鹿孤，朝，直遥翻。許以挈爲質，利鹿孤乃歸其所掠，召俱延
等還。文支，利鹿孤之弟也。

《資治通鑑》卷一百一十二《晉紀三十四・安帝隆安五
年》頁三五二七至三五二九

　　碩德至姑臧，大敗呂隆之衆，俘斬一萬。隆將呂他等率
衆二萬五千以東苑來降。先是，禿髮利鹿孤據西平，沮渠蒙
遜據張掖，李暠據敦煌，與呂隆相持。至是，皆遣使降。

《通志》卷一百九十《載記第五・後秦》頁三〇四八上

　　五月，遣大將隴西公碩德率步騎六萬伐呂隆於涼州。先
是，吐蕃傉內没切檀據西平，沮渠蒙遜張掖，李暠據燉煌，各制
方城，共相侵伐。碩德從金城濟河，直趣廣武，逕蒼松至隆城
下，隆遣弟輔國超、龍驤邈等率衆拒碩德，碩德大破之，生擒
邈。傉檀、蒙遜、李暠等各修表奉獻。

《十六國春秋別本》卷五《後秦録・姚興》頁五正至五背

秋七月，碩德從金城濟河，直趣廣武，徑倉松至姑臧，部將姚方國言於碩德曰：“今授師三千，後無繼援師之難也，宜曜勁鋒示其威，彼以我遠來，必決死拒戰，可一戰而平也。”涼王呂隆遣輔國呂超、龍驤呂邈等逆戰，大敗，生擒邈，俘斬萬計。隆嬰城固守，別將呂他等率衆二萬五千以東苑來降。先是，吐蕃禿髮傉檀據西平，沮渠蒙遜據張掖，李暠據燉煌，各制方城，與呂隆共相攻伐。至是，各遣使修表奉獻。八月，涼將姜紀率數十騎來奔，說碩德曰：“呂隆孤城無援，明公以大軍臨之，其勢必請降；然彼徒文降而已，未肯遂服也。請給紀步騎三千，與王松匆因焦朗、華純之衆，伺其釁隙，隆不足取也。不然，今禿髮在南，兵强國富，若兼姑臧而據之，威勢益盛，沮渠蒙遜、李暠不能抗，必將歸之，如此則爲國家之大敵矣。”碩德乃表紀爲武威太守，配兵三千，屯據晏然。

屠本《十六國春秋》卷五十六《後秦録四·姚興上》頁十一背至十二背

冬十二月，定安公超攻姜紀不剋，遂攻焦朗於魏安，郎遣其弟子嵩爲質於河西王利鹿孤。利鹿孤遣傉檀來援，比至，超已退，傉檀乃曜兵姑臧，壁於胡阬。超夜遣中壘將軍王集，帥精騎二千斫營，傉檀縱兵逆擊，集被殺，失兵士三百餘人。隆懼，僞與傉檀通好，請於苑内結盟。傉檀遣鎮北俱延入盟，延疑有伏，毁苑牆而出，伏兵擊之，延失馬步還。傉檀怒，遂攻昌松太守孟禕於顯美。隆遣廣武將軍苟安國，寧遠將軍石可率騎五百救之，安國等憚傉檀之强，遁還。傉檀遂剋顯美，執孟禕而去。

　　屠本《十六國春秋》卷八十三《後凉録三·吕隆》頁三背
至四正

　　九月,遣子奚念爲質於河西王利鹿孤。利鹿孤不受,曰:
"奚念年少,可遣挈也。"冬,十月,蒙遜復遣使上疏於利鹿孤
曰:"臣前遣奚念具披誠款,而聖者未昭,復徵臣弟挈。臣竊以
爲,苟有誠信,則子不爲輕,若其不信,則弟不爲重。今寇難未
夷,不獲奉詔,願陛下亮之。"利鹿孤怒,遣昌松侯一作張松禿髮
俱延、興城侯禿髮文支將騎一萬襲來,擊之,至萬歲臨松。執
從弟鄯善苟子,虜其民六千餘户。十二月,蒙遜遣從叔孔遮入
朝於利鹿孤,許以挈爲質,利鹿孤乃歸其所掠,召俱延等還。

　　屠本《十六國春秋》卷九十四《北凉録一·沮渠蒙遜》頁
八正至八背

　　明年伐後凉,吕隆亦降。於是禿髮傉檀、沮渠蒙遜、李暠
皆奉朝貢,爲藩臣。

　　《讀史方輿紀要》卷三《歷代州域形勢三·十六國》頁
一三三

　　五年吕超殺纂而立其兄隆。隆,光弟寶之子。既而秦主興使
姚碩德伐凉,自金城濟河直趨廣武,廣武本屬後凉,時爲禿髮利鹿孤所
取,秦師至,利鹿孤攝守軍以避之。軍至姑臧,凉兵大敗,隆尋請降。

　　《讀史方輿紀要》卷三《歷代州域形勢三·十六國》頁
一三八

臨松城……隆安五年南凉秃髮利鹿孤遣將襲沮渠蒙遜於張掖，至萬歲、臨松。

《讀史方輿紀要》卷六十三《陝西十二·甘肅行都司》頁二九七五

萬歲城……南凉秃髮利鹿孤遣將襲沮渠蒙遜，至萬歲、臨松，此即萬歲城也。

《讀史方輿紀要》卷六十三《陝西十二·甘肅行都司》頁二九八六

姑臧廢縣……五年後秦將姚碩德伐涼，取姑臧。

《讀史方輿紀要》卷六十三《陝西十二·甘肅行都司》頁二九九二

顯美城……隆安五年南凉秃髮傉檀攻後涼昌松太守孟禕於顯美，即此。

《讀史方輿紀要》卷六十三《陝西十二·甘肅行都司》頁二九九三

赤岸戍……胡阮戍，在衛西。晉隆安五年秃髮傉檀攻後涼，耀兵姑臧，壁於胡阮，即此。

《讀史方輿紀要》卷六十三《陝西十二·甘肅行都司》頁二九九六

揟次城……又元興初後涼焦朗據魏安，秃髮利鹿孤遣其弟傉檀擊滅之。①

《讀史方輿紀要》卷六十三《陝西十二·甘肅行都司》頁
三〇〇〇

五月,遣大將軍隴西王碩德、姚穆率步騎六萬伐呂隆於
涼州。〔二二〕

【校勘記】

〔二二〕五月至於涼州 《偏霸部》無"姚穆",餘同,《載
記》作:"姚碩德、姚穆率步騎六萬伐呂隆。"

《十六國春秋輯補》卷五十一《後秦録三·姚興》頁
六四五、六四九

先是,吐蕃傉檀據西平,沮渠蒙遜據張掖,李暠據敦煌,
各制方域,共相侵伐。〔二三〕碩德從金城濟河,直趣廣武,逕
蒼松至隆姑臧城下。隆遣弟輔國超、龍驤邈等率衆拒碩
德。碩德大破之,生擒邈,〔二四〕俘斬一萬。隆將呂他等率
衆二萬五千,以東苑來降。傉檀、蒙遜、李暠等各修表奉
獻。〔二五〕

【校勘記】

〔二三〕先是至共相侵伐 《偏霸部》同。《載記》此節在
碩德破邈之下,且"吐蕃傉檀"作"禿髮利鹿孤","各制方域
共相侵伐"作"與呂隆相持"。

────────────

①此事惟《讀史方輿紀要》記爲"元興初",《晉書》《資治通鑑》等文
獻均爲隆安五年。今俱改。

〔二四〕碩德從金城至生擒邈　《偏霸部》“姑臧城下”作“城下”，餘同。《載記》此節但作：“碩德至姑臧，大敗呂隆之衆。”

〔二五〕傉檀蒙遜李暠等各修表奉獻　《偏霸部》同，《載記》作“至是皆遣使降”。

《十六國春秋輯補》卷五十一《後秦録三·姚興》頁六四六、六四九

公元四〇二年　東晉安帝元興元年①
南涼康王建和三年　北涼武宣王永安二年
後秦文桓帝弘始四年　後涼末帝神鼎二年
西秦武元王太初十五年　北魏道武帝天興五年

禿髮傉檀克顯美，執孟禕而責之，以其不早降。禿髮傉檀自去年攻顯美，至是乃克。禕曰：“禕受呂氏厚恩，分符守土；若明公大軍甫至，望旗歸附，恐獲罪於執事矣。”傉檀釋而禮之，徙二千餘户而歸，以禕爲左司馬。禕辭曰：“呂氏將亡，聖朝必取河右，朝，直遥翻。人無愚智皆知之。但禕爲人守城不能全，復忝顯任，於心竊所未安。爲，于僞翻。復，扶又翻。若蒙明公之惠，使得就戮姑臧，死且不朽。”傉檀義而歸之。

《資治通鑑》卷一百一十二《晉紀三十四·安帝元興元年》頁三五三五

　　二年二月，蒙遜與西平虜禿髮傉檀共攻涼州，爲隆所破。

①是年三月仍稱隆安六年，尋改年號爲大亨，次年又改稱元興二年。

十月，傉檀復攻隆。

《宋書》卷九十八《列傳第五十八·氐胡·胡大且渠蒙
遜》頁二四一三

　　姑臧大饑，米斗直錢五千，人相食，餓死者十餘萬口。城
門晝閉，樵采路絶，民請出城爲胡虜奴婢者，日有數百，吕隆
惡其沮動衆心，惡，烏路翻。沮，在吕翻。盡阬之，積尸盈路。

　　沮渠蒙遜引兵攻姑臧，沮，子余翻。隆遣使求救於河西王利
鹿孤。利鹿孤遣廣武公傉檀帥騎一萬救之；使，疏吏翻。傉，奴
沃翻。帥，讀曰率。騎，奇寄翻。未至，隆擊破蒙遜軍。蒙遜請與隆
盟，留穀萬餘斛遺之而還。遺，于季翻。傉檀至昌松，聞蒙遜已
退，乃徙涼澤叚冢民五百餘户而還。涼澤即《禹貢》之猪野澤也，在
武威縣東，亦曰休屠澤。還，從宣翻。

　　中散騎常侍張融言於利鹿孤曰：散，悉亶翻。騎，奇寄翻。"焦朗
兄弟據魏安，潛通姚氏，數爲反覆，數，所角翻。今不取，後必爲朝
廷憂。"利鹿孤遣傉檀討之，朗面縛出降，焦朗以魏安招秦軍，事見去
年五月。降，户江翻；下同。傉檀送于西平，徙其民於樂都。樂，音洛。

《資治通鑑》卷一百一十二《晉紀三十四·安帝元興元
年》頁三五三六

　　神鼎二年春二月，興遣兼散騎常侍席確來觀虚實，因徵
隆弟超爲質，沮渠蒙遜率衆來伐。隆遣使求救於河西王利鹿
孤，利鹿孤遣車騎大將軍傉檀率衆一萬救之。未至，隆擊敗
之，蒙遜請與結盟，留穀萬餘斛以賑饑人。是時，姑臧大饑，
穀價踴貴，丰米直錢五千文，人相食，餓死者十餘萬口。城門

晝閉,樵采路絶,百姓請出城乞爲夷虜奴婢者,日有數百,隆惡其沮動衆心,盡坑之,積尸盈於路,衢户絶者十有九焉。冬十月,河西王傉檀復攻隆於姑臧。

　　屠本《十六國春秋》卷八十三《後涼録三‧呂隆》頁四正至四背

　　初,秃髮傉檀率衆襲姑臧,緯固守北城,兵不得入。

　　屠本《十六國春秋》卷八十四《後涼録四‧呂緯》頁一正

　　永安二年春二月,蒙遜與西平侯秃髮傉檀共攻涼州,爲呂隆所破。

　　屠本《十六國春秋》卷九十四《北涼録一‧沮渠蒙遜》頁八背

　　潴野澤……晉元興初秃髮傉檀攻後涼,至昌松,徙涼澤、段冢民五百餘户而還。段冢,其地與涼澤蓋相近。

　　《讀史方輿紀要》卷六十三《陝西十二‧甘肅行都司》頁二九九五

　　壬寅。二年　蒙遜與秃髮傉檀共攻涼州,爲呂隆所破。

　　《十六國春秋輯補》卷九十五《北涼録一‧沮渠蒙遜》頁一〇五八

　　是月,秃髮利鹿孤死,弟傉檀嗣僞位。

　　　　《晉書》卷十《帝紀第十‧安帝》頁二五五

是歲,秃髮鹿孤病死,其弟傉檀統任,遣使朝貢。

《魏書》卷二《太祖紀第二》頁四〇

三月,秃髮利鹿孤死。

《北史》卷一《魏本紀第一·太祖道武帝》頁二一

秃髮傉檀以晉元興元年僭號凉王,遷於樂都,改元弘昌。

《冊府元龜》卷二一九《僭僞部·年號》頁二六三四上

南凉秃髮傉檀,利鹿孤之子。初,姚興遣使拜車騎將軍。傉檀少機警,有才略,其父奇之,謂諸子曰:"傉檀明識幹藝,非汝等輩也。"是以諸兄不以授子,欲傳之於傉檀。

《冊府元龜》卷二二〇《僭僞部·聰識》頁二六四一上

秃髮傉檀嗣兄利鹿孤位,僞謚利鹿孤曰康王。

《冊府元龜》卷二二四《僭僞部·奉先》頁二六七六上

傉檀,利鹿孤之弟,晉元興元年僭即凉王位,赦其境內。

《冊府元龜》卷二二五《僭僞部·恩宥》頁二六九九下

南凉秃髮利鹿孤嗣僞王位,垂拱而已,軍國大事皆委其弟車騎將軍傉檀。及利鹿孤寢疾,令曰:"內外多虞,國機務廣,其令車騎嗣業。"

《冊府元龜》卷二二七《僭僞部·倚任》頁二七一一下

　　河西王禿髮利鹿孤寢疾，遣令以國事授弟傉檀。初，禿
髮思復鞬愛重傉檀，傉，奴沃翻。鞬，居言翻。謂諸子曰："傉檀器
識，非汝曹所及也"，故諸兄不以傳子而傳於弟。吳壽夢以少子
季札爲賢，故其諸子兄弟相傳，欲以次傳國於季札，而季札終於不受。禿髮烏
孤、利鹿孤致國於傉檀，猶吳志也，豈知國亡於傉檀之手哉！利鹿孤在位，
垂拱而已，垂拱，謂垂衣拱手無所爲也。軍國大事皆委於傉檀。利
鹿孤卒，傉檀襲位，更稱涼王，自此史稱禿髮氏爲南涼。改元弘昌，
遷于樂都，樂，音洛。諡利鹿孤曰康王。
　　《資治通鑑》卷一百一十二《晉紀三十四·安帝元興元
年》頁三五四一至三五四二

　　是月，禿髮利鹿孤死，弟傉檀嗣僞位。
　　　　　　《通志》卷十下《晉紀十下·安帝》頁二〇九下

　　三月，禿髮利鹿孤死。
　　《通志》卷十五上《後魏紀十五上·道武帝》頁二七三下

　　三月，利鹿孤卒。傉檀，利鹿孤弟。利鹿孤卒，傉檀僭稱
涼王。
　　《通志》卷二十三《年譜三·南涼康王建和三年》頁
四三一上

　　禿髮利鹿孤死，弟傉檀嗣立。
　　　　《通志》卷二十三《年譜三·晉元興元年》頁四三一上

乞伏熾磐自西平逃歸苑川，乞伏乾歸送熾磐於西平，見上卷隆安四年。南涼王傉檀歸其妻子。乞伏乾歸使熾磐入朝于秦，朝，直遙翻。秦主興以熾磐爲興晉太守。

《資治通鑑》卷一百一十二《晉紀三十四·安帝元興元年》頁三五四二

太初十五年夏四月，熾磐自西平奔歸苑川，南涼王傉檀歸其妻子，乾歸使熾磐入朝於秦。姚興署爲振忠將軍、興晉太守，尋遣使者加乾歸散騎常侍、左賢王。

屠本《十六國春秋》卷八十五《西秦録一·乞伏乾歸》頁十五正至十五背

南涼王傉檀攻吕隆於姑臧。

《資治通鑑》卷一百一十二《晉紀三十四·安帝元興元年》頁三五四五

興立其昭儀張氏爲皇后，封子懿、弼、洸、宣、諶、愔、璞、質、逵、裕、國兒皆爲公。遣其兼大鴻臚梁斐，以新平張構爲副，拜秃髮傉檀車騎將軍、廣武公，沮渠蒙遜鎮西將軍、沙州刺史、西海侯，李玄盛安西將軍、高昌侯。

興遣鎮遠趙曜率衆二萬西屯金城，建節王松忿率騎助吕隆等守姑臧。松忿至魏安，爲傉檀弟文真所圍，衆潰，執松忿，送于傉檀。傉檀大怒，送松忿還長安，歸罪文真，深自陳謝。

《晉書》卷一百十七《載記第十七·姚興上》頁二九八三

是歲,秦王興立昭儀張氏爲皇后,封子懿、弼、洸、宣、諶、愔、璞、質、逵、裕、國兒皆爲公,洸,古黃翻。諶,氏壬翻。愔,於今翻。遣使拜禿髮傉檀爲車騎將軍、廣武公,沮渠蒙遜爲鎮西將軍、沙洲刺史、西海侯,李暠爲安西將軍、高昌侯。

秦鎮遠將軍趙曜帥衆二萬西屯金城,建節將軍王松匆帥騎助呂隆守姑臧。松匆至魏安,傉檀弟文真擊而虜之。傉檀大怒,送松匆還長安,深自陳謝。史言河、湟諸國皆畏姚秦之强。

《資治通鑑》卷一百一十二《晉紀三十四·安帝元興元年》頁三五四七

興立其昭儀張氏爲皇后,封子懿、弼、洸、宣、諶、愔、璞、質、逵、裕、國兒皆爲公。遣其兼大鴻臚梁斐,以新平張構爲副,拜禿髮傉檀車騎將軍、廣武公,沮渠蒙遜鎮西將軍、沙州刺史、西海侯,李暠安西將軍、高昌侯,興遣鎮遠趙曜率衆二萬西屯金城,建節王松忿率騎助呂隆等守姑臧,松忿至魏安,爲傉檀弟文真所圍,衆潰,執松忿送于傉檀,傉檀大怒,送松忿還長安,歸罪文真,深自陳謝。

《通志》卷一百九十《載記五·後秦》頁三〇四八中

弘始五年春正月,興立昭儀張氏爲皇后,封子懿爲上庸公,弼爲廣平公,洸爲陳留公,宣爲長樂公,諶爲博陵公,愔爲南陽公,璞爲平原公,質爲范陽公,逵爲清河公,裕爲隴西公,國兒爲章武公。二月,興遣兼大鴻臚梁斐,以新平張構爲副,拜禿髮傉檀爲車騎將軍、廣武公,沮渠蒙遜爲鎮西將軍、沙州刺史、西海侯,李暠爲安西將軍、高昌侯。遣鎮遠將軍、荆州

刺史趙曜率衆二萬西屯金城,建節將軍王松匃率騎助呂隆守
姑臧。松匃至魏安,爲傉檀弟文真所圍。衆潰,執松匃送於
傉檀。傉檀大怒,送松匃還,歸罪文真,深自陳謝。

　　屠本《十六國春秋》卷五十七《後秦録五·姚興中》頁一
正至一背

　　癸卯。弘始五年　興立其昭儀張氏爲皇后,封子懿、上庸。
弼、廣平。洸、陳留。宣、長樂。諶、博陵。愔、南陽。璞、平原。質、苑
陽。達、清河。裕、隴西。國兒、章武。皆爲公。遣其兼大鴻臚梁
斐,以新平張構爲副,拜禿髮傉檀車騎將軍、廣武公,沮渠蒙
遜鎮西將軍、沙州刺史、西海侯,李玄盛安西將軍、高昌侯。

　　興遣鎮遠趙曜率衆二萬,西屯金城,建節王松忩率騎助
呂隆等守姑臧。松忩至魏安,爲傉檀弟文真所圍,衆潰,執
松忩送於傉檀。傉檀大怒,送松忩還長安,歸罪文真,深自
陳謝。

　　《十六國春秋輯補》卷五十二《後秦録四·姚興》頁六五一

　　五年十二月,禿髮傉檀遣使朝貢。

　　《册府元龜》卷九六九《外臣部·朝貢二》頁一一三八七下

公元四〇三年　東晉安帝元興二年
南涼景王弘昌二年　北涼武宣王永安三年
後秦文桓帝弘始五年　後涼末帝神鼎三年

　　呂隆懼禿髮傉檀之逼,表請内徙。興遣齊難及鎮西姚
詰、鎮遠乞伏乾歸、鎮遠趙曜等步騎四萬,迎隆于河西。難至

姑臧,以其司馬王尚行涼州刺史,配兵三千鎮姑臧,以將軍閻松爲倉松太守,郭將爲番禾太守,分戍二城,徙隆及其宗室僚屬于長安。沮渠蒙遜遣弟如子貢其方物。[五]王尚綏撫遺黎,導以信義,百姓懷其惠化,翕然歸之。

【校勘記】

〔五〕如子 《考證》云:"如子",一本作"挈"。按:《沮渠蒙遜載記》、《通鑑》一一二、一一三並作"挈","如子"乃"挈"之譌。

《晉書》卷一百十七《載記第十七·姚興上》頁二九八四、二九八九

秃髮傉檀及蒙遜頻來伐之,隆以二寇之逼也,遣超率騎二百,多齎珍寶,請迎于姚興。興乃遣其將齊難等步騎四萬迎之。難至姑臧,隆素車白馬迎于道旁。使胤告光廟曰:"陛下往運神略。開建西夏,德被蒼生,威振遐裔。枝嗣不臧,迭相篡弑。二虜交逼,將歸東京,謹與陛下奉訣於此。"歔欷慟泣,酸感興軍。隆率騎一萬,[一六]隨難東遷,至長安,興以降爲散騎常侍,公如故;超爲安定太守,文武三十餘人皆擢叙之。其後隆坐興子弼謀反,爲興所誅。

【校勘記】

〔一六〕隆率騎一萬 《御覽》一二五引《後涼録》、《通鑑》一一三"騎"作"户"。按:《姚興載記》云吕隆降後,"興徙河西豪右萬餘户於長安",即隆所率東遷之衆。作"户"是。

《晉書》卷一百二十二《載記第二十二·吕隆》頁三〇七一、三〇七五

三年三月,隆以蒙遜、傉檀交逼,遣弟超詣姚興求迎。七月,興遣將齊難迎隆,隆説難伐蒙遜,蒙遜懼,遣弟爲質,獻寶貨於難,乃止,以武衛將軍王尚行涼州刺史而還。

《宋書》卷九十八《列傳第五十八·氐胡》頁二四一三

沮渠蒙遜、秃髮傉檀頻來攻擊,河西之民,不得農植,穀價湧貴,斗直錢五千文,人相食,餓死者千餘口。姑臧城門晝閉,樵采路斷,民請出城,乞爲夷虜奴婢者,日有數百。隆恐沮動人情,盡坑之。於是積尸盈于衢路,户絶者十有九焉。屢爲蒙遜攻逼,乃請迎於姚興。遣齊難率衆迎之,隆遂降焉,至長安,尋復爲興所誅。

《魏書》卷九十五《列傳第八十三·略陽氐吕光》頁二〇八七

秃髮傉檀僭稱涼王,姚興遣使拜傉檀車騎將軍、廣武公,又加散騎常侍,傉檀大城樂都。興遣將齊難率衆迎吕隆于姑臧。傉檀攝昌松、魏安二戍以避之。

《册府元龜》卷二三〇《僭僞部·交好》頁二七三七上

吕隆懼秃髮傉檀之逼,表請内徙,興遣齊難及鎮西姚詰,鎮遠乞伏乾歸,鎮遠趙曜等步騎四萬迎隆于河西。難至姑臧,以其司馬王尚,行涼州刺史配兵三千鎮姑臧,以將閻松爲倉松太守,郭將爲番禾太守,分戍二城,徙隆及其宗室僚屬于長安。沮渠蒙遜遣弟如子貢其方物。王尚綏撫遺黎,導以信義,百姓懷其惠化,翕然歸之。

《冊府元龜》卷二三〇《僭僞部·懷附》頁二七四二上

　　呂隆懼禿髮傉檀之逼，表請內徙。興遣齊難及鎮西姚詰、鎮遠乞伏乾歸、鎮遠趙曜等步騎四萬，迎隆于河西。難至姑臧，以其司馬王尚行涼州刺史，配兵三千鎮姑臧，以將軍閻松爲倉松太守、郭將爲番禾太守，分戍二城，徙隆及其宗室僚屬于長安。沮渠蒙遜遣弟如子貢其方物。王尚綏撫遺黎，導以信義，百姓懷其惠化，翕然歸之。

　　《通志》卷一百九十《載記五·後秦》頁三〇四八下

　　禿髮傉檀及蒙遜頻來伐之，隆以二寇之逼也，遣超率騎二百多齊珍寶，請迎于姚興。興乃遣其將齊難等步騎四萬迎之。難至姑臧，隆素車白馬迎于道旁。使允告光廟曰：“陛下往運神略。開建西夏，德被蒼生，威振遐裔。枝嗣不歲，迭相篡弒。二虜交逼，將歸東京，謹與陛下奉訣於此。”歔欷慟泣，酸感興軍。隆率戶一萬，隨難東遷，至長安，興以隆爲散騎常侍，公如故；超爲安定太守，文武三十餘人皆擢叙之。其後隆坐興子弼反，爲興所誅。

　　《通志》卷一百九十《載記五·後涼》頁三〇六五下至三〇六六上

　　三年，隆以三涼之逼，遣齎珍寶，請迎于秦。遣尚書左僕射齊難率步騎四萬來迎，隆率戶一萬，隨難東遷。

　　《十六國春秋別本》卷十《後涼錄·呂纂》頁五

秋七月,禿髮傉檀及沮渠蒙遜互出兵攻呂隆,隆患之。秦之謀臣言於興曰:"隆藉先世之資,專制一方,今雖飢窘,尚能自支,若將來豐贍,終非吾有。涼州險絶,土田饒沃,世難先違,道隆一作清後服,不如因其饑弊而取之。"興遂遣兼散騎常侍席確詣涼州,徵隆弟呂超入侍。隆遣之,乃因超表請內徙。興遣尚書左僕射齊難及鎮西將軍姚詰、鎮遠將軍一作左賢王乞伏乾歸、鎮遠將軍趙曜等帥步騎四萬迎隆於河西。八月,難等至姑臧,隆素車白馬迎於道旁。隆因勸難攻沮渠蒙遜,蒙遜使臧莫孩拒之,前車敗績。難乃與蒙遜結盟而還。以司馬王尚行涼州刺史,配兵三千鎮姑臧,尚綏撫遺黎,導以信義,百姓懷其惠化,翕然歸之。以將軍閻松爲倉松太守,郭將爲番禾太守,分戍二城,徙隆及其宗室僚屬及民萬戶於長安。以隆爲散騎常侍,超爲安定太守,自餘文武隨才擢敍。沮渠蒙遜遣弟挈貢其方物。

屠本《十六國春秋》卷五十七《後秦録五・姚興中》頁二正至三正

神鼎三年秋七月,河西王傉檀及沮渠蒙遜互出兵來攻。隆以二寇之逼,念姑臧終無以自存,乃遣超率騎二百,多齎珍寶,請迎於秦。姚興遂遣徐難等率步騎四萬來迎。軍至姑臧,隆素車白馬迎於道旁。難以其司馬王尚行涼州刺史,配兵三千鎮姑臧,分置守宰,以戍倉松、番禾二城。隆使呂胤告光廟曰:"陛下往運神略。開建西夏,德被蒼生,威振遐裔。枝嗣不臧,迭相篡弒。二虜交逼,將歸東京,謹與陛下奉訣於此。"歔欷慟泣,酸感興軍。隆遂率宗族僚屬及民一萬戶,隨難東遷，既至長安，興以隆爲散騎常侍，尚書、公如故；超爲安定太守，文武三十餘人皆擢叙之。

屠本《十六國春秋》卷八十三《後凉録三·吕隆》頁四背至五背

永安四年，^①春二月，吕隆以蒙遜、傉檀交侵，遣弟吕超求迎於秦。

屠本《十六國春秋》卷九十四《北凉録一·沮渠蒙遜》頁九

吕隆懼禿髮傉檀之逼，請表内徙。興遣齊難及鎮西姚詰、鎮遠乞伏乾歸、鎮遠趙曜等步騎四萬迎隆於河西。

《十六國春秋輯補》卷五十二《後秦録四·姚興》頁六五二

癸卯。三年〔二八〕　禿髮傉檀及蒙遜頻來伐之，隆以二凉之逼也，〔二九〕遣超率騎二百，多齎珍寶，請迎於秦姚興。興乃遣其尚書左僕射齊難等，〔三○〕率步騎四萬來迎。難至姑臧，隆素車白馬，迎於道旁。

【校勘記】

〔二八〕三年　見《偏霸部》，《載記》無。

〔二九〕隆以二凉之逼也　"凉"，《偏霸部》同，《載記》作

①永安四年　此處時間有誤，據《晉書·吕隆載記》、《沮渠蒙遜載記》、《資治通鑑·晉紀三十四》等相關記載，應爲北凉"永安三年"。此處據《資治通鑑》。

"寇"。

〔三〇〕尚書左僕射　見《偏霸部》,《載記》無。

《十六國春秋輯補》卷八十三《後涼録三·吕隆》頁
九四七、九五〇

姚興遣使人梁斐、張構等拜蒙遜鎮西大將軍、沙州刺史、
西海侯。時興亦拜禿髪傉檀爲車騎將軍,封廣武公。蒙遜聞
之,不悦,謂斐等曰:"傉檀上公之位,而身爲侯者何也?"構
對曰:"傉檀輕狡不仁,款誠未者,聖朝所以加其重爵者,褒
其歸善即叙之義耳。將軍忠貫白日,勳高一時,當入諧鼎味,
匡贊帝室,安可以不信待也。聖朝爵必稱功,官不越德,如尹
緯、姚晃佐命初基,齊難、徐洛元勳驍將,並位纔二品,爵止侯
伯。將軍何以先之乎? 竇融殷勤固讓,不欲居舊臣之右,未
解將軍忽有此問!"蒙遜曰:"朝廷何不即以張掖見封,乃更
遠封西海邪?"構曰:"張掖,規畫之内,將軍已自有之。所以
遠授西海者,蓋欲廣大將軍之國耳。"蒙遜大悦,乃受拜。

《晉書》卷一百二十九《載記第二十九·沮渠蒙遜》頁
三一九三至三一九四

北涼沮渠蒙遜爲涼州牧,姚興遣便人梁裴、張構拜蒙遜鎮
西大將軍、沙洲刺史、西海侯。時興亦拜禿髪傉檀爲車騎將
軍,封廣武公。蒙遜聞之,不悦,裴等曰:"傉檀上公之位,而
身爲侯者何也?"構對曰:"傉檀輕狡不仁,款誠未著,聖朝所
以加其重爵者,褒其歸善,即叙之義耳。將軍忠貫白日,勳高
一時,當入諧鼎味,輔贊帝室,安可以不信待也。聖朝爵必稱

功,官不越德,如尹緯、姚晃佐命初基,齊難、徐雒元勳驍將,并位纔二品,爵止侯伯。將軍何以先之乎? 竇融愿勤固讓,不欲居舊臣之右,未解將軍忽有此問!" 蒙遜曰:"朝廷何不即以張掖見封,乃更遠封西海邪?" 構曰:"張掖,規畫之內,將軍已自有之。所以遠授西海者,蓋欲廣大將軍之國耳。" 蒙遜大悅,乃受拜。

《册府元龜》卷二三〇《僭偽部·交好》頁二七三七上至二七三七下

後秦張構與梁裴爲姚興使燉煌,拜沮渠蒙遜鎮西大將軍、沙州刺史、西海侯。時興亦拜秃髮傉檀爲車騎將軍,封廣武公。蒙遜聞之,不悅,謂斐等曰:"傉檀上公之位,而身爲後者何也?" 構對曰:"傉檀輕狡不仁,款誠未著,聖朝所以加其重爵者,褒其歸善即叙之義耳。將軍忠貫白日,勳高一時,當入諧鼎味,翊贊帝室,安可以不信待也。聖朝爵必稱功,官不越德,如尹緯、姚晃佐命初基,齊難、徐雒元勳驍將,並位纔二品,爵止侯伯。將軍何以先之乎? 竇融愿勤固讓,不欲居故臣之右,未解將軍忽有此問!" 蒙遜曰:"朝廷何不即以張掖見封,乃更遠封西海?" 構曰:"蓋欲廣大將軍之國耳。" 蒙遜大悅,乃受拜。

《册府元龜》卷六五九《奉使部·敏辯一》頁七八九〇下至七八九一上

南涼王傉檀及沮渠蒙遜互出兵攻吕隆,傉,奴沃翻。沮,子余翻。隆患之。秦之謀臣言於秦王興曰:"隆藉先世之資,專制河外，今雖飢窘，尚能自支，窘，渠隕翻。若將來豐贍，終不爲吾有。涼州險絶，土田饒沃，不如因其危而取之。”興乃遣使徵呂超入侍。使，疏吏翻。隆念姑臧終無以自存，乃因超請迎于秦。興遣尚書左僕射齊難、鎮西將軍姚詰、左賢王乞伏乾歸、鎮遠將軍趙曜帥步騎四萬迎隆于河西，詰，去吉翻。帥，讀曰率。騎，奇寄翻。南涼王傉檀攝昌松、魏安二戍以避之。攝，收也。傉，奴沃翻。八月，齊難等至姑臧，隆素車白馬迎于道旁。隆勸難擊沮渠蒙遜，沮，子余翻。蒙遜使臧莫孩拒之，敗其前軍。孩，何開翻。敗，補邁翻。難乃與蒙遜結盟；蒙遜遣弟拿入貢于秦。拿，女居翻。難以司馬王尚行涼州刺史，配兵三千鎮姑臧，以將軍閻松爲昌松太守，倉松，即漢昌松縣。郭將爲番禾太守，番，音盤。分戍二城，徙隆宗族、僚屬及民萬户于長安。《載記》曰：自光至隆十三載而滅。興以隆爲散騎常侍，散，悉亶翻。騎，奇寄翻。超爲安定太守，自餘文武隨才擢叙。

初，郭黁常言“代呂者王”，故其起兵，先推王詳，後推王乞基；事見一百九卷元年。黁，奴昆翻。及隆東遷，王尚卒代之。黁從乞伏乾歸降秦，卒，子恤翻。降，户江翻。以爲滅秦者晉也，遂來奔，秦人追得，殺之。郭黁自信其術，幸亂以徼福，而卒以殺身，足以明天道之難知矣。

沮渠蒙遜伯父中田護軍親信、臨松太守孔篤，皆驕恣爲民患，據《晉書·蒙遜載記》，中田護軍蓋呂光所置，鎮臨松。蒙遜曰：“亂吾法者，二伯父也。”皆逼之使自殺。

秦遣使者梁構至張掖，蒙遜問曰：“禿髮傉檀爲公而身爲侯，何也？”秦封傉檀爲廣武公，封蒙遜爲西海侯，事見上卷上年。構曰：“傉檀凶狡，款誠未著，故朝廷以重爵虚名羈縻之。將軍忠貫白日，當入贊帝室，豈可以不信相待也！聖朝爵必稱功，朝，直

遥翻。稱,尺證翻。如尹緯、姚晃,佐命之臣,齊難、徐洛,一時猛
將,爵皆不過侯伯,緯,于貴翻。將,即亮翻。將軍何以先之乎! 先,
悉薦翻。昔竇融殷勤固讓,不欲居舊臣之右,事見四十三卷漢光武
建武十三年。不意將軍忽有此問!"蒙遜曰:"朝廷何不即封張
掖而更遠封西海邪?"構曰:"張掖,將軍已自有之,所以遠授
西海者,欲廣大將軍之國耳。"蒙遜悦,乃受命。

《資治通鑑》卷一百一十三《晉紀三十五・安帝元興二
年》頁三五五〇至三五五二

　　姚興遣使人梁斐、張構等拜蒙遜鎮西大將軍、沙洲刺史、
西海侯。時興亦拜秃髮傉檀爲車騎大將軍,封廣武公。蒙遜
聞之不悦,謂斐等曰:"傉檀上公之位,而遜爲侯者何也?"構
對曰:"傉檀輕狡不仁,款誠未著,聖朝所以加其重爵者,哀
其歸善即叙之義耳。將軍忠貫白日,勳高一時,當入諧鼎味,
匡贊帝室,安可以不信待也。聖朝爵必稱功,官不越德,如尹
緯、姚晃佐命初基,齊難、徐洛元勳驍將,並位纔二品,爵止侯
伯。將軍何以先之乎? 竇融殷勤固讓,不欲居舊臣之右,未
解將軍忽有此問!"蒙遜曰:"朝廷何不即以張掖見封,乃更
遠封西海邪?"構曰:"張掖,規畫之內,將軍已自有之。所以
遠授西海者,蓋欲遠大將軍之國耳。"蒙遜大悦,乃受拜。

《通志》卷一百九十二《載記七・北涼》頁三〇九一上至
頁三〇九一中

　　十月,秦遣鴻臚梁裴、張構等,拜蒙遜鎮西大將軍,開府
儀同三司、沙洲刺史、西海侯。時秦亦拜秃髮傉檀爲車騎將

軍,封廣武公。蒙遜聞之,不悦,謂裴等曰:"傉檀上公之位,
而身爲侯者何也？"構對曰:"傉檀輕狡不仁,款誠未著,故
朝廷以重爵虚名羈縻之,褒其歸善即叙之義耳。將軍忠貫白
日,勳高一時,當入諧鼎味,匡贊帝室,安可以不信相待也。
聖朝爵必稱功,官不越德,如尹緯、姚晃、佐命初基,齊難、徐
洛、元勳驍將,并位纔二品,爵止侯伯。將軍何以先之乎！昔
竇融殷勤固讓,不欲居舊臣之右,不意將軍忽有此問！"蒙遜
曰:"朝廷何不即以張掖見封,乃更遠封西海耶？"構曰:"張
掖,規畫之内,將軍已自有之。所以遠授西海者,蓋欲廣大將
軍之國耳。"蒙遜大悦,乃拜受之。①

　　屠本《十六國春秋》卷九十四《北涼録一·沮渠蒙遜》頁
九背至十背

　　秦姚興遣使人鴻臚梁裴、張構等拜蒙遜鎮西大將軍、開
府儀同三司、沙洲刺史、二字一作牧。西海侯〔三〇〕一作公。時興
亦拜秃髮傉檀爲車騎將軍,封廣武公。蒙遜聞之不悦,謂斐
等曰:"傉檀上公之位,而身爲侯者,何也？"構對曰:"傉檀
輕狡不仁,款誠未著,聖朝所以加其重爵者,褒其歸善即叙之
義耳。將軍忠貫白日,勳高一時,當入諧鼎味,匡贊帝室,安
可以不信待也,聖朝爵必稱功,官不越德,如尹緯、姚晃佐命
初基,齊難、徐洛元勳驍將,並位纔二品,爵止侯伯,將軍何以
先之乎？竇融殷勤固讓,不欲居舊臣之右,未解將軍,忽有此

───────────────

①此處時間記載不一。《資治通鑑·晉紀三十四》記載爲晉元興元年,
　即北涼永安三年。屠本《十六國春秋·北涼録一》、《十六國春秋輯
　補·北涼録一》則記載爲"永安四年"。此處據《資治通鑑》。

問！"蒙遜曰："朝廷何不即以張掖見封,乃更遠封西海邪？"
構曰："張掖規畫之內,將軍已自有之,所以遠授西海者,蓋欲
廣大將軍之國耳。"蒙遜大悅,乃受拜。

【校勘記】

〔三〇〕秦姚興遣使人至西海侯　此節拼綴《偏霸部》與
《載記》文字。"鴻臚"見《偏霸部》,《載記》無。"張構"見
《載記》,《偏霸部》無。"開府儀同三司"見《偏霸部》,《載記》
無。"沙州刺史西海侯",《載記》同,《偏霸部》作"沙州牧西
海公"。按下文云"身爲侯"。

《十六國春秋輯補》卷九十五《北涼録一·沮渠蒙遜》頁
一〇五九、一〇六四

姚興涼州刺史王尚遣主簿宗敞來聘。敞父燮,呂光時
自湟河太守入爲尚書郎,見傉檀於廣武,執其手曰："君神爽
宏拔,逸氣凌雲,命世之傑也,必當剗清世難。恨吾年老,不
及見耳,以敞兄弟託君。"至是,傉檀謂敞曰："孤以常才,謬
爲尊先君所見稱,每自恐有累大人冰鏡之明及忝家業,竊有
懷君子。《詩》云:'中心藏之,何日忘之。'不圖今日得見卿
也。"敞曰："大王仁侔魏祖,存念先人。雖朱暉眄張堪之孤,
叔向撫汝齊之子,無以加也。"酒酣,語及生平,傉檀曰："卿,
魯子敬之儔,恨不與卿共成大業耳。"

《冊府元龜》卷二二〇《僭僞部·令德》頁二六四四上至
二六四四下

南涼禿髮傉檀僭號涼王,後秦姚興涼州刺史王尚遣主簿

宗敞來聘。敞父變,呂光時自河湟太守入爲尚書郎,見傉檀
于廣武,執其手曰:"君神爽宏放,逸氣凌雲,命世之傑也,必
當克清世難。恨吾年老不及見耳,以敞兄弟託君。"至是,傉
檀謂敞曰:"孤以嘗才,謬爲尊先君所見稱,每自恐有累大人水
鏡之明。乃忝家業,竊有懷君子。《詩》云:'中心藏之,何日忘
之!'不圖今日得見卿也。"敞曰:"大王仁侔魏祖,存念先人。
雖朱暉眄張堪之孤,叔向撫汝齊之子,無以加也。"酒酣,語及
平生。傉檀曰:"卿,魯子敬之儔,恨不與卿共成大業耳。"

　　《册府元龜》卷九五五《總録部·託孤》頁一一二三六上

公元四〇四年　東晉安帝元興三年
後秦文桓帝弘始六年

　　傉檀以姚興之盛,又密圖姑臧,乃去年號,罷尚書丞郎
官,遣參軍關尚聘于興。

　　《册府元龜》卷二三〇《僭僞部·交好》頁二七三七上

　　關尚爲傉檀參軍。姚興遣使拜傉檀爲車騎將軍、廣武
公。傉檀以興之盛,又密圖姑臧,乃去其年號,罷尚書丞郎
官,遣尚聘于興。興謂尚曰:"車騎投誠獻款,爲國藩屏,擅興
兵衆,輒造大城。爲臣之道,固若是乎?"尚曰:"王侯設險以
自固,先王之制也。所以安人衛衆,預備不虞。車騎僻在遐
藩,密邇劾寇;南則逆羌未賓,西則蒙遜跋扈,蓋爲國家重門
之防。不圖陛下忽以爲嫌。"興笑曰:"卿言是也。"

　　《册府元龜》卷六五九《奉使部·敏辯一》頁七八九一上
至七八九一下

南凉王傉檀畏秦之强，乃去年號，傉，奴沃翻。元興元年，傉檀改元弘昌。去，羌吕翻。罷尚書丞郎官，遣參軍關尚使于秦。使，疏吏翻。秦王興曰：“車騎獻款稱藩，而擅興兵造大城，豈爲臣之道乎？”興拜傉檀爲車騎將軍，故稱之。尚曰：“王公設險以守其國，《易·坎卦》彖辭。先王之制也。車騎僻在遐藩，密邇勃寇，勃，渠京翻。蓋爲國家重門之防；重，直龍翻。不圖陛下忽以爲嫌。”興善之。傉檀求領凉州，興不許。

　　《資治通鑑》卷一百一十三《晉紀三十五·安帝元興三年》頁三五六二

　　是歲，傉檀畏秦之强，去其年號，罷尚書丞郎官。

　　《通志》卷二十三《年譜三·南凉景王》頁四三一上

　　弘始六年春二月，南凉禿髮傉檀畏秦之强，乃去年號，罷尚書丞郎官，遣參軍閔尚一作關尚入貢。興許之，求領凉州，興不許。

　　屠本《十六國春秋》卷五十七《後秦錄五·姚興中》頁三正

公元四〇五年　東晉安帝義熙元年
南凉景王弘昌四年　後秦文桓帝弘始七年

　　南凉禿髮傉檀大饗文武于謙光殿，班賜金馬各有差。

　　《册府元龜》卷二三〇《僭僞部·飲讌》頁二七三五下

　　烏紇堤一名大孩，性懦弱，耽酒淫色，不恤國事。乞伏乾歸之入長安也，烏紇堤屢抄其境。乾歸怒，率騎討之。烏紇

堤大敗,亡失萬餘口,保於南凉,遂卒於胡國。[七]

【校勘記】

〔七〕胡國　《斠注》:《通鑑》作"胡園"。

《晉書》卷九十七《列傳第六十七·四夷·西戎·吐谷渾》頁二五四一、二五五二

乞伏乾歸擊吐谷渾大孩,大破之,俘萬餘口而還;大孩走死胡園。《晉書·吐谷渾傳》:吐谷渾王烏紇堤,一名大孩。"胡園"作"胡國"。孩,何開翻。

《資治通鑑》卷一百一十四《晉紀三十六·安帝義熙元年》頁三五八〇

烏紇堤一名大孩,性懦弱,耽酒淫色,不恤國事。乞伏乾歸之失國入長安也,烏紇堤屢鈔其境。乾歸歸國,率騎討之。烏紇堤大敗,亡失萬餘口,保于南凉,遂卒於胡國。

《通志》卷一百九十五《四夷二·吐谷渾》頁三一二八下

晉義熙元年春正月自此以後四年并從建康年號,乾歸朝於秦。吐谷渾將大孩一名烏紇堤屢寇乾歸邊境,乾歸怒,率騎討之,大孩大敗,俘斬萬餘口而還;大孩走保南凉,死於胡園。

屠本《十六國春秋》卷八十五《西秦録一·乞伏乾歸》頁十五背至十六正

烏紇堤一名大孩,性懦弱,酖酒淫色,不恤國事。乞伏乾歸之入長安也,烏紇堤屢抄其境。乾歸怒,率騎討之。烏紇

堤大敗,亡失萬餘口,保於南涼,遂卒於胡國。

《十六國春秋輯補》卷八十八《西秦錄四・吐谷渾》頁九八九

公元四〇六年　東晉安帝義熙二年
北涼武宣王永安六年　西涼武昭王建初二年
後秦文桓帝弘始八年　南涼景王弘昌五年

　　禿髮傉檀獻興馬三千匹,羊三萬頭。興以爲忠於己,乃署傉檀爲涼州刺史,徵涼州刺史王尚還長安。涼州人申屠英等二百餘人,遣主簿胡威詣興,請留尚,興弗許。引威見之,威流涕謂興曰:"臣州奉國五年,王威不接,銜膽棲冰、孤城獨守者,仰恃陛下威靈,俯杖良牧惠化。忽違天人之心,以華土資狄。若傉檀才望應代,臣豈敢言。竊聞乃以臣等貿馬三千匹,羊三萬口,如所傳實者,是爲棄人貴畜。苟以馬供軍國,直煩尚書一符,三千餘家户輸一匹,朝下夕辦,何故以一方委此奸胡! 昔漢武傾天下之資,開建河西,隔絶諸戎,斷匈奴右臂,所以終能屠大宛王毋寡。今陛下方布政玉門,流化西域,奈何以五郡之地資之獫狁,忠誠華族棄之虐虜! 非但臣州里塗炭,懼方爲聖朝肝食之憂。"興乃遣西平人車普馳止王尚,又遣使喻傉檀。會傉檀已至姑臧,普以狀先告之。傉檀懼,脅遣王尚,遂入姑臧。

《晉書》卷一百十七《載記第十七・姚興上》頁二九八六

　　姚興假傉檀涼州刺史,代王尚屯姑臧。

《宋書》卷九十八《列傳第五十八・氐胡・胡大且渠蒙遜》頁二四一三

獻興馬三千匹,羊二萬頭。興乃署傉檀爲持節、都督河右諸軍事、車騎大將軍、領護匈奴中郎將、涼州刺史,常侍、公如故,鎮姑臧。雖受制於姚興,然車服禮章一如王者,以宗敞爲太府主簿、録記室事。

　　　　《册府元龜》卷二三〇《僭僞部·交好》頁二七三七上

　　後禿髮傉檀獻興馬三千匹、羊三萬頭。興以爲忠於己,乃署傉檀爲涼州刺史,王尚還長安。涼州人申屠英等二百餘人,遣主簿胡威詣興,請留尚,興弗許。引威見之,威流涕謂興曰:"臣州奉國五年,王威不接,唧膽棲冰、孤城獨守者,仰恃陛下威靈,俯伏良攸惠化。忽違天人之心,以華土資狄。若傉檀才望應代,臣豈敢言。竊聞乃以臣等貨馬三千疋、羊三萬口,如所傳實者,是爲棄人貴畜。苟以馬供軍國,直煩尚書一符,三千餘家户輸一匹,朝下夕辨,何故以彼方華土,委此奸胡! 昔漢武傾天下之資,開建河西,隔絶諸戎,斷匈奴右臂,所以終能大宛王毋寡。今陛下方布政玉門,流化西域,奈何以五郡之地資之獫狁,忠誠華族棄之虐虜! 非但臣州里塗炭,懼方爲聖朝旰食之憂。"興乃遣西平人車普馳上王尚,又遣使喻傉檀。會傉檀已至姑臧,普以狀先告之。傉檀懼,脅遣王尚,遂入姑臧。

　　　　《册府元龜》卷二三三《僭僞部·失策》頁二七七七上至二七七七下

　　史嵩爲傉檀西曹從事。時姚興署傉檀車騎將軍、涼州刺史,傉檀遣嵩聘于興。興謂嵩曰:"車騎坐定涼州,衣錦本國,其德我乎？"暠曰："車騎積德河西,少播英問,王威未接,投誠萬里。陛下官方任才,量功授職,彝倫之常,何德之有！"興曰："朕不以州授車騎,何從得之！"暠曰："使河西雲擾、呂氏顛狽者,實由車騎兄弟傾其根本。陛下雖鴻羅遐被,凉州猶在天網之外。故征西以周召之重,力屈姑臧;齊難以王旅之盛,勢挫張掖。王尚孤城獨守,外逼戎狄,陛下不連兵十年,殫竭中國,凉州未易取也。今以虛名假人,自收大利,乃知妙算自天,聖與道合,雖云遷授,蓋亦時宜。"興悦其言,拜騎都尉。

　　《冊府元龜》卷六五九《奉使部·敏辯一》頁七八九一下

　　後秦宗敞爲南凉州別駕。初,凉州刺史王尚在凉州,甚有惠政。姚興以秃髮傉檀代之。

　　《冊府元龜》卷八〇二《總録部·義二》頁九五三四上

　　宗敞,凉州人,姚興署爲凉州刺史。自敞以別駕送前刺史王尚還長安,傉檀曰："吾得凉州三千餘家,情之所寄,唯卿一人,奈何捨我去乎？"敞曰："今送舊君,所以忠於殿下。"傉檀曰："吾今新收貴州,懷遠安邇之略,爲之若何？"敞曰："凉土雖弊,形勝之地,道由人弘,實在殿下。段懿、孟禕,武威之宿望;辛晁、彭敏,秦隴之冠冕;裴敏、馬鋪,中州之令族;張昶,凉國之舊裔;張穆、邊憲、文齊、楊班、梁崧、趙昌,武同飛羽。以大王之神略,撫之以威信,農戰並修,文教兼設,可以縱橫於天下,河右豈足定乎！"傉檀大悦,賜敞馬二十四。

　　《冊府元龜》卷八二八《總録部·論薦》頁九八二八上

禿髮傉檀伐沮渠蒙遜，傉，奴沃翻。沮，子余翻。蒙遜嬰城固守。傉檀至赤泉而還，赤泉在張掖氏池縣北。獻馬三千匹、羊三萬口于秦。秦王興以爲忠，以傉檀爲都督河右諸軍事、車騎大將軍、凉州刺史，鎮姑臧，徵王尚還長安。凉州人申屠英等遣主簿胡威詣長安請留尚，興弗許。威見興，流涕言曰：“臣州奉戴王化，於兹五年，隆安五年九月吕隆降秦，至是猶未五期。土宇僻遠，威靈不接，士民嘗膽扰血，共守孤城；扰，武粉翻，又文運翻，拭也。仰恃陛下聖德，俯杖良牧仁政，克自保全，以至今日。陛下奈何乃以臣等貿馬三千匹、羊三萬口；貿，音茂，易也，市賣也。賤人貴畜，畜，許又翻。無乃不可！若軍國須馬，直煩尚書一符，臣州三千餘户，各輸一馬，朝下夕辦，何難之有！昔漢武傾天下之資力，開拓河西，以斷匈奴右臂。今陛下無故棄五郡之地忠良華族，以資暴虜，斷，丁管翻。此五郡，謂漢所開武威、張掖、敦煌、酒泉、金城。豈惟臣州士民墜於塗炭，恐方爲聖朝旰食之憂。”旰，古案翻。興悔之，使西平人車普馳止王尚，又遣使諭傉檀。會傉檀已帥步騎三萬軍于五㵎，五㵎，在姑臧南。車，尺遮翻。使，疏吏翻。帥，讀曰率。普先以狀告之；傉檀遽逼遣王尚；尚出自清陽門，傉檀入自凉風門。“清陽”當作“青陽”，凉風門，姑臧城南門也。

別駕宗敞送尚還長安，宗，姓也。漢有南陽宗資。傉檀謂敞曰：“吾得凉州三千餘家，情之所寄，唯卿一人，奈何捨我去乎！”敞曰：“今送舊君，所以忠於殿下也。”傉檀曰：“吾新牧貴州，懷遠安邇之略如何？”敞曰：“凉土雖弊，形勝之地。殿下惠撫其民，收其賢俊以建功名，其何求不獲！”因薦本州文武名士十餘人；傉檀嘉納之。王尚至長安，興以爲尚書。

　　傉檀燕群臣於宣德堂，仰視歎曰："古人有言："作者不居，居者不作"，信矣。"武威孟禕曰："昔張文王始爲此堂，於今百年，十有二主矣，張駿卒，私諡曰文王。張氏自駿至重華、曜靈、祚、玄靚、天錫凡六主，梁熙、呂光、呂紹、呂纂、呂隆、王尚又六主，通十二主。禕，許韋翻。惟履信思順者可以久處。"處，昌呂翻。傉檀善之。

　　《資治通鑑》卷一百一十四《晉紀三十六・安帝義熙二年》頁三五九〇至三五九一

　　八月，禿髮傉檀以興城侯文支鎮姑臧，自還樂都；樂，音洛。雖受秦爵命，然其車服禮儀，皆如王者。

　　《資治通鑑》卷一百一十四《晉紀三十六・安帝義熙二年》頁三五九一

　　十一月，禿髮傉檀遷于姑臧。

　　《資治通鑑》卷一百一十四《晉紀三十六・安帝義熙二年》頁三五九四

　　夏六月，秦以禿髮傉檀爲涼州刺史，守姑臧。

　　《通志》卷二十三《年譜三・晉義熙二年》頁四三一中

　　傉檀都于姑臧。

　　《通志》卷二十三《年譜三・南涼景王》頁四三一中

　　禿髮傉檀獻興馬三千匹、羊三萬頭。興以爲忠於己，乃

署傉檀爲涼州刺史,徵涼州刺史王尚還長安、涼州人申屠英
等二百餘人遣主簿胡威詣興請留尚,興弗許。

《通志》卷一百九十《載記五・後秦》頁三〇四九上

禿髮傉檀獻馬三千匹、羊三萬頭。興以爲忠,乃署傉檀
爲都督河右諸軍事、車騎大將軍、涼州刺史,鎭姑臧,徵涼州
刺史王尚還長安。涼州人申屠英等,遣主薄胡威詣長安,請
留尚,興弗許。引威見之,威流涕謂興曰:"臣州奉戴王化,
於兹五年,土宇僻遠,王威不接,銜膽棲冰、孤城獨守者,仰恃
陛下靈威,俯仗良牧仁政,克自保全,以至今日。忽違天人之
心,以華土資戎狄。若傉檀才望應代,臣豈敢言。竊聞乃以
臣等貿馬三千匹,羊三萬口,如所傳實者,是爲賤人貴畜,乃
不可乎。苟以馬供軍國,直煩尚書一符,臣州三千餘家,户輸
一匹,朝下夕辦,何故以一方委此奸胡! 昔漢武傾天下之資
力,開建河西,隔絶諸戎,以斷匈奴右臂,所以終能屠大宛王
母寡。今陛下方布政玉門,化流西域,奈何以五郡之地資之
獫狁,忠誠華族棄之虐虜! 豈惟臣州士民,墜於塗炭,恐方爲
聖朝肝食之憂。"興悔之,遣西平車普馳止王尚,復遣使諭傉
檀。會傉檀已至姑臧,普先以狀告之。傉檀遽逼王尚,遂入
姑臧。

屠本《十六國春秋》卷五十七《後秦録五・姚興中》頁六
背至七正

永安七年,夏六月,南涼禿髮傉檀率衆來攻,蒙遜嬰城固

守,傉檀至赤泉,虜掠而去。①

屠本《十六國春秋》卷九十四《北凉録一‧沮渠蒙遜》頁十背

赤柳澗……晉義熙二年禿髮傉檀伐沮渠蒙遜,蒙遜嬰城固守,傉檀至赤泉而還。又窮泉,在衛東南。

《讀史方輿紀要》卷六十三《陝西十二‧甘肅行都司》頁二九七九

姑臧廢縣……義熙二年後秦主興以姑臧授禿髮傉檀,徵凉州刺史王尚還長安。傉檀逼遣尚,尚出自青陽門,傉檀入自凉風門,大燕群臣於宣德堂。蓋姚秦復改謙光曰宣德也。

《讀史方輿紀要》卷六十三《陝西十二‧甘肅行都司》頁二九九二

五澗,在衛東。《水經注》:“五澗水出姑臧城東,西北流注馬城河。”晉義熙二年姚興以姑臧授禿髮傉檀,傉檀軍於五澗,遂入姑臧是也。又有五澗在洪池嶺南。

《讀史方輿紀要》卷六十三《陝西十二‧甘肅行都司》頁二九九五至二九九六

禿髮傉檀獻興馬三千匹、羊三萬頭。興以爲忠於己,乃

①禿髮傉檀襲沮渠蒙遜於赤泉一事,《資治通鑑》卷一百一十四《晉紀三十六》記於“安帝義熙二年”條下,即爲北凉沮渠蒙遜永安五年。此處從《通鑑》。

署傉檀爲涼州刺史,徵涼州刺史王尚還長安。涼州人申屠英等二百餘人遣主簿胡威詣興,請留尚。興弗許,引威見之。威流涕謂興曰:"臣州奉國五年,王威不接,銜膽棲冰,孤城獨守者,仰恃陛下威靈,俯杖良牧惠化。忽違天人之心,以華土資狄。若傉檀才望應代,臣豈敢言! 竊聞乃以臣等貿馬三千匹、羊三萬頭,如所傳實者,是爲棄人貴畜。苟以馬供軍國,直煩尚書一符,三千餘家户輸一匹,朝下夕辦,何故以一方委此獫狁?〔七〕昔漢武傾天下之資力,開建河西,隔絶諸戎,以斷匈奴右臂,所以終能屠大宛王毋寡。今陛下方布政玉門,化流西域,奈何以五郡之地,資之獫狁,忠誠華族,棄之荒裔!〔八〕豈惟臣州士民墜於塗炭,恐方爲聖朝旰食之憂。"〔九〕興悔之,〔一〇〕遣西平車普馳止王尚,復遣使諭傉檀。會傉檀已至姑臧,普先以狀告之,傉檀逼遣王尚,〔一一〕遂入姑臧。

【校勘記】

〔七〕何故以一方委此獫狁　"獫狁",屠本卷五七同,《載記》作"奸胡"。

〔八〕棄之荒裔　"荒裔",屠本卷五七同,《載記》作"虐虜"。

〔九〕豈惟臣州至旰食之憂　屠本卷五七同,《載記》作:"非但臣州里塗炭,懼方爲聖朝旰食之憂。"

〔一〇〕興悔之　"悔之",屠本卷五七同,《載記》作"乃"。

〔一一〕傉檀逼遣王尚　"逼遣",《載記》作"懼脅遣",屠本卷五七、《通鑑》卷一一四作"遽逼遣"。

《十六國春秋輯補》卷五十二《後秦録四·姚興》頁六五五、六六三

　　初，玄盛之西也，留女敬愛養於外祖尹文。文既東遷，玄盛從姑臧梁褒之母養之。[五]其後禿髮傉檀假道於北山，鮮卑遣褒送敬愛于酒泉，并通和好。玄盛遣使報聘，賜以方物。

　　【校勘記】

　　〔五〕梁褒　《通鑑》一一四作"梁哀"。

　　《晉書》卷八十七《列傳第五十七·涼武昭王李玄盛》頁二二六三、二二七二

　　嵩之初西也，留女敬愛養於外祖尹文。文既東遷，嵩從姑梁褒之母養之。其後，禿髮傉檀假道於北山鮮卑，遣褒送敬愛于酒泉，并通和好。嵩遣使報聘，贈以方物。

　　《冊府元龜》卷二三〇《僭偽部·和好》頁二七三八下

　　禿髮傉檀求好於西涼，好，呼到翻。西涼公嵩許之。

　　《資治通鑑》卷一百一十四《晉紀三十六·安帝義熙二年》頁三五九二

　　初，嵩之西也，留女敬愛養於外祖尹文。文既東遷，嵩從姑梁哀之母養之。其後，禿髮傉檀假道於北山鮮卑，遣哀送敬愛于酒泉，并通和好。嵩遣使報聘，贈以方物。

　　《通志》卷一百九十三《載記八·西涼》頁三〇九五下

　　秋八月，南涼禿髮傉檀送嵩女敬愛於酒泉，并通和好。初，嵩之立也，留女敬愛養於外租尹文家。文既東遷，嵩從姑梁哀之母養之。至是，傉檀假道於北山鮮卑，使哀送敬愛于

酒泉,并通和好。暠大悦,遣使報聘傉檀,贈以方物。

　　屠本《十六國春秋》卷九十一《西凉録一·李暠》頁十正
至十背

　　初,暠之西也,留女敬愛養於外祖尹文。文既東遷,暠從
姑梁褒之母養之。其後,秃髮傉檀假道於北山鮮卑,遣褒送
敬愛於酒泉,并通和好。暠遣使報聘,贈以方物。

　　《十六國春秋輯補》卷九十三《西凉録二·李暠》頁
一〇三二

　　黁嘗曰:"凉州謙光殿後當有索頭鮮卑居之。"終於秃髮
傉檀、沮渠蒙遜迭據姑臧。

　　《晉書》卷九十五《列傳第六十五·藝術·郭黁》頁
二四九八至二四九九

　　黁嘗曰:"凉州謙光殿當有索頭鮮卑居之。"其後秃髮傉
檀、沮渠蒙遜迭據姑臧。

　　屠本《十六國春秋》卷八十四《後凉録四·郭黁》頁六正

　　黁嘗曰:"凉州謙光殿,後當有索頭鮮卑居之。"終於秃
髮傉檀、沮渠蒙遜迭據姑臧。

　　《十六國春秋輯補》卷八十四《後凉録四·郭黁》頁
九五二至九五三

公元四〇七年　東晉安帝義熙三年
後秦文桓帝弘始九年　大夏武烈帝龍升元年
北涼武宣王永安七年

禿髮傉檀復貳於秦，<small>傉，奴沃翻。復，扶又翻；下同。</small>遣使邀乞伏熾磐，熾磐斬其使送長安。<small>爲秦襲傉檀張本。使，疏吏翻；下同。熾，昌志翻。</small>

《資治通鑑》卷一百一十四《晉紀三十六・安帝義熙三年》頁三六〇〇

秋七月，禿髮傉檀叛秦，遣使來邀熾磐，斬其使，送之長安，秦甚嘉之。

屠本《十六國春秋》卷八十五《西秦錄一・乞伏乾歸》頁十七正

太史令劉梁言于蒙遜曰：“辛酉，金也。地動于金，金動刻木，大軍東行無前之徵。”時張掖城每有光色，蒙遜曰：“王氣將成，百戰百勝之象也。”遂攻禿髮西郡太守楊統於日勒。統降，拜爲右長史，寵踰功舊。

《晉書》卷一百二十九《載記第二十九・沮渠蒙遜》頁三一九四

蒙遜攻禿髮西郡太守楊統於日勒。統降，拜爲右長史，寵踰勳舊。

《冊府元龜》卷二三〇《僭偽部・懷附》頁二七四三下

禿髮傉檀將五萬餘人伐沮渠蒙遜，傉，奴沃翻。將，即亮翻。
沮，子余翻。蒙遜與戰於均石，大破之。均石在張掖之東，西陝之西，
蓋西郡界。蒙遜進攻西郡太守楊統於日勒，降之。日勒縣，漢屬張
掖郡，後分置西郡，治日勒。賢曰：日勒故城，在今甘州删丹縣東南。

《資治通鑑》卷一百一十四《晉紀三十六·安帝義熙三
年》頁三六〇一至三六〇二

太史令劉梁言於蒙遜曰：“辛酉，金也。地動於金，金動
刻木，大軍東行無前之徵。”時張掖城每有光色，蒙遜曰：“王
氣將成，百戰百勝之象也。”遂攻禿髮西郡太守楊統於日勒。
統降，拜爲右長史，寵踰功舊。

《通志》卷一百九十二《載記七·北凉》頁三〇九一中

太史令劉梁言於蒙遜曰：“辛酉，金也。地動於金，金動
刻木，大軍東行無前之徵。”時張掖城每有光色，蒙遜曰：“王
氣將成，百戰百勝之象也。”遂攻禿髮傉檀於均石，大戰破之。
進攻西郡太守楊統於日勒，援之。統降，拜爲右長史，寵待踰
於功舊。

屠本《十六國春秋》卷九十四《北凉録一·沮渠蒙遜》頁
十一正至十一背

義熙三年蒙遜攻南凉，取西郡，又屢敗南凉兵，傉檀懼，
引還樂都，姑臧降於蒙遜。

《讀史方輿紀要》卷三《歷代州域形勢三·十六國》頁
一四〇

均石戌……義熙三年南涼禿髮傉檀自姑臧伐沮渠蒙遜，蒙遜與戰於均石，大破之，遂克西郡是也。

《讀史方輿紀要》卷六十三《陝西十二·甘肅行都司》頁二九七九

戊申。八年　地震，山崩折木。太史令劉梁言於蒙遜曰："辛酉金也，地震於金，金動刻木，大軍東行無前之徵。"時張掖城每有光色，蒙遜曰："王氣將成，百戰百勝之象也。"遂攻禿髮傉檀於均石，大戰破之。進攻西郡太守楊統於日勒。〔三二〕統降，拜爲右長史，寵踰功舊。①

【校勘記】

〔三二〕遂攻禿髮傉檀至日勒　"傉檀於均石大戰破之進攻"，《載記》無，見屠本卷九四。

《十六國春秋輯補》卷九十五《北涼録一·沮渠蒙遜》頁一〇六〇、一〇六四

冬十月，秦河州刺史彭奚念叛，降於禿髮傉檀，秦以乞伏熾盤行河州刺史。熾，昌志翻。

《資治通鑑》卷一百一十四《晉紀三十六·安帝義熙三年》頁三六〇二

---

① 沮渠蒙遜攻禿髮傉檀於均石一事，《資治通鑑·晉紀三十六》記於"安帝晉義熙三年"條下，即北涼沮渠蒙遜永安七年。屠本卷九十四置于永安八年。此處據《資治通鑑》。

　　冬十月,興河州刺史彭奚念叛,降於禿髮傉檀,興以乞伏熾磐行河州刺史。

　　屠本《十六國春秋》卷五十七《後秦録五·姚興中》頁十背

　　冬十一月,秦河州刺史彭奚念叛,降禿髮傉檀,秦以熾磐行河州刺史。

　　屠本《十六國春秋》卷八十五《西秦録一·乞伏乾歸》頁十七正

　　既而秦河州刺史彭奚念叛降南凉,秦以熾磐行河州刺史。

　　《讀史方輿紀要》卷三《歷代州域形勢三·十六國》頁一三四

　　冬十一月,赫連勃勃大敗禿髮傉檀,傉檀奔于南山。

　　　　　　《晉書》卷十《帝紀第十·安帝》頁二六〇

　　勃勃初僭號,求婚于禿髮傉檀,傉檀弗許。勃勃怒,率騎二萬伐之,自楊非至于支陽三百餘里,[七]殺傷萬餘人,驅掠二萬七千口、牛馬羊數十萬而還。傉檀率衆追之,其將焦朗謂傉檀曰:“勃勃天姿雄驁,御軍齊肅,未可輕也。今因抄掠之資,率思歸之士,人自爲戰,難與爭鋒。不如從温圍北渡,趣萬斛堆,阻水結營,制其咽喉,百戰百勝之術也。”傉檀將賀連怒曰:“勃勃以死亡之餘,率烏合之衆,犯順結禍,幸有大功。今牛羊塞路，財寶若山，窘弊之餘，人懷貪競，不能督厲士衆以抗我也。我以大軍臨之，必土崩魚潰。今引軍避之，示敵以弱。我衆氣銳，宜在速追。”傉檀曰：“吾追計決矣，敢諫者斬！”勃勃聞而大喜，乃于陽武下陜鑿凌埋車以塞路。傉檀遣善射者射之，中勃勃左臂。勃勃乃勒衆逆擊，大敗之，追奔八十餘里，殺傷萬計，斬其大將十餘人，以爲京觀，號“髑髏臺”，還于嶺北。

【校勘記】

〔七〕支陽　《漢書·地理志下》、《後漢書·郡國志五》、《元和郡縣志》“支”並作“枝”，《載記》作“支”，同音通用，但本名當作“枝陽”。

《晉書》卷一百三十《載記第三十·赫連勃勃》頁三二〇三至三二〇四、三二一五

十六國夏赫連勃勃伐南涼禿髮傉檀，大敗之，[一三]驅掠二萬七千口、牛馬羊數十萬而還。傉檀率衆追之，其將焦朗謂曰：“勃勃天姿雄鷙，御軍齊肅，未可輕也。今因抄掠之資，率思歸之士，人自爲戰，難與爭鋒。不如從温圍北度，趣萬斛堆，[一四]阻水結營，制其咽喉，百戰百勝之術也。”傉檀不從。勃勃聞而大喜，乃於陽武下峽鑿凌埋車以塞路。勃勃乃勒衆逆擊，大敗之，殺傷萬計。

【校勘記】

〔一三〕大敗之　“敗”原作“破”，據北宋本、傅校本、明抄本、明刻本、王吳本改。

〔一四〕趣萬斛堆　“斛”原訛“解”，據《晉書·赫連勃勃

載記》三二〇三頁改。

《通典》卷第一百六十二《兵十五·歸師勿遏》頁四一六九、四一八五

百井戍,在縣南八十里。勃勃與禿髮熾檀戰處。

《太平寰宇記》卷之三十九《關西道十五·宥州》頁八二五

崔鴻《十六國春秋·夏錄》曰:赫連勃勃大破南涼傉檀于百井,殺衆數萬,以人頭爲京觀,號曰"髑髏臺"。

《太平御覽》卷一七七《居處部五·臺上》頁八六二下

又曰:禿髮傉檀追赫連勃勃,遣善射者射之,中勃勃。乃勒衆逆擊,敗之,追奔八十餘里,殺傷數萬計,斬其大將十餘人,以爲京觀,號"髑髏臺",還于嶺北。

《太平御覽》卷三一二《兵部四三·決戰中》頁一四三六上

又曰:夏赫連勃勃伐南涼禿髮傉檀,大敗之,驅掠二萬七千口,牛馬羊數十萬而還。傉檀率衆追之,其將焦朗曰:"勃勃天姿雄警,御軍齊肅,未可輕也。今因抄掠之資,率思歸之士,人自爲戰,難與爭鋒。不如從温圍北,趣萬斛堆,阻水結營,制其咽喉,百戰百勝之術也。"傉檀不從。勃勃聞而大喜,乃於楊武下峽鑿凌埋車以塞路。勃勃乃勒衆逆擊,大敗之,殺傷萬計。

《太平御覽》卷三一四《兵部四五·追奔》頁一四四六上

崔鴻《夏錄》曰:赫連勃勃大破南涼,殺衆數萬,以人頭

爲京觀,號曰“髑髏臺”。

　　《太平御覽》卷三三五《兵部六六·京觀》頁一五四一下

後爲赫連勃勃所敗。

　　《册府元龜》卷二二〇《僭僞部·聰識》頁二六四一上

　　勃勃初僭號,求婚于禿髮傉檀,傉檀弗許。勃勃怒,率騎二萬餘衆伐之,殺傷萬餘人,掠二萬七千口,牛馬羊數十萬而還。傉檀追之,勃勃逆擊,大敗之,追奔八千里,殺傷萬計,斬其大將十餘人。

　　《册府元龜》卷二二三《僭僞部·勳伐三》頁二六六七下至二六六八上

　　勃勃求婚於禿髮傉檀,傉檀不許。十一月,勃勃帥騎二萬擊傉檀,至于支陽,枝陽縣,漢屬金城郡,晉張寔分屬廣武郡。劉昫曰:唐蘭州廣武縣,漢枝陽縣。杜佑曰:唐會州會寧縣,漢枝陽縣。殺傷萬餘人,驅掠二萬七千餘口、牛馬羊數十萬而還。還,從宣翻,又如字。傉檀帥衆追之,帥,讀曰率。焦朗曰:“勃勃天姿雄健,御軍嚴整,未可輕也。不如從溫圍北渡,趣萬斛堆,溫圍,水名。《水經》:河水北過武威媼圍縣東北。溫圍其即漢之媼圍縣歟?趣,七喻翻。阻水結營,扼其咽喉,咽,音煙。百戰百勝之術也。”傉檀將賀連怒曰:“勃勃敗亡之餘,烏合之衆,奈何避之,示之以弱,宜急追之!”傉檀從之。勃勃於陽武下峽鑿凌埋車以塞路,凌,力證翻,冰也,又間承翻。鑿冰塞路,置兵死地,使人自爲戰。塞,悉則翻。勒兵逆擊傉檀,大破之,追奔八十餘里,殺傷萬計,名臣勇將死者什六七。將,即亮翻。傉檀與數騎奔南山,《漢書·地理志》:武威郡蒼松縣有南山、松陜。余謂此南山自羌中連延西平、金城之界,東出秦、雍,至于終南,皆此山也。傉檀所奔,枝陽之南山也。幾爲追騎所得。幾,居希翻。騎,奇寄翻。勃勃積尸而封之,號曰髑髏臺。髑,徒谷翻。髏,音婁。勃勃又敗秦將張佛生於青石原,敗,補邁翻。《後漢書·西羌傳》:安定有青石岸。安定,唐之涇州;涇州有青石嶺。俘斬五千餘人。

　　傉檀懼外寇之逼,徙三百里内民皆入姑臧;國人駭怨,屠各成七兒因之作亂,屠,直於翻。一夕聚衆至數千人。殿中都尉張猛大言於衆曰:"主上陽武之敗,蓋恃衆故也,責躬悔過,何損於明,而諸君遽從此小人爲不義之事!殿中兵今至,禍在目前矣!"衆聞之,皆散;七兒奔晏然,追斬之。軍諮祭酒梁衷、輔國司馬邊憲等謀反,傉檀皆殺之。自是之後,禿髮氏之勢日以衰矣。

　　《資治通鑑》卷一百一十四《晉紀三十六·安帝義熙三年》頁三六〇二至三六〇四

　　冬十一月,赫連勃勃大敗禿髮傉檀,傉檀奔于南山。
　　《通志》卷十下《晉紀十下·安帝》頁二一〇中

　　勃勃初僭號,求婚於禿髮傉檀,傉檀弗許。勃勃怒,率騎二萬伐之,自楊非至于支陽三百餘里,殺傷萬餘人,驅掠二萬七千口、牛馬羊數十萬而還。傉檀率衆追之,其將焦朗謂傉檀曰:"勃勃天姿雄驚,御軍齊肅,未可輕也。今因抄掠之資,率思歸之士,人自爲戰,難與爭鋒。不如從温圍北渡,趣萬斛堆,阻水結營,制其咽喉,百戰百勝之術也。"傉檀將賀連怒曰："勃勃以死亡之餘，率烏合之衆，犯順結禍，幸有大功。今牛羊塞路，財寶若山，窘弊之餘，人懷貪競，不能督厲士衆以抗我也。我以大軍臨之，必土崩魚潰，今引軍避之，示敵以弱。我衆氣銳，宜在速追。"傉檀曰："吾追計決矣，敢諫者斬！"勃勃聞而大喜，乃於陽武下峽鑿凌理車以塞路。傉檀遣善射者射之，中勃勃左臂。勃勃乃勒衆逆擊，大敗之，追奔八十餘里，殺傷萬計，斬其大將十餘人，以爲京觀，號"髑髏臺"，還于嶺北。

　　《通志》卷一百九十三《載記八·夏》頁三〇九七下

侵嶺北諸城，破禿髮傉檀之師。

　　《文獻通考》卷三百四十一《四裔十八·赫連》頁九四六〇

　　十一月，勃勃初僭號，求婚於禿髮傉檀，傉檀不許。勃勃大怒，率騎二萬伐之，自楊非至於支陽三百餘里，殺傷萬餘人，驅掠二萬七千口、牛馬羊數十萬頭而還。傉檀率衆追之，其將焦朗謂傉檀曰："勃勃天姿雄驁，御軍齊整《通典》作"齊肅"，未可輕也。今因抄掠之資，率思歸之士，人自爲戰，難與爭鋒。不若從溫圍北渡，趨萬斛堆，阻水結營，制其咽喉，百戰百勝之術也。"別將賀連怒曰："勃勃以死亡之餘，率烏合之衆，犯順結仇，幸有大功。今牛羊塞路，財寶若山，窘敝之餘，人懷貪競，不能督勵士衆以抗我也。我以大軍臨之，彼必土崩瓦解。奈何引軍避之，示敵以弱。我衆氣銳，宜在速追。"傉檀曰："吾追計決矣，沮衆者斬！"勃勃聞而大喜，乃於陽武下陝鑿陵埋車以塞路。傉檀遣善射者射之，中勃勃左臂。勃勃勃衆逆戰，大破傉檀於百井，追奔八十餘里，殺傷士衆萬計，斬其大將十餘人，積人頭而封之，以爲京觀，號曰“髑髏臺”，還於嶺北。

　　屠本《十六國春秋》卷六十六《夏錄一·赫連勃勃》頁六正至六背

　　又西擊禿髮傉檀於枝陽，枝陽，在靖虜衛西南。見前。大獲而還。

　　《讀史方輿紀要》卷三《歷代州域形勢三·十六國》頁一四四

　　温圍水……義熙三年赫連勃勃擊傉檀，至枝陽，大獲而還。傉檀追之，其臣焦朗曰：“勃勃未可輕也。不如從温圍北渡趨萬斛堆，阻水結營，扼其咽喉，百戰百勝之術也。”不從，果爲勃勃所敗。

　　《讀史方輿紀要》卷六十二《陝西十一·寧夏鎮》頁二九六二

　　枝陽城……又義熙三年赫連勃勃擊南凉禿髮傉檀，至枝陽，大獲而還，即此。

　　《讀史方輿紀要》卷六十二《陝西十一·寧夏鎮》頁二九六四

　　烏蘭山……或謂之南山，晉義熙三年禿髮傉檀爲赫連勃勃所敗，自陽武下峽奔南山。

　　《讀史方輿紀要》卷六十二《陝西十一·寧夏鎮》頁二九六六

陽武下峽……義熙三年赫連勃勃擊南涼，入枝陽，驅掠而還。禿髮傉檀引兵追之，勃勃於陽武下峽鑿凌埋車以塞路，逆擊傉檀，大破之。胡氏曰："陽武下峽在高平西，河水所經也。"

《讀史方輿紀要》卷六十二《陝西十一・寧夏鎮》頁二九六六

勃勃初僭號，求婚於禿髮傉檀，傉檀弗許。勃勃怒，率騎二萬伐之，自楊非至於支陽三百餘里，大破之，殺傷萬餘人，驅掠二萬七千口，牛馬羊數十萬而還。〔一五〕傉檀率衆追之，其將焦朗謂傉檀曰："勃勃天資雄驚，御軍齊肅，未可輕也。今因抄掠之資，率思歸之士，人自爲戰，難與爭鋒。不如從溫圍北渡，趣萬斛堆，阻水結營，制其咽喉，百戰百勝之術也。"此節亦見《御覽》三百一十四。傉檀將賀連怒曰："勃勃以死亡之餘，率烏合之衆，犯順結禍，幸有大功。今牛羊塞路，〔一六〕財寶若山，窘弊之餘，人懷貪競，不能督屬士衆以抗我也。我以大軍臨之，必土崩魚潰。今引軍避之，示敵以弱，我衆氣銳，宜在速追。"傉檀曰："吾追計決矣，敢諫者斬。"不從。〔一七〕勃勃聞而大喜，乃於陽武下峽鑿陵埋車以塞路。傉檀遣善射者射之，中勃勃左臂。勃勃乃勒衆逆擊，大敗之，殺傷萬計。此八句亦見《御覽》三百一十四。大破傉檀於百井，〔一八〕追奔八十餘里，殺衆數萬，斬其大將十餘人，以人頭爲京觀，〔一九〕號曰"髑髏臺"，此節亦見《御覽》一百七十七及三百一十四。還於嶺北。

【校勘記】

〔一五〕牛馬羊數十萬而還　"數"，原作"四"，據《載記》、《御覽》卷三一四引改。

〔一六〕今牛羊塞路　“路”，原作“口”，據《載記》改。

〔一七〕不從　見《御覽》卷三一四引，《載記》無。按《載記》詳傉檀之語，《御覽》引則概言“不從”，而湯球兩存之，實重複。

〔一八〕大破傉檀於百井　見《御覽》卷一七七引，《載記》無。

〔一九〕以人頭爲京觀　“人頭”，見《御覽》卷一七七引，《載記》無。

《十六國春秋輯補》卷六十四《夏録一·赫連勃勃》頁七五七至七五八、七六三

公元四〇八年　東晉安帝義熙四年
南凉景王嘉平元年　後秦文桓帝弘始十年
大夏武烈帝龍升二年　北凉武宣王永安八年

時禿髮傉檀、沮渠蒙遜迭相攻擊，傉檀遂東招河州刺史西羌彭奚念，奚念阻河以叛。

《晉書》卷一百十八《載記第十八·姚興下》頁二九九二

禿髮傉檀、沮渠蒙遜迭相攻擊，傉檀遂東招河州刺史西羌彭念奚，阻河以叛。

《册府元龜》卷二三一《僭僞部·征伐》頁二七五〇上

時禿髮傉檀、沮渠蒙遜迭相攻擊，傉檀遂東招河州刺史西羌彭奚念，奚念阻河以叛。

《通志》卷一百九十《載記五·後秦》頁三〇四九中

弘始十年春三月，禿髮傉檀、沮渠蒙遜迭相攻擊，傉檀遂東招河州刺史西羌彭念奚，念奚阻兵以叛。

屠本《十六國春秋》卷五十七《後秦録五·姚興中》頁十一背

時禿髮傉檀、沮渠蒙遜迭相攻擊。傉檀遂東招河州刺史西羌彭奚念，奚念阻河以叛。

《十六國春秋輯補》卷五十二《後秦録四·姚興》頁六五八

使中軍姚弼、後軍斂成、〔三〕鎮遠乞伏乾歸等率步騎三萬伐傉檀，左僕射齊難等率騎二萬討勃勃。吏部尚書尹昭諫曰："傉檀恃遠，輕敢違逆，宜詔蒙遜及李玄盛，使自相攻擊。待其斃也，然後取之，此卞莊之擧也。"興不從。勃勃退保河曲。弼濟自金城，弼部將姜紀言於弼曰："今王師聲討勃勃，傉檀猶豫，未爲嚴防，請給輕騎五千，掩其城門，則山澤之人皆爲吾有，孤城獨立，坐可克也。"弼不從，進拔昌松，長驅至姑臧。傉檀嬰城固守，出其兵擊弼，弼敗，退據西苑。興又遣衛大將軍姚顯率騎二萬，爲諸軍節度。至高平，聞弼敗績，兼道赴之，撫慰河外，率衆而還。傉檀遣使人徐宿詣興謝罪。

齊難爲勃勃所擒。

【校勘記】

〔三〕斂成　周校：當作"姚斂成"，下同。按：姚斂成見上卷《姚興載記》上，周說是。

《晉書》卷一百十八《載記第十八·姚興下》頁二九九二、三〇〇六

十六國南涼禿髪傉檀傉,奴沃反。守姑臧,後秦姚興遣將姚
弼等至於城下。傉檀驅牛羊於野,弼衆采掠,傉檀因分擊,大
破之。

《通典》卷第一百五十六《兵九・餌敵取勝》四〇〇二

又曰:南涼禿髪傉檀守姑臧,後秦姚興遣將姚弼等至於
城下。傉檀驅牛羊於野,弼衆采掠,傉檀分擊,大破之。

《太平御覽》卷二八六《兵部一七・機略五》頁一三二五上

姚興以傉檀外有陽武之敗,内有邊、梁之亂,遣其尚書郎
韋宗來觀釁。傉檀與宗論六國縱横之規,三家戰争之略,遠
言天命廢興,近陳人事成敗,機變無窮,辭致清辯。宗出而歎
曰:“命世大才、經綸名教者,不必華宗夏士;撥煩理亂、澄氛
濟世者,亦未必《八索》、《九丘》。《五經》之外,冠冕之表,復
自有人。車騎神機秀發,信一代之偉人,由余、日磾豈足焉多
也!”

《冊府元龜》卷二二〇《僭偽部・聰識》頁二六四一上

興使中軍姚弼、後軍斂成、鎮遠乞伏乾歸等率步騎三萬
伐傉檀,左僕射齊難等率騎二萬討勃勃,退保河曲。弼濟自
金城,進援昌松,長驅至姑臧。傉檀嬰城固守,出其兵擊弼,
弼敗,退據西苑。興又遣衛大將軍姚顯率騎二萬,爲諸軍節
度。至高平,聞弼敗績,兼道赴(之),撫慰河外,率衆而還。

《冊府元龜》卷二三一《僭偽部・征伐》頁二七五〇上至
二七五〇下

後秦姚興僭立,使中軍姚弼、後軍斂成、鎮遠乞伏乾歸等率步騎三萬伐禿髮傉檀,左僕射齊莫等率騎二萬討赫連勃勃。吏部尚書尹昭諫曰:"傉檀恃遠,輕敢違逆,宜詔蒙遜及李玄盛,使自相攻擊。待其斃也,然後取之,此卞莊之舉也。"興不從。勃勃退保河曲。弼濟自金城,進拔昌松,長驅至姑臧。傉檀嬰城固守,出奇兵擊弼,弼敗,退據西苑。興又遣大將軍姚顯率騎二萬,爲諸節度。至高平,聞弼敗績,兼道赴之,撫慰河外,率衆而還。傉檀遣使人徐宿詣興謝罪。齊莫爲勃勃所擒。

《册府元龜》卷二三三《僭僞部·失策》頁二七七六下至二七七七上

尹昭爲後秦姚興吏部尚書。興使中軍姚弼、後軍斂成、鎮遠乞伏乾歸等率步騎三萬伐傉檀。左僕射齊難等率騎二萬討赫連勃勃。昭諫曰:"傉檀恃遠,輕敢違逆,宜詔蒙遜及李玄盛,使自攻擊。待其斃也,然後取之,此卞莊之舉也。"興不從。弼果敗。齊難爲勃勃所擒。

《册府元龜》卷八七九《總録部·計策二》頁一〇四一九下至一〇四二〇上

秦主興以禿髮傉檀外内多難,時傉檀軍諮祭酒梁裒、輔國司馬邊憲等謀反,傉檀悉誅之。《晉書·載記》曰:傉檀外有陽武之敗,内有邊梁之亂。難,乃旦翻。欲因而取之,使尚書郎韋宗往覘之。覘,丑廉翻,又丑艷翻。傉檀與宗論當世大略,縱橫無窮。縱,子容翻。宗退,歎曰:"奇才英器,不必華夏,夏,户雅翻。明智敏識,不必讀書,吾乃今知九州之外，《五經》之表，復自有人也。"傉檀之才辨，内足以欺其父兄，外足以欺敵人之覘國者，而卒以敗亡者，輕用兵也。揆之於古，蓋智伯瑤之流，而才識又不及焉。復，扶又翻。歸，言於興曰："涼州雖弊，傉檀權譎過人，未可圖也。"譎，古穴翻。興曰："劉勃勃以烏合之衆猶能破之，況我舉天下之兵以加之乎！"宗曰："不然。形移勢變，返覆萬端，蜀本作"返復"，當從之。陵人者易敢，易，以豉翻。戒懼者難攻。傉檀之所以敗於勃勃者，輕之也。今我以大軍臨之，彼必懼而求全。臣竊觀群臣才略，無傉檀之比者，雖以天威臨之，亦未敢保其必勝也。"興不聽，使其子中軍將軍廣平公弼、後軍將軍斂成、鎮遠將軍乞伏乾歸帥步騎三萬襲傉檀，左僕射齊難帥騎二萬討勃勃。帥，讀曰率；下同。吏部尚書尹昭諫曰："傉檀恃其險遠，故敢違慢；不若詔沮渠蒙遜及李暠討之，使自相困斃，不必煩中國之兵也。"亦不聽。

興遺傉檀書曰：遺，于季翻。"今遺齊難討勃勃，恐其西逸，故令弼等於河西邀之。"傉檀以爲然，遂不設備。弼濟自金城，自金城濟河也。姜紀言於弼曰："今王師聲言討勃勃，傉檀猶豫，守備未嚴，願給輕騎五千，騎，奇寄翻。掩其城門，則山澤之民皆爲吾有，孤城無援，可坐克也。"弼不從，進至漠口，漠口在昌松郡界，謂之昌松漠口。魏收《地形志》，昌松郡有漠口縣。昌松太守蘇霸閉城拒之。弼遺人諭之使降，霸曰："汝棄信誓而伐與國，吾有死而已，何降之有！"降，戶江翻。弼進攻，斬之，長驅至姑臧。傉檀嬰城固守，出奇兵擊弼，破之，弼退據西苑。城中人王鍾等謀爲内應，事泄，傉檀欲誅首謀者而赦其餘。前軍將軍伊延力侯曰："今强寇在外，而奸人竊發於内，危孰甚焉，不悉阬之，何以懲後！"傉檀從之，殺五千餘人。命郡縣悉散牛羊於野,斂成縱兵鈔掠;_{鈔,楚交翻。}僞檀遣鎮北大將軍俱延、鎮軍將軍敬歸等擊之,秦兵大敗,斬首七千餘級。_{僞檀散牛羊以餌敵,而斂成掠之,宜其敗也。}姚弼固壘不出,僞檀攻之,未克。

秋,七月,興遣衛大將軍常山公顯帥騎二萬爲諸軍後繼,至高平,聞弼敗,倍道赴之。顯遣善射者孟欽等五人挑戰於涼風門,_{挑,徒了翻。}弦未及發,僞檀材官將軍宋益等迎擊,斬之。顯乃委罪斂成,遣使謝僞檀,慰撫河外,引兵還。僞檀遣使者徐宿詣秦謝罪。_{使,疏吏翻。}

夏王勃勃聞秦兵且至,退保河曲。_{河曲在朔方東北;黄河千里一曲。}齊難以勃勃既遠,縱兵野掠;勃勃潛師襲之,俘斬七千餘人。難引兵退走,勃勃追至木城,禽之,虜其將士萬三千人。於是嶺北夷、夏附於勃勃者以萬數,_{夏,戶雅翻。}勃勃皆置守宰以撫之。_{姚弼之敗,禿髮未能爲秦患也。齊難之敗,則赫連之患熾矣。}

《資治通鑑》卷一百一十四《晉紀三十六·安帝義熙四年》頁三六〇六至三六〇八

使中軍姚弼、後軍斂成、鎮遠乞伏乾歸等率騎三萬伐僞檀,左僕射齊難等率騎二萬討勃勃。吏部尚書尹昭諫曰:"僞檀恃遠,輒敢遠逆,宜詔蒙遜及李暠,使自相攻擊。待其斃也,然後取之,此下莊之舉也。"興不從。勃勃退保河曲。弼濟自金城,弼部將姜紀言於弼曰:"今王師聲討勃勃,僞檀猶豫,未爲嚴防,請給輕騎五千,掩其城門,則山澤之人,皆爲吾有,孤城獨立,坐可克也。"弼不從。進拔昌松,長驅至姑臧。僞檀嬰城固守,出其兵擊弼,弼敗,退據西苑。興又遣衛大將軍姚顯率騎二萬,爲諸軍節度。至高平,聞弼敗績,兼道赴之,撫慰河外,率衆而還。傉檀遣使人徐宿詣興謝罪,齊難爲勃勃所擒。

《通志》卷一百九十《載記五・後秦》頁三〇四九中

興以傉檀内外多難,欲因而取之,使尚書郎韋宗往覘時勢。復使中軍將軍廣平公弼、後軍將軍斂成、鎮遠將軍乞伏乾歸等率步騎三萬伐傉檀,左僕射齊難等率步騎二萬討赫連勃勃。吏部尚書尹昭諫曰:“傉檀恃其嶮遠,輕敢遠逆;不若詔沮渠蒙遜及李暠,使相攻擊。待其困斃,然後取之,不必煩中國之兵,此卞莊之舉也。”興不從。弼等濟自金城,部將姜紀言於弼曰:“今王師聲討勃勃,傉檀猶豫,未爲嚴防,請給輕騎五千,襲掩其壘,則山澤之民皆爲吾有。孤城獨守,可坐而克也。”弼不聽,進拔昌松,長驅至姑臧。傉檀嬰城自固,出奇兵擊弼,弼敗,退據西苑。傉檀遣鎮北俱延、鎮遠敬歸等來追,弼復大敗,失甲士八千餘。弼固壘不出,傉檀攻之,不克。秋,七月,興遣衛大將軍、常山公顯率騎二萬爲諸軍節度,至高平,聞弼敗績,兼道赴之。顯遣善射者孟欽等五人挑戰於涼風門,弦未及發,傉檀材官將軍宋益等率衆迎擊,斬欽於陣。顯乃委罪斂成,遣使謝傉檀,撫慰河外,引師而還。傉檀遣徐宿詣興謝罪。赫連勃勃聞秦兵且至,退保河曲。左僕射齊難以勃勃既遠,縱兵野掠;勃勃潛師襲擊,斬首七千餘人。難引而退還,至木城,遂爲勃勃所擒,復虜將士萬三千人。

屠本《十六國春秋》卷五十七《後秦録五・姚興中》頁十二正至十二背

姑臧廢縣……四年姚興遣子弼等襲姑臧，不克，弼退據西苑。興復遣
姚顯等繼進，顯至，遣善射者孟欽等挑戰於涼風門，傉檀遣將斬之乃還。

《讀史方輿紀要》卷六十三《陝西十二‧甘肅行都司》頁
二九九二

　　使中軍姚弼、後軍斂成、鎮遠乞伏乾歸等率步騎三萬伐
傉檀，左僕射齊難等率騎二萬討勃勃。吏部尚書尹昭諫曰：
"傉檀恃遠，輕敢違逆。宜詔蒙遜及李玄盛，使自相攻擊，待
其弊也，然後取之，此卞莊之舉也。"興不從。勃勃退保河曲。
弼濟自金城，弼部將姜紀言於弼曰："今王師聲討勃勃，傉檀
猶豫，未爲嚴防，請給輕騎五千，掩其城門，則山澤之人皆爲
吾有，孤城獨立，坐可剋也。"弼不從，進拔昌松，長驅至姑臧。
傉檀嬰城固守，出其兵擊弼。弼敗，退據西苑。興又遣衛大
將軍姚顯率騎二萬，爲諸軍節度。至高平，聞弼敗績，兼道赴
之，撫慰河外，率衆而還。傉檀遣使人徐宿詣興謝罪。齊難
爲勃勃所擒。

《十六國春秋輯補》卷五十二《後秦録四‧姚興》頁
六五八至六五九

　　是月，禿髮傉檀僭即涼王位。

《晉書》卷十《帝紀第十‧安帝》頁二六〇

冬十月，禿髮傉檀僭即涼王位。

《北史》卷一《魏本紀第一‧太祖道武帝》頁二四

南涼禿髮傉檀僭即涼王位，立世子武臺爲太子。

《册府元龜》卷二二五《僭僞部·世子》頁二六九二下

十一月，禿髮傉檀復稱涼王，大赦，改元嘉平，置百官。立夫人折掘氏爲王后，世子武臺爲太子，録尚書事。武臺，本名虎臺，唐人作《晉書》，避唐祖諱，改“虎”爲“武”，《通鑑》因之。左長史趙晁、右長史郭倖爲尚書左、右僕射，晁，古朝字，音直遥翻。昌松侯俱延爲太尉。

《資治通鑑》卷一百一十四《晉紀三十六·安帝義熙四年》頁三六〇九

是月，禿髮傉檀僭即涼王位。

《通志》卷十下《晉紀十下·安帝》頁二一〇下

冬十月，禿髮傉檀僭即涼王位。

《通志》卷十五上《後魏紀十五上·道武帝》頁二七四中

是歲，傉檀復稱涼王，改元嘉平。

《通志》卷二十三《年譜三·南涼嘉平元年》頁四三一中

禿髮傉檀復稱王。

《通志》卷二十三《年譜三·晉義熙四年》頁四三一中

折掘氏。《南涼録》：禿髮傉檀立折掘氏爲皇后。

《通志》卷二十九《氏族五·折掘氏》頁四七五中

十二月,乞伏熾磐攻彭奚念於枹罕,爲奚念所敗而還。枹,音膚。敗,補邁翻。還,從宣翻,又如字。

《資治通鑑》卷一百一十四《晉紀三十六‧安帝義熙四年》頁三六一〇

公元四一〇年　東晉安帝義熙六年
南涼景王嘉平三年　北涼武宣王永安十年

三月,禿髮傉檀及沮渠蒙遜戰于窮泉,傉檀敗績。

《晉書》卷十《帝紀第十‧安帝》頁二六一

蒙遜率步騎三萬伐禿髮傉檀,次于西郡。大風從西北來,氣有五色,俄而晝昏。至顯美,徙數千户而還。傉檀追及蒙遜于窮泉,蒙遜將擊之。諸將皆曰:“賊已安營,弗可犯也。”蒙遜曰:“傉檀謂吾遠來疲弊,必輕而無備,及其壘壁未成,可以一鼓而滅。”進擊,敗之,乘勝至于姑臧,夷夏降者萬數千户。傉檀懼,請和,許之而歸。及傉檀南奔樂都,魏安人焦朗據姑臧自立,蒙遜率步騎三萬攻朗,克而宥之。

《晉書》卷一百二十九《載記第二十九‧沮渠蒙遜》頁三一九五

六年,蒙遜攻破傉檀,傉檀走屯樂都。

《宋書》卷九十八《列傳第五十八‧氐胡‧胡大且渠蒙遜》頁二四一三

十六國北涼沮渠蒙遜率兵伐南涼禿髮傉內沃反檀,至顯美,徙數千戶而還。傉檀追及蒙遜於窮泉,蒙遜將擊之。諸將皆曰:"賊已安營,不可犯也。"蒙遜曰:"傉檀爲吾遠來疲弊,必輕而無備,及其壘壁未成,可一鼓而滅。"進擊,敗之,乘勝至於姑臧,夷夏降者萬數千戶。傉檀懼,請和而歸。

《通典》卷第一百五十五《兵八·擊其不備》頁三九八五至三九八六

　　禿髮傉檀,利鹿孤弟也。既襲僞位,將親率衆攻北涼沮渠蒙遜。太史令景保諫以天文不順,難以伐人,傉檀不聽,果大敗。景保爲蒙遜所擒,讓之曰:"卿明於天文,爲彼國所任,違天犯順,智安存乎?"保曰:"臣匪爲無智,但言而不從。"蒙遜乃免之,至姑臧,傉檀謝之曰:"卿,孤之著龜也,不能從之,深罪。"封保安亭侯。

《冊府元龜》卷二三三《僭僞部·悔過》頁二七七二下

　　初,南涼王傉檀遣左將軍枯木等伐沮渠蒙遜,掠臨松千餘戶而還。張天錫分張掖置臨松郡。《五代志》:甘州張掖縣,後周併臨松入焉。傉,奴沃翻。沮,子余翻。還,從宣翻,又如字;下同。蒙遜伐南涼,至顯美,徙數千戶而去。顯美縣,前漢屬張掖郡,後漢、晉屬武威郡。《五代志》:後周廢顯美入姑臧縣。南涼太尉俱延復伐蒙遜,大敗而歸。復,扶又翻。是月,傉檀自將五萬騎伐蒙遜。將,即亮翻。戰于窮泉,傉檀大敗,單馬奔還。蒙遜乘勝進圍姑臧,姑臧人懲王鍾之誅,皆驚潰,王鍾誅見上卷四年。夷、夏萬餘戶降于蒙遜。夏,戶雅翻。降,戶江翻;下同。傉檀懼,遣司隸校尉敬歸及子佗爲質於蒙遜以請和,何承天《姓苑》:敬姓,黃帝孫敬康之後;

《風俗通》:陳敬仲之後。質,音致。蒙遜許之;歸至胡阬,逃還,佗
爲追兵所執,蒙遜徙其衆八千餘户而去。右衛將軍折掘奇
鎮據石驢山以叛。石驢山在姑臧西南長寧川西北,屬晉昌郡界。張寔
討曹袪於晉昌,自姑臧西踰石驢,據長寧。折,而設翻。掘,其月翻。傉檀
畏蒙遜之逼,且懼嶺南爲奇鎮所據,乃遷于樂都,樂,音洛。留
大司農成公緒守姑臧。傉檀纔出城,魏安人侯諶等《晉書·載
記》作"焦諶、王侯等"。諶,氏壬翻。閉門作亂,收合三千餘家,據
南城,推焦朗爲大都督、龍驤大將軍,諶自稱涼州刺史,降
于蒙遜。傉檀自據姑臧之後,與四鄰交兵,所遇輒敗,不惟失姑臧,亦不
能保樂都矣。《詩》曰:"毋田甫田,維莠驕驕。毋思遠人,勞心忉忉。"正謂
此也。

　　《資治通鑑》卷一百一十五《晉紀三十七·安帝義熙六
年》頁三六三〇

　　三月,禿髮傉檀及沮渠蒙遜戰于窮泉,傉檀敗績。
　　　　　　《通志》卷十下《晉紀十下·安帝》頁二一〇下

　　臨松城……義熙五年禿髮傉檀遣軍伐蒙遜,掠臨松千餘户,蒙遜因掠
南涼之顯美以報之。①
　　《讀史方輿紀要》卷六十三《陝西十二·甘肅行都司》頁
二九七五

---

①禿髮傉檀伐沮渠蒙遜一事,《讀史方輿紀要》記爲義熙五年,《資治
　通鑑》置於"安帝義熙六年"條下,今從《通鑑》。

赤柳澗……晉義熙六年禿髮傉檀伐沮渠蒙遜，戰於窮泉，大敗而還。

《讀史方輿紀要》卷六十三《陝西十二·甘肅行都司》頁二九七九

石驢山……又禿髮傉檀爲沮渠蒙遜所敗，其將折掘奇鎮據石驢以叛是也。

《讀史方輿紀要》卷六十三《陝西十二·甘肅行都司》頁二九九四

赤岸戍……義熙六年沮渠蒙遜圍姑臧，傉檀遣司隸校尉敬歸及子佗爲質於蒙遜以請和，歸至胡阬逃還。

《讀史方輿紀要》卷六十三《陝西十二·甘肅行都司》頁二九九六

樂都城……又義熙六年禿髮傉檀自姑臧還樂都。

《讀史方輿紀要》卷六十四《陝西十三·西寧鎮》頁三〇〇九

公元四一一年　東晉安帝義熙七年
南涼景王嘉平四年　北涼武宣王永安十一年
西秦武元王更始三年　後秦文桓帝弘始十三年

興以勃勃、乾歸作亂西北，傉檀、蒙遜擅兵河右，疇咨將帥之臣，欲鎮撫二方。隴東太守郭播言於興曰："嶺北二州鎮戶皆數萬，若得文武之才以綏撫之，足以靖塞奸略。"興曰："吾每思得廉頗、李牧鎮撫四方，使便宜行事。然任非其

人，恒致負敗。卿試舉之。"播曰："清潔善撫邊，則平陸子王
元始；雄武多奇略，則建威王煥；賞罰必行，臨敵不顧，則奮
武彭蠔。"興曰："蠔令行禁止則有之，非綏邊之才也。始、煥
年少，吾未知其爲人。"播曰："廣平公弼才兼文武，宜鎮督一
方，願陛下遠鑒前車，近悟後轍。"興不從，以其太常索棱爲太
尉，領隴西內史，綏誘乾歸。政績既美，乾歸感而歸之。太史
令任猗言於興曰："白氣出於北方，東西竟天五百里，當有破
軍流血。"乞伏乾歸遣使送所掠守宰，謝罪請降。興以勃勃之
難，權宜許之，假乾歸及其子熾磐官爵。

　　《晉書》卷一百十八《載記第十八·姚興下》頁二九九五

　　後秦郭播爲隴東太守。時赫連勃勃、乞伏乾歸作亂西
北，禿髮傉檀、沮渠蒙遜擅兵河右，疇咨將帥之臣，欲鎮撫二
方。播言於姚興曰："嶺北二州鎮戶皆數萬，若得文武之才
以綏撫之，足靖塞奸路。"興曰："吾每思得廉頗、李牧鎮撫四
方，使便宜行事。然任非其人，嘗致負敗。卿試舉之。"播曰：
"清潔善撫邊，則平陸子王元始；雄武多奇略，則建威王煥；
賞罰必行，臨敵不顧，則奮武彭蠔。"興曰："蠔令行禁止則有
之，非綏邊之才也。始、煥年少，吾未知其爲人。"播曰："廣
平公弼才兼文武，宜鎮督一方，願陛下遠鑒高車，近悟後轍。"
興不從。

　　《冊府元龜》卷六八八《牧守部·薦賢》頁八一九七下

　　郭播爲姚興隴東太守。時赫連勃勃、乞伏乾歸作亂西
北，禿髮傉檀、沮渠蒙遜擅兵河右，興疇咨將帥之臣，欲鎮撫

二方。播言於興曰：“嶺北二州鎮户皆數萬，若得文武之才以撫綏之，足以靖塞奸路。”興曰：“吾每思得廉頗、李牧鎮撫四方，使便宜行事。然任非其人，嘗致負敗。卿試舉之。”播曰：“清潔善撫邊，則平陸王子元始；雄武多奇略，則建威王焕；賞罰必行，臨敵不顧，則奮武彭蠔。”興曰：“蠔令行禁止則有之，非綏邊之才也。始、焕年少，吾未知其爲人。”播曰：“廣平公弼才兼文武，宜鎮督一方，願陛下遠鑒前車，近悟後轍。”興不從。

　　《册府元龜》卷八二八《總録部·論薦》頁九八二七下至九八二八上

　　秦廣平公弼有寵於秦王興，爲雍州刺史，鎮安定。姚秦分嶺北五郡置雍州刺史，鎮安定。雍，於用翻。姜紀諂附於弼，勸弼結興左右以求入朝。興徵弼爲尚書令、侍中、大將軍。弼遂傾身結納朝士，朝，直遥翻。收采名勢，以傾東宫；國人惡之。惡，烏路翻。會興以西北多叛亂，欲命重將鎮撫之；將，即亮翻；下待將同。隴東太守郭播請使弼出鎮；魏收《地形志》有隴東郡，領涇陽、祖厲、撫夷三縣，不載立郡之始，蓋苻、姚所置也。西魏置隴東於汧源，唐之隴州是也。興不從，以太常索稜爲太尉、領隴西内史，使招撫西秦。爲索稜降西秦張本。索，昔各翻。西秦王乾歸遣使送所掠守宰，謝罪請降。謂去年克南安、略陽、隴西諸郡所得守宰也。使，疏吏翻。降，户江翻。興遣鴻臚拜乾歸都督隴西·嶺北·【章：甲十一行本“北”下有“匈奴”二字；乙十一行本同；孔本同；張校同。】雜胡諸軍事、征西大將軍、河州牧、單于、河南王，太子熾磐爲鎮西將軍、左賢王、平昌公。臚，陵如翻。單，音蟬。熾，昌志翻。

興命群臣搜舉賢才。右僕射梁喜曰："臣累受詔而未得其人，可謂世之乏才。"興曰："自古帝王之興，未嘗取相於昔人，相，息亮翻。待將於將來，隨時任才，皆能致治。將，即亮翻。治，直吏翻。卿自識拔不明，豈得遠誣四海乎？"群臣咸悅。姚興之折梁喜誠是矣，群臣體興之意而明揚仄陋者誰乎？此所謂好虛名而無實用者也。

《資治通鑑》卷一百一十六《晉紀三十八‧安帝義熙七年》頁三六四二至三六四三

興以勃勃、乾歸作亂西北，偽檀、蒙遜擅兵河右，疇咨將帥之臣，欲振鎮撫二方。隴東太守郭播言於興曰："嶺北二州鎮戶皆數萬，若得文武之才以綏撫之，足以靖塞奸路。"興曰："吾每思得廉頗、李牧鎮撫四方，使便宜行事。然任非其人，恒致負敗。卿試舉之。"播曰："清絜善撫邊，則平陸子王元始；雄武多奇略，則建威王焕；賞罰必行，臨敵不顧，則奮武彭蠡。"興曰："蠡令行禁止則有之，非綏邊之才也。始、焕年少，吾未知其爲人。"播曰："廣平公弼才兼文武，宜鎮督一方，願陛下遠鑒前車，近悟後轍。"興不從，以其太常索稜爲太尉，領隴西內史，綏誘降乾歸。政績既美，乾歸感而歸之。太史令任猗言於興曰："白氣出於北方，東西竟天五百里，當有破軍流血。"乞伏乾歸遣使送所掠守宰，謝罪請降。興以勃勃之難，權宜許之，假乾歸及其子熾磐官爵。

《通志》卷一百九十《載記五‧後秦》頁三〇五〇上至三〇五〇中

　　會興以勃勃、乾歸作亂西北，傉檀、蒙遜擅兵河右，疇咨
將帥之臣，欲得重將，鎮撫二方。隴東太守郭播言於興曰：
"嶺北二州鎮户皆數萬，若得文武之才以綏撫之，足以靖塞奸
路。"興曰："吾每思得廉頗、李牧鎮撫四方，便宜行事。然任
非其人，恒致負敗。卿試舉之。"播曰："清潔善撫邊，則平陸
子王元始；雄武多奇略，則建威王焕；賞罰必行，臨敵不顧，則
奮武彭蠔。"興曰："蠔令行禁止則有之，非綏邊之才也。始、
焕年少，吾未知其爲人。"播曰："廣平公弼才兼文武，宜督鎮
一方，願陛下遠鑒前車，近悟覆轍。"興不從，乃以太常索稜爲
太尉，領隴西内史。乞伏乾歸感而悦之，遣使送所掠守宰，謝
罪乞降。興以勃勃之難，權宜許之，遣鴻臚署乾歸征西大將
軍、河州牧、河南王，及其子熾磐鎮西將軍、左賢王、平昌公。

　　屠本《十六國春秋》卷五十八《後秦録八·姚興下》頁一
背至二正

　　興以勃勃、乾歸作亂西北，傉檀、蒙遜擅兵河右，疇咨將
帥之臣，欲鎮撫二方。隴東太守郭播言於興曰："嶺北二州，
鎮户皆數萬，若得文武之才以綏撫之，足以靖塞奸略。"興
曰："吾每思得廉頗、李牧鎮撫四方，使便宜行事，然任非其
人，恒致負敗。卿試舉之。"播曰："清潔善撫邊，則平陸子王
元始；雄武多奇略，則建威王焕；賞罰必行，臨敵不顧，則奮
武彭蠔。"興曰："蠔令行禁止則有之，非綏邊之才也。始、焕
年少，吾未知其爲人。"播曰："廣平公弼才兼文武，宜鎮督一
方，願陛下遠鑒前車，近悟後轍。"興不從。以其太常索稜爲
太尉，領隴西内史，綏誘乾歸，政績既美。乾歸感而歸之。太

史令任猗言於興曰：“白氣出於北方，東西竟天，五百里當有破軍流血。”乞伏乾歸遣使送所掠守宰，謝罪請降。興以勃勃之難，權宜許之，假乾歸及其子熾盤官爵。

《十六國春秋輯補》卷五十三《後秦録五・姚興》頁六六五至六六六

　　時木連理，生于永安，[一]永安令張披上書曰：“異枝同榦，遐方有齊化之應；殊本共心，上下有莫二之固。蓋至道之嘉祥，大同之美徵。”蒙遜曰：“此皆二千石令長匪躬濟時所致，豈吾薄德所能感之！”

　　蒙遜率步騎三萬伐禿髮傉檀，次于西郡。大風從西北來，氣有五色，俄而晝昏。至顯美，徙數千户而還。傉檀追及蒙遜于窮泉，蒙遜將擊之。諸將皆曰：“賊已安營，弗可犯也。”蒙遜曰：“傉檀謂吾遠來疲弊，必輕而無備，及其壘壁未成，可以一鼓而滅。”進擊，敗之，乘勝至于姑臧，夷夏降者萬數千户。傉檀懼，請和，許之而歸。及傉檀南奔樂都，魏安人焦朗據姑臧自立，蒙遜率步騎三萬攻朗，克而宥之。

【校勘記】

　　〔一〕永安　《斠注》：《十六國疆域志》曰：考平陽郡有永安縣，相去較遠，或疑即“永平”之誤。

《晉書》卷一百二十九《載記第二十九・沮渠蒙遜》頁三一九四至三一九五、三二〇〇

　　軍勝虜掠被追襲多敗傉檀以恡所獲致敗，亦貪之累，故附餌敵之後。[一]

十六國南凉禿髮傉檀伐北凉沮渠蒙遜於姑臧，至番禾、苕藋，徒弔反。掠五千餘户。其將屈右進曰：〔一二〕"陛下轉戰千里，前無完陣，徙户資財，盈溢衢路，宜倍道旋師，〔一三〕早度峻嶮。蒙遜善於用兵，士衆習戰，若輕軍卒至，出吾慮表，大敵外逼，徙户内攻，危道也。"衛尉伊力延曰："我軍勢方盛，將士勇氣自倍，彼徒我騎，勢不相及。若倍道旋師，必捐棄資財，示人以弱，非計也。"俄而昏霧風雨，蒙遜軍大至，傉檀大敗而還。

【校勘記】

〔一一〕傉檀以悋所獲致敗 "悋所"原訛"悦聽"，據北宋本改。明刻本作"怯所"，明抄本作"儂所"，王吴本作"怯所"，並誤。

〔一二〕其將屈右進曰 "屈右"原訛"窟古"，據《晉書·禿髮傉檀載記》三一五四頁改。

〔一三〕宜倍道旋師 "旋"原訛"遊"，據《晉書·禿髮傉檀載記》三一五四頁改。下同。

《通典》卷第一百五十六《兵九·軍勝虜掠被追襲多敗》頁四〇〇二至四〇〇三、四〇一七至四〇一八

崔鴻《十六國春秋》曰：北凉沮渠蒙遜率兵伐南凉禿髮傉檀得奴沃切。入其境，徙數千户而還。傉檀追及蒙遜于窮泉，蒙遜將擊之。諸將皆曰："賊已安營，不可犯也。"蒙遜曰："傉檀謂吾遠來疲斃，必輕而無備，及其壘壁未成，可一鼓而滅。"進擊，敗之，乘勝至于姑臧，夷夏降者乃數千户。傉檀懼，請和之而歸。

《太平御覽》卷二八六《兵部一七·機略五》頁一三二四上

《十六國春秋》曰：南涼禿髮傉檀伐北涼沮渠蒙遜於姑臧，至番禾、苕藋苕，徒柳切，藋，徒弔切，掠五千餘戶。其將焦古進曰："陛下轉戰千里，前無完陣，徒戶資財，盈溢衢路，宜倍道遊師，早度峻嶮。蒙遜善於用兵，士衆習戰，若輕軍卒至，出吾不慮，大敵外逼，徒戶內攻，危道也。"衛尉伊力延曰："我軍勢方盛，將士勇氣自倍，彼徒我騎，勢不相及。若倍道遊師，必捐棄資財，示人以弱，非計也。"俄而昏霧風雨，蒙遜軍大至，傉檀大敗而還。

《太平御覽》卷三二六《兵部五七・虜掠》頁一五〇〇下至一五〇一上

北涼沮渠蒙遜自稱涼州牧，率步騎三萬伐禿髮傉檀，次于西郡。大風從西北來，氣有五色，俄而晝昏。至顯美，徒數千戶而還。傉檀追及蒙遜于窮泉，蒙遜將擊之。諸將皆曰："賊已安營，弗可犯也。"蒙遜曰："傉檀謂吾遠來疲弊，必輕而無備，及其壘壁未成，可以一鼓而滅。"進擊，敗之，至于姑臧，夷夏降者萬千餘戶。傉檀懼，請和，許之而歸。

《冊府元龜》卷二二七《僭偽部・謀略》頁二七〇七上

焦朗猶據姑臧，朗據姑臧見上卷上年。沮渠蒙遜攻拔其城，沮，子余翻。執朗而宥之；以其弟挐爲秦州刺史，鎮姑臧。挐，女居翻。遂伐南涼，圍樂都，樂，音洛。三旬不克；南涼王傉檀以子安周爲質，乃還。質，音致。

《資治通鑑》卷一百一十六《晉紀三十八・安帝義熙七年》頁三六四四

吐谷渾樹洛干伐南凉，敗南凉太子虎臺。敗，補邁翻。

《資治通鑑》卷一百一十六《晉紀三十八‧安帝義熙七年》頁三六四四

南凉王傉檀欲復伐沮渠蒙遜，邯川護軍孟愷諫曰：復，扶又翻。《水經》：河水自西平郡東流，逕澆河郡故城北，又東逕石城南，又東逕邯川城南。劉昫曰：廓州化隆縣東，古邯川地。杜佑曰：後漢和帝時，侯霸置東、西邯屯田五部。邯，水名也，分流左右，在寧塞郡。據《唐志》，寧塞本澆河郡，唐玄宗天寶中更名；今之廓州。“蒙遜新并姑臧，凶勢方盛，不可攻也。”傉檀不從，五道俱進，至番禾、苕藋，番，音盤。藋，徒弔翻。掠五千餘户而還。還，從宣翻，又如字；下同。將軍屈右曰：“今既獲利，宜倍道旋師，早度險阨。蒙遜善用兵，若輕軍猝至，大敵外逼，徙户内叛，此危道也。”衛尉伊力延曰：“彼步我騎，騎，奇寄翻。勢不相及。今倍道而歸則示弱，且捐棄資財，非計也。”俄而昏霧風雨，蒙遜兵大至，傉檀敗走。蒙遜進圍樂都，傉檀嬰城固守，以子染干爲質以請和，質，音致。蒙遜乃還。

《資治通鑑》卷一百一十六《晉紀三十八‧安帝義熙七年》頁三六四四

時木連理，生于永安。蒙遜率步騎三萬伐秃髮傉檀，次於西郡。大風從西北來，氣有五色，俄而晝昏。至顯美，徙數千户而還。傉檀追及蒙遜於窮泉，蒙遜將擊之。諸將皆曰：“賊已安營，弗克犯也。”蒙遜曰：“傉檀謂吾遠來疲弊，必輕而無備，及其纍壁未成，可以一鼓而滅。”進擊，敗之，乘勝至於姑臧，夷夏降者萬數千户。傉檀懼，請和，許之而歸。及傉檀南奔樂都，魏安人焦朗據姑臧自立，蒙遜率步騎三萬攻朗，剋而宥之。

《通志》卷一百九十二《載記七·北涼》頁三〇九一中

伐禿髮傉檀，敗之。

《文獻通考》卷三百四十一《四裔十八·沮渠》頁九四五九

永安十一年春三月，蒙遜率騎三萬伐禿髮傉檀，次於西郡。大風從西北來，氣有五色，俄而晝昏。進至顯美，徙數千戶而還。傉檀率衆來追，及於窮泉，蒙遜將擊之。諸將皆曰："賊已安營，不可犯也。"蒙遜曰："傉檀謂吾遠來疲敝，必輕而無備，及其壁壘未成，可一鼓而擒也。"遂進擊之，傉檀大敗，乘勝至於姑臧，夷夏降者萬數千戶。傉檀懼，嬰城固守，遣使請和，以子染干爲質，許之，掠八千餘戶而歸。傉檀南奔樂都，魏安人侯諶等閉門作亂，遣使來降。焦朗亦據姑臧，自稱大都督、龍驤大將軍，臣於西涼李暠。

屠本《十六國春秋》卷九十四《北涼錄一·沮渠蒙遜》頁十二正至十二背

遂伐南涼，圍樂都，三旬不克。南涼王禿髮傉檀以子安周爲質，引還。未幾，傉檀復率衆來伐，蒙遜擊之，進圍樂都，傉檀勢窮請降，以子染干爲質，乃還。[1]

---

[1]沮渠蒙遜襲禿髮傉檀樂都一事，《資治通鑑·晉紀三十八》置於"安帝義熙七年"條下，僅屠本《北涼錄》記爲永安十二年，即東晉義熙八年，今從《通鑑》。

屠本《十六國春秋》卷九十四《北涼録一·沮渠蒙遜》頁十三正

苕藋戍……義熙七年南涼秃髮傉檀自樂都伐北涼，五道俱進，至番和苕藋，掠五千餘户而還。

《讀史方輿紀要》卷六十三《陝西十二·甘肅行都司》頁二九九〇

邯川城，在廢廓州東南。秃髮傉檀時所置邯川護軍也。

《讀史方輿紀要》卷六十四《陝西十三·西寧鎮》頁三〇一二

辛亥。十一年　蒙遜率步騎三萬伐南涼秃髮傉檀，次於西郡。大風從西北來，氣有五色，俄而晝昏。入其境，至顯美，〔三五〕徙數千户而還。傉檀追及蒙遜於窮泉，蒙遜將擊之。諸將皆曰：“賊已安營，不可擊一作“犯”。也。”蒙遜曰：“傉檀謂吾遠來疲弊，必輕而無備，及其壘壁未成，可以一鼓而滅。”進擊敗之。乘勝至於姑臧，夷夏降者萬數千户。傉檀懼，請和，許之而歸。此段亦見《御覽》二百八十六。

及傉檀南奔樂郡，魏安人焦朗據姑臧自立。蒙遜率步騎三萬攻朗，剋而宥之。

【校勘記】

〔三五〕入其境至顯美　《御覽》卷二八六引作“入其境”，《載記》作“至顯美”。

《十六國春秋輯補》卷九十五《北涼録一·沮渠蒙遜》頁一〇六一、一〇六五遣熾磐與其次子中軍審虔率步騎一萬伐禿髮傉檀,師濟河,敗傉檀太子武臺于嶺南,[六]獲牛馬十餘萬而還。

【校勘記】

〔六〕武臺　"武臺"本名"虎臺",避唐諱改,參卷一二六校記。

《晉書》卷一百二十五《載記第二十五·乞伏乾歸》頁三一二二、三一三六

河南王乾歸遣平昌公熾磐及中軍將軍審虔伐南涼。審虔,乾歸之子也。八月,熾磐兵濟河,此濟金城河也。熾,昌志翻。南涼王傉檀遣太子虎臺逆戰於嶺南;傉,奴沃翻。南涼兵敗,虜牛馬十餘萬而還。還,從宣翻,又如字;下同。

《資治通鑑》卷一百一十六《晉紀三十八·安帝義熙七年》頁三六四七

遣熾磐與其次子中軍審虔率騎一萬伐禿髮傉檀,師濟河,敗傉檀太子武臺于嶺南,獲牛馬十餘萬而還。

《通志》卷一百九十一《載記六·西秦》頁三〇七五下

秋七月,遣平昌公熾磐及次子中軍將軍審虔率步騎一萬伐禿髮傉檀。八月,熾磐率師濟河,敗傉檀太子虎臺於嶺南,獲牛馬十萬餘而還。

屠本《十六國春秋》卷八十五《西秦録一·乞伏乾歸》頁十九背

攻南涼取三河郡。今西寧衛南白土城,即故三河郡治。

《讀史方輿紀要》卷三《歷代州域形勢三·十六國》頁
一三五

遣熾磐與其次子中軍審虔率步騎一萬伐禿髮傉檀,[三九]
師濟河,敗傉檀太子武臺於嶺南,獲牛馬十餘萬而還。

【校勘記】

〔三九〕禿髮傉檀　"傉"字原無,據《載記》補。

《十六國春秋輯補》卷八十六《西秦錄二·乞伏乾歸》頁
九六九、九七三

公元四一二年　東晉安帝義熙八年
南涼景王嘉平五年　西秦武元王更始四年
北涼武宣王永安十二年

乞伏熾磐攻南涼三河太守吳陰于白土,克之,以乞伏
出累代之。《水經》:河水過邯川城南,又東逕臨津城北、白土城南。闞駰
《十三州志》曰:左南津西六十里,有白土城,在大河之北,爲緣河濟渡之地。
累,力追翻。魏收曰:白土縣,漢屬上郡,晉屬金城郡,後魏屬新平郡。余謂
後魏新平之白土乃漢上郡之白土,晉金城之白土乃左南西之白土,各是一處。
《五代志》:邠州新平縣、舊曰白土,此漢上郡及後魏之白土也。南涼之白土當
在唐鄯州界。

《資治通鑑》卷一百一十六《晉紀三十八·安帝義熙八
年》頁三六五〇

夏五月,熾磐率衆攻禿髮傉檀三河太守吳陰於白土,克

之,以出累代爲太守。

屠本《十六國春秋》卷八十五《西秦録一·乞伏乾歸》頁
二十背

白土城……義熙八年西秦乞伏熾磐攻南涼三河太守吳陰于白土,
克之。

《讀史方輿紀要》卷六十四《陝西十三·西寧鎮》頁
三〇一〇

公元四一三年　東晉安帝義熙九年
南涼景王嘉平六年　北涼武宣王玄始二年

傉檀來伐,蒙遜敗之于若厚塢。傉檀湟河太守文支據
湟川,護軍成宜侯率衆降之。署文支鎮東大將軍、廣武太
守、振武侯,成宜侯爲振威將軍、湟川太守,以殿中將軍王
建爲湟河太守。蒙遜下書曰:"古先哲王應期撥亂者,莫不
經略八表,然後光闡純風。孤雖智非靖難,職在濟時,而狡
虜傉檀鴟峙舊京,毒加夷夏。東苑之戮,酷甚長平,邊城之
禍,害深獫狁。每念蒼生之無辜,是以不遑啓處,身疲甲胄,
體倦風塵。雖傾其巢穴,傉檀猶未授首。傉檀弟文支追項
伯歸漢之義,據彼重藩,請爲臣妾。自西平已南,連城繼順。
惟傉檀窮獸,守死樂都。四支既落,命豈久全!五緯之會已
應,清一之期無賒,方散馬金山,黎元永逸。可露布遠近,咸
使聞知。"

《晉書》卷一百二十九《載記第二十九·沮渠蒙遜》頁
三一九五至三一九六

　　北凉沮渠蒙遜時，禿髮傉檀來伐，蒙遜敗之於若厚塢。
傉檀湟河太守文支據湟川，護軍成宜侯率衆降之。署文鎮東
大將軍、廣武太守、振武侯，成宜侯爲振威將軍、湟川太守，以
殿中將軍王建爲湟河太守。

　　　　《册府元龜》卷二三〇《僭僞部・懷附》頁二七四三下

　　北凉沮渠蒙遜僭稱河西王，禿髮傉檀來伐，蒙遜敗之於
若厚塢，傉檀湟河太守文支，拔湟川護軍成宜侯率衆降之。

　　　　《册府元龜》卷二三一《僭僞部・征伐》頁二七五四上

　　北凉沮渠蒙遜僭稱河西王，下書曰：“古先誓以應期撥
亂者，莫不經略八表，然後光闡淳風。孤雖智非靖難，職在濟
時，而狡虜傉檀鴟峙舊京，毒加夷夏。東死之戮，酷甚長平，
邊城之禍，害深獫狁。每念蒼生之無辜，是以不遑啓處，身疲
甲胄，體倦風塵。雖傾其巢穴，傉檀猶未授首。傉檀弟文支，
追項伯歸漢之義，據彼重藩，請爲臣妾。自西平已南，連城繼
順。惟傉檀窮獸，守死樂都。四支既落，命豈久全！五緯之
會已應，清一之期無餘，方散馬金山，黎元永逸。可露布遠
近，咸使聞知。”

　　　　《册府元龜》卷二三三《僭僞部・矜大》頁二七七三下至
二七七四上

　　南凉王傉檀伐河西王蒙遜，蒙遜敗之於若厚塢，又敗之
於若涼；敗，補邁翻。因進圍樂都，樂，音洛；下長樂同。二旬不克。
南凉湟河太守文支以郡降于蒙遜，降，戶江翻。蒙遜以文支爲廣

武太守。蒙遜復伐南涼，傉檀以太尉俱延爲質，乃還。復，扶又
翻。質，音致。

《資治通鑑》卷一百一十六《晉紀三十八·安帝義熙九
年》頁三六五九至三六六〇

傉檀來伐，蒙遜敗之於若厚塢，傉檀湟河太守文支據湟
州，護軍成宜侯率衆降之。署文支鎮東大將軍、廣武太守、振
武侯，成宜侯爲振威將軍、湟州太守，以殿中將軍王建爲湟河
太守。

《通志》卷一百九十二《載記七·北凉》頁三〇九一中至
三〇九一下

南涼王禿髮傉檀來伐，蒙遜敗之於若厚塢，又敗之於若
凉；進圍樂都，二旬不克。傉檀湟河太守禿髮文支據湟川來
降，鎮軍將軍、成宜侯亦率衆來降。蒙遜署文支爲鎮東大將
軍、廣武太守，成宜侯爲振威將軍、湟川太守，以殿中將軍王
建爲湟河太守。秋八月，蒙遜復率衆來伐傉檀，傉檀懼，以
太尉俱延爲質，乃還。因下書曰："古先哲王應期撥亂者，莫
不經略八表，然後光闡純風。孤雖智非靖難，職在濟時，而
狡虜傉檀鴟峙舊京，毒加夷夏。東苑之戮，酷甚長平，邊城
之禍，害深獫狁。每念蒼生之無辜，是以不遑寧處，身披甲
冑，體倦風塵。雖傾其巢穴，傉檀猶未授首。其弟文支追項
伯歸漢之義，據彼重藩，請爲臣妾。自西平已南，連城繼順。
惟傉檀窮獸，守死樂都。四支既落，命豈久全！五緯之會已
應，清一之期無賖，方散馬金山，黎元永逸。可露布遠近，咸

使聞之。"

屠本《十六國春秋》卷九十四《北凉録一·沮渠蒙遜》頁
十三背至十四背

九年敗南凉兵,圍其樂都,取湟河郡。
《讀史方輿紀要》卷三《歷代州域形勢三·十六國》頁一四〇

若厚塢,在衛北。晉義熙九年沮渠蒙遜敗南凉王禿髮傉檀于若厚塢,
又敗之於若凉,遂進圍樂都。若凉蓋亦塢名也。

《讀史方輿紀要》卷六十四《陝西十三·西寧鎮》頁三〇
二八

傉檀來伐,蒙遜敗之於若厚塢。傉檀湟河太守文支據湟
川護軍成宜侯率衆來降。蒙遜署文支爲鎮東大將軍、廣武太
守、振武侯,成宜侯爲振威將軍、湟川太守,以殿中將軍王建
爲湟河太守。蒙遜下書曰:"古先哲王應期撥亂者,莫不經略
八表,然後光闡純風。孤雖智非靖難,職在濟時,而狡虜傉檀
鴟峙舊京,毒加夷夏,東苑之戮,酷甚長平,邊城之禍,害深獫
狁。每念蒼生之無辜,是以不遑啓處,身疲甲胄,體倦風塵,
雖傾其巢穴,傉檀猶未授首。傉檀弟文支,追項伯歸漢之義,
據彼重藩,請爲臣妾。自西平已南,連城繼順,惟傉檀窮獸,
守死樂都。四支既落,命豈久全! 五緯之會已應,清一之期
無賒,方散馬金山,黎元永逸,可露布遠近,咸使聞知。"

《十六國春秋輯補》卷九十六《北凉録二·沮渠蒙遜》頁
一〇六七至一〇六八

公元四一四年　東晉安帝義熙十年
南凉景王嘉平七年　西秦文昭王永康三年
北凉武宣王玄始三年　北魏明元帝神瑞元年
西凉武昭王建初十年

　　玄盛以緯世之量，當呂氏之末，爲群雄所奉，遂啓霸圖，兵無血刃，坐定千里，謂張氏之業指期而成，河西十郡歲月而一。既而禿髮傉檀入據姑臧，且渠蒙遜基宇稍廣，於是慨然著《述志賦》焉。

　　《晉書》卷八十七《列傳第五十七·凉武昭王李玄盛》頁二二六五

　　初，暠爲群雄所推，定千里之地，謂張氏之業不足成，河西十郡歲月而一。既而傉檀入據姑臧，蒙遜基宇稍廣，於是慨然著《述志賦》。

　　《太平御覽》卷一二四《偏霸部八·西凉李暠》頁六〇二上

　　既而禿髮傉檀入據姑臧，沮渠蒙遜基宇稍廣，於是慨然著《述志賦》。

　　《冊府元龜》卷二二八《僭僞部·好文》頁二七一六下

　　暠以緯世之量，當呂氏之末，爲群雄所奉，遂啓霸圖，兵無血刃，坐定千里，謂張氏之業指期可成，河西十郡歲月而一。既而禿髮傉檀入據姑臧，沮渠蒙遜基宇稍廣，於是慨然著《述志賦》。

　　《通志》卷一百九十三《載記八·西凉》頁三〇九六上

　　初，暠爲群雄所推，定千里之地，謂張氏之業不足成，河西十郡歲月而一。既而傉檀入姑臧，蒙遜基宇稍廣，於是慨然著《述志賦》。

　　　　《十六國春秋別本》卷八《西凉録·李暠》頁二

　　建初十年，暠以偉世之量，當吕氏之末，爲群雄所奉，遂起伯圖，兵無血刃，坐定千里，謂張氏之業指日可待，河西十郡歲月而一。既而禿髮傉檀入據姑臧，沮渠蒙遜基宇稍廣，於是慨然著《述志賦》焉。

　　　　屠本《十六國春秋》卷九十一《西凉録一·李暠》頁十四正至十四背

　　甲寅。十年　暠以緯世之量，當吕氏之末，爲群雄所奉，遂起霸圖，兵無血刃，坐定千里之地，謂張氏之業不足成，[一○]一作"指期而成"。河西十郡歲月而一。既而禿髮傉檀入據姑臧，沮渠蒙遜基宇稍廣，於是慨然著《述志賦》焉。

【校勘記】

　　〔一○〕張氏之業不足成　"不足成"，《偏霸部》同，本傳作"指期而成"。

　　　　《十六國春秋輯補》卷九十三《西凉録二·李暠》頁一○三六、一○四一

　　夏六月，乞伏熾盤帥師伐禿髮傉檀，滅之。

　　　　　　《晉書》卷十《帝紀第十·安帝》頁二六四

　　僭立十年，〔一四〕有雲五色，起於南山。熾磐以爲己瑞，大悦，謂群臣曰："吾今年應有所定，王業成矣！"於是繕甲整兵，以待四方之隙。聞禿髮傉檀西征乙弗，投劍而起曰："可以行矣！"率步騎二萬襲樂都。禿髮武臺憑城距守，熾磐攻之，一旬而克。遂入樂都，論功行賞各有差。遣平遠犍虔率騎五千追傉檀，徙武臺與其文武及百姓萬餘户于枹罕。傉檀遂降，署爲驃騎大將軍、左南公。隨傉檀文武，依才銓擢之。熾磐既兼傉檀，兵强地廣，置百官，立其妻禿髮氏爲王后。

　　【校勘記】

　　〔一四〕僭立十年　《安紀》，熾磐立於義熙八年，其滅傉檀在十年。《校文》據此謂相拒僅三載，安得曰"僭立十年"，知"僭立"乃"義熙"二字之譌。按：《校文》説或是，但《御覽》一二七引《西秦録》所謂"有雲五色"云云及滅傉檀在熾磐之永康三年，則其誤或不在"僭立"二字，而在"三年"譌"十年"。

　　《晉書》卷一百二十五《載記第二十五·乞伏熾磐》頁三一二四、三一三七

　　是歲，禿髮傉檀爲乞伏熾磐所滅。

　　【校勘記】

　　〔一〕魏書卷三　諸本目録此卷注"闕"，卷末舊有宋人校語殿本刪節入《考證》云："魏收書《太宗紀》亡，史館舊本《帝紀》第三卷上有白簽云：'此卷是魏澹史。'案《隋書·魏澹傳》，澹之義例多與魏收不同，其一曰諱皇帝名，書太子字；四曰諸國君皆書曰卒。今此卷書封皇子燾爲泰平王，燾字佛釐；姚興、李暠、司馬德宗、劉裕皆書卒。故疑爲澹史。又案

《北史》、《高氏小史》、《修文殿御覽・皇王部》皆抄略魏收書，其間事及日有此《紀》所不載者；《北史・本紀》逐卷後論，全用魏收史臣語而微加增損，惟論明元，即與此《紀》史臣語不同。故知非魏收史明矣。《崇文總目》有魏澹書一卷，今亦亡矣。豈此篇乎？

'泰常七年四月，封皇子燾爲泰平王；五月，詔皇太子臨朝聽政，是月泰平王攝政'，重複不成文。其年九月、十月再書泰平王，明年五月、七月再書皇太子，前後乖戾。今據此《紀》，無立泰平王爲皇太子事。《世祖紀》云四月封泰平王，五月爲監國，亦不言曾立爲皇太子。此《紀》初詔聽政，便云皇太子，後更稱泰平王。惟《北史》泰常七年五月立泰平王燾爲皇太子，臨朝聽政。《小史》、《御覽》亦無立皇太子事，而自臨朝聽政後，悉稱皇太子。彼蓋出魏收史，故與此不同。《隋書》稱魏澹書甚簡要，不應如此重複乖戾。疑此卷雖存，亦殘缺脱誤。"

今按宋人考證此《紀》非魏收書原文，並認爲可能是殘存的魏澹《魏書》。今以沿自《修文殿御覽》的《太平御覽》卷一〇二和《北史》卷一《魏紀》中《明元紀》與此卷對校，也可證宋人判斷是對的。宋初魏收書此《紀》已缺，故景德二年一〇〇五編《册府元龜》時有關諸條，都和今補本此《紀》相同。但也有個別字句不見今補本，不知是刻本脱文，還是校刊時嘉祐六年(一〇六一)後所據本又有殘缺。

《魏書》卷三〔一〕《太宗紀第三》頁五五、六四至六五

源賀，自署河西王禿髮傉檀之子也。傉檀爲乞伏熾磐所

滅，賀自樂都來奔。

　　　《魏書》卷四十一《列傳第二十九·源賀》頁九一九

　　後襲禿髮傉檀於樂都，滅之。

　　《魏書》卷九十九《列傳第八十七·鮮卑乞伏國仁》頁
二一九九

　　明年，赫連屈孑寇蒲子，三城諸將擊走之。其餘灾波及
晉、魏，仍其兵革之禍。二年九月，土犯畢，爲疆場之兵。三年七月，木
犯土于參。占曰“戰敗，亡地，國君死”。四年十月，月掩天關。其灾同上。參，
外主巴蜀。其後晉師伐蜀，戮其主譙縱。先是，四年閏月，月犯熒惑，在昴；七
月，又蝕之。五年，將軍奚斤討越勤，大破之。明年，禿髮氏降于西秦，其君傉
檀戮死。

【校勘記】

　　〔一〕魏書卷一百五之三　諸本目録注“闕”字，卷末附
宋人校語云：殿本入《考證》“魏收書《天象志》第一卷載天及
日變，第二卷載月變，第三、第四卷應載星變。今此二卷，天、
日、月、星變編年總繫魏及南朝禍咎。蓋魏收《志》第三、第
四卷亡，後人取他人所撰《志》補足之。魏澹書世已無本，
據目録作西魏《帝紀》，而元善見、司馬昌明、劉裕、蕭道成
皆入列傳。此《志》主東魏，而晉、宋、齊、梁君皆稱帝號，亦
非魏澹書明矣。《唐書·經籍志》有張太素《魏書》一百卷，
故世人疑此二卷爲太素書《志》。《崇文總目》有張太素《魏
書·天文志》二卷，今亦亡矣。惟昭文館有史館舊本《魏
書·志》第三卷，前題朝議郎、行著作郎修國史張太素撰。太

素唐人,故諱'世''民'等字。"按《天象志》三及四非《魏書》原文甚明,其中記月變即采《志》二所載,記星變似兼采已亡之《魏書·志》三、四和《宋書·天文志》。

《魏書》卷一百五之三[一]《天象志一之三第三》頁二三九五、二四一八至二四一九

夏六月,乞伏熾盤滅禿髮傉檀。

《北史》卷一《魏本紀第一·太宗明元帝》頁二九

源賀,西平樂都人,私署河西王禿髮傉檀之子也。傉檀爲乞伏熾盤所滅,賀自樂都奔魏。

《北史》卷二十八《列傳第十六·源賀》頁一〇二三

後襲禿髮傉檀於樂都,滅之。

《北史》卷九十三《列傳第八十一·僭僞附庸·西秦》頁三〇八〇至三〇八一

源氏出自後魏聖武帝詰汾長子疋孤。七世孫禿髮傉檀,據南涼,子賀降後魏,太武見之曰:"與卿同源,可改爲源氏。"

《新唐書》卷七十五上《表第十五上·宰相世系五上》頁三三六一

弟傉檀遷於姑臧,後復徙理於此,爲乞伏熾磐所併。

《元和郡縣圖志》卷第三十九《隴右道上·鄯州》頁九九一

　　三年正月，有五色雲，起於南山。盤大悦，謂群臣曰："吾今年應有所定，王業成矣！"於是繕甲整兵，以待四方之隙。五月，聞傉檀西征，率步騎二萬襲樂都。傉檀降，遂并南凉，兵强地廣。

　　《太平御覽》卷一二七《偏霸部一一·西秦乞伏熾盤》頁六一四上

　　又《南凉録》曰：振武將軍尉賢政固守浩亹不下。熾盤招之曰："樂都已潰，卿妻子皆在吾間，孤城獨守，何所爲也！"政曰："受凉王厚恩，爲國家藩屏，雖知樂都已陷，妻子爲擒，先歸獲賞，後順受誅，然不知主存亡，未敢歸命。妻子小事，豈動懷！"盤乃遣虎臺手書喻政，政曰："爲國儲不能盡忠，反面縛於人，棄父負君，虧萬世之業，賢政義士，豈如汝乎！"

　　《太平御覽》卷四一八《人事部五九·忠貞》頁一九二八下

　　又改嘉平，在位十三年，弘昌六年，嘉平七年。爲乞伏熾磐所滅。

　　《册府元龜》卷二一九《僭僞部·年號》頁二六三四上

　　秃髮傉檀僭稱凉王，爲乞伏熾磐所降。其少子保周、臘于破羌、俱延子覆龍，鹿孤孫副周，烏孤承鉢皆奔沮渠蒙遜。久之，歸魏，魏以保周爲張掖王，覆龍酒泉公，破羌西平公，副周永平公，承鉢昌松公。

　　《册府元龜》卷二二四《僭僞部·宗族》頁二六八二下

聞禿髮傉檀西征乙弗，投袂而起曰：“可以行矣。”率步騎二萬襲樂都。禿髮武臺憑城距守，熾磐攻之，一旬而尅，遂入樂都。遣平遠捷虔率騎五千追傉檀，徙武臺與其文武及百姓萬餘户於抱罕，傉檀遂降。

　　　　《册府元龜》卷二三一《僭僞部·征伐》頁二七五二下

　　唾契汗、乙弗等部皆叛南凉，契，欺訖翻。汗，何干翻。《北史》曰：乙弗國有契翰一部，風俗亦同。杜佑曰：乙弗敵，後魏聞焉，在吐谷渾北，衆有萬餘落，風俗與吐谷渾同，然不識五穀，唯食魚與蘇子。蘇子狀若中國枸杞子，或赤或黑。西有契翰一部，風俗亦同。南凉王傉檀欲討之。邯川護軍孟愷諫曰：邯，户甘翻。“今連年饑饉，南逼熾磐，北逼蒙遜，百姓不安。遠征雖克，必有後患；不如與熾磐結盟通糴，慰撫雜部，足食繕兵，俟時而動。”傉檀不從，謂太子虎臺曰：“蒙遜近去，不能猝來；旦夕所慮，唯在熾磐。然熾磐兵少易禦，汝謹守樂都，少，詩沼翻。易，以豉翻。樂，音洛；下同。吾不過一月必還矣。”乃帥騎七千襲乙弗，帥，讀曰率。騎，奇寄翻。大破之，獲馬牛羊四十餘萬。

　　河南王熾磐聞之，欲襲樂都，群臣咸以爲不可。太府主簿焦襲曰：“傉檀不顧近患而貪遠利，近患，謂蒙遜、熾磐；遠利，謂乙弗。我今伐之，絶其西路，樂都之西路，此傉檀自乙弗還樂都路也。使不得還救，則虎臺獨守窮城，可坐禽也。此天亡之時，必不可失。”熾磐從之，帥步騎二萬襲樂都。虎臺憑城拒守，熾磐四面攻之。

　　南凉撫軍從事中朗尉肅言於虎臺曰：“外城廣大難守，殿下不若聚國人守内城，國人，謂鮮卑禿髮之種落。肅等帥晉人拒戰於外，雖有不捷，猶足自存。"虎臺曰："熾磐小賊，且夕當走，卿何過慮之深！"虎臺疑晉人有異心，夷人謂華人爲晉人。悉召豪望有謀勇者閉之於內。孟愷泣曰："熾磐乘虛內侮，國家危於累卵。愷等進欲報恩，退顧妻子，人思效死，而殿下乃疑之如是邪！"虎臺曰："吾豈不知君之忠篤，懼餘人脫生慮表，以君等安之耳。"

一夕，城潰，熾磐入樂都，遣平遠將軍捷虔帥騎五千追傉檀，以鎮南將軍謙屯爲都督河右諸軍事、涼州刺史，鎮樂都；捷虔、謙屯，皆乞伏種。禿髮赴單爲西平太守，鎮西平；以趙恢爲廣武太守，鎮廣武；曜武將軍王基爲晉興太守，鎮浩亹；浩亹，音誥門。徙虎臺及其文武百姓萬餘戶于枹罕。枹，音膚。赴單，烏孤之子也。

《資治通鑑》卷一百一十六《晉紀三十八·安帝義熙十年》頁三六六六至三六六七

樂都之潰也，南涼安西將軍樊尼自西平奔告南涼王傉檀，傉檀謂其衆曰："今妻子皆爲熾磐所虜，退無所歸，卿等能與吾藉乙弗之資，取契汗以贖妻子乎？"契，欺訖翻。汗，音寒。乃引兵西；衆多逃還，傉檀遣鎮北將軍段苟追之，苟亦不還。於是將士皆散，唯樊尼與中軍將軍紇勃、後軍將軍洛肱、散騎侍郎陰利鹿不去，散，悉亶翻。騎，奇寄翻。傉檀曰："蒙遜、熾磐昔皆委質於吾，蒙遜稱臣於利鹿孤，見一百一十二卷隆安五年；熾磐父子歸利鹿孤，見一百一十一卷四年。質，之日翻。今而歸去，不亦鄙乎！四海之廣，無所容身，何其痛也！與其聚而同死，不若分而或全。樊尼，吾長兄之子，樊尼蓋烏孤之子也。長，知兩翻。宗部所寄；吾衆在北者户垂一萬,蒙遜方招懷士民,存亡繼絶,汝其從之;紇勃、洛肱亦與尼俱行。紇,户骨翻。吾年老矣所適不容,寧見妻子而死!”遂歸于熾磐,唯陰利鹿隨之。傉檀謂利鹿曰:“吾親屬皆散,卿何獨留?”利鹿曰:“臣老母在家,非不思歸;然委質爲臣,忠孝之道,難以兩全。臣不才,不能爲陛下泣血求救於鄰國,爲,于僞翻。敢離左右乎!”難,力智翻。傉檀歎曰:“知人固未易。易,以豉翻。大臣親戚皆棄我去,今日忠義終始不虧者,唯卿一人而已!”

傉檀諸城皆降於熾磐,降,户江翻。獨尉賢政屯浩亹,浩亹,音告門。固守不下。熾磐遣人謂之曰:“樂都已潰,卿妻子皆在吾所,獨守一城,將何爲也?”賢政曰:“受凉王厚恩,爲國藩屏。屏,必郢翻。雖知樂都已陷,妻子爲禽,先歸獲賞,後順受誅;然不知主上存亡,主上,謂傉檀也。未敢歸命;妻子小事,豈足動心!若貪一時之利,忘委付之重者,大王亦安用之!”熾磐乃遣虎臺以手書諭之,賢政曰:“汝爲儲副,不能盡節,面縛於人,棄父忘君,墮萬世之業,墮,讀曰隳。賢政義士,豈效汝乎!”聞傉檀至左南,乃降。闞駰《十三州志》曰:左南城在金城白土縣東六十里。《晉志》:張氏置晉興郡,左南縣屬焉。是縣蓋亦張氏所置也。

熾磐聞傉檀至,遣使郊迎,待以上賓之禮。使,疏吏翻。秋,七月,熾磐以傉檀爲驃騎大將軍,賜爵左南公,驃,匹妙翻。騎,奇寄翻。南凉文武,依才銓叙。歲餘,熾磐使人鴆傉檀;左右請解之,傉檀曰:“吾病豈宜療邪!”遂死,謚曰景王。《載記》曰:禿髮烏孤至傉檀三世,十九年而滅。虎臺亦爲熾磐所殺。傉檀子保周、賀,俱延子覆龍,利鹿孤孫副周,烏孤孫承鉢,皆奔河西王蒙遜，久之，又奔魏。魏以保周爲張掖王，覆龍爲酒泉公，賀西平公，副周永平公，承鉢昌松公。魏主嗣愛賀之才，謂曰："卿之先與朕同源，賜姓源氏。"爲源氏昌大於魏張本。

《資治通鑑》卷一百一十六《晉紀三十八·安帝義熙十年》頁三六六九至三六七一

西秦王熾磐立妃禿髮氏爲后。妃，傉檀之女也。

《資治通鑑》卷一百一十六《晉紀三十八·安帝義熙十年》頁三六七二

夏六月，乞伏熾盤帥師伐禿髮傉檀，滅之。

《通志》卷十下《晉紀十下·安帝》頁二一一中

夏六月，乞伏熾磐滅禿髮傉檀。

《通志》卷十五上《後魏紀十五上·明元帝》頁二七五上

夏六月，西秦擊滅南凉。

《通志》卷二十三《年譜三·晉義熙十年》頁四三一下

夏五月，傉檀出討他郡，西秦乞伏熾磐襲樂都，樂都潰，殺其太子虎臺。傉檀歸，降于熾磐，尋遇害，南凉亡。

《通志》卷二十三《年譜三·南凉嘉平七年》頁四三一下

源氏。出自代北。後魏聖武皇帝詰汾長子疋孤七世孫，禿髮傉檀據南涼，生賀，降後魏。太武見之曰：“與卿同源，可改爲源氏。”位太尉、隴西王。

　　　　《通志》卷二十八《氏族四·源氏》頁四六七下

　　源賀，西平樂都人，私署河西王禿髮傉檀之子也。傉檀
爲乞伏熾盤所滅，賀自樂都奔魏。

　　　　《通志》卷一百四十七《列傳六十·後魏·源賀》頁二三
四二下

　　僭立十年，有雲五色，起于南山。熾磐以爲已瑞，大悦，
謂群臣曰：“吾今年應有所定，王業成矣！”於是繕甲整兵，
以待四方之隙。聞禿髮傉檀西征乙弗，投劍而起曰：“可以行
矣！”率步騎二萬襲樂都。禿髮武臺憑城距守，熾磐攻之，一
旬而剋。遂入樂都，論功行賞各有差。遣平遠犍虔率騎五千
追傉檀，徙武臺與文武及百姓萬餘户于枹罕。傉檀遂降，署
爲驃騎大將軍、左南公。隨傉檀文武，依才銓擢之。熾磐既
兼傉檀，兵强地廣，置百官，立其妻禿髮氏爲王后。

　　　　《通志》卷一百九十一《載記六·西秦》頁三〇七六中

　　源賀，西平樂都人。[四三]本河西王禿髮傉檀之子，傉檀
滅，奔魏。

　　【校勘記】

　　〔四三〕西平樂都人　“樂都”原作“樂郁”，據《魏書》卷
四一《源賀傳》、《北史》卷二八《源賀傳》改。

　　　　《文獻通考》卷二百七十三《封建十四·後魏諸侯王列
侯》頁七四六六、七四八三

五年正月，有五色雲，起於南山。盤大悦，謂群臣曰："吾今年應有所定，王業成矣！"於是繕甲整兵，以伺四方之隙。五月，聞傉檀西征，率步騎二萬襲樂都。傉檀降，遂并南凉，兵強地廣。十月，僭即秦王位，置百官，立妻禿髮氏爲王后。

《十六國春秋別本》卷十五《西秦録・乞伏熾磐》頁四至五

永康三年春正月，有五色雲，起於南山。熾磐以爲己瑞，大悦，謂群臣曰："吾今年應有所定，王業成矣！"於是繕甲整兵，以待四方之隙。夏五月，熾磐聞南凉禿髮傉檀西征乙弗，拔劍而起，曰："可以行矣！"群臣咸以爲不可，太府主簿焦襲曰："傉檀不顧近患而貪遠利，我今伐之，絶其西路，使不得還救，則虎臺傉檀子獨守窮城，可坐擒也。此天亡之時，必不可失。"熾磐從之，率步騎二萬襲樂都。禿髮虎臺憑城拒守，熾磐西面攻之。一旬而克，遂入樂都，諭功行賞，將士各有差。遣平遠將軍捷虔率騎五千追傉檀，以鎮南將軍謙屯爲都督河右諸軍事、凉州刺史，鎮樂都；禿髮赴單爲西平太守，鎮西平；赴單，烏孤之子也。趙恢爲廣武太守，鎮廣武；曜武將軍王基爲晉興太守，鎮浩亹；虎臺與其文武及百姓萬餘户於枹罕。六月，傉檀勢屈，請降。既至，遣使郊迎，待以上賓之禮。秋七月，署傉檀爲驃騎大將軍、左南公，南凉文武，隨才銓擢。冬十月，熾磐既兼傉檀，兵強地廣，復稱秦王，署置百官。十一月，立妃禿髮氏爲王后。

屠本《十六國春秋》卷八十六《西秦録二・乞伏熾磐》頁二背至三背

玄始三年夏,秃髮烏孤孫承鉢、利鹿孤孫副周皆來奔降。

屠本《十六國春秋》卷九十四《北凉録一·沮渠蒙遜》頁十四背至十五正

十年襲南凉,入樂都,_{在今西寧衛西。}遂并其地,復稱秦王。

《讀史方輿紀要》卷三《歷代州域形勢三·十六國》頁一三五

十年南凉爲西秦所滅。

《讀史方輿紀要》卷三《歷代州域形勢三·十六國》頁一四〇

浩亹城……義熙十年西秦乞伏熾磐滅南凉,以王基爲晉興太守,鎮浩亹是也。

《讀史方輿紀要》卷六十四《陝西十三·西寧鎮》頁三〇八

樂都城……十年西秦乞伏熾磐襲樂都,傉檀世子虎臺拒守。其臣梁肅以外城廣大難守。請聚國人守内城。虎臺不聽,城潰。熾磐入樂都,置凉州刺史鎮焉。

《讀史方輿紀要》卷六十四《陝西十三·西寧鎮》頁三〇九

左南城……又義熙十年南凉王傉檀西討乙弗部,西秦王熾磐入其樂都,傉檀詣熾磐降,至左南,熾磐因賜傉檀爵左南公,即此。

《讀史方輿紀要》卷六十四《陝西十三·西寧鎮》頁三〇
一〇

乙弗勿敵國,舊在吐谷渾北。《北史》:"乙弗世爲吐谷渾渠帥,居青
海,號青海王,[三〇]種有萬落,風俗與吐谷渾同。"胡氏云:"乙弗亦鮮卑族,居
西海北,其西有契翰一部,風俗亦同。"晉義熙十年吐契翰、乙弗等部皆叛南涼,
南涼王傉檀擊乙弗,大破之。吐契翰即契翰矣。

【校勘記】

〔三〇〕居青海 "青海",《北史》卷九六《吐谷渾傳》、
《寰宇記》卷一八八均作"屈海",與此異。

《讀史方輿紀要》卷六十五《陝西十四·西番》頁
三〇八九、三〇九三

甲寅。三年晉義熙十年。 正月,[八]有五色雲起於南山,
熾磐以爲己瑞,大悦,謂群臣曰:"吾今年應有所定,王業成
矣!"於是繕甲整兵,以伺四方之隙。

五月,[九]聞禿髮傉檀西伐乙弗,投劍而起曰:"可以行
矣!"率步騎二萬襲樂都,禿髮武臺憑城距守,熾磐攻之,一
旬而尅。遂入樂都,論功行賞各有差。遣平遠犍虔率騎五千
追傉檀,徙武臺與其文武及百姓萬餘户於枹罕。傉檀遂降,
署爲驃騎大將軍、左南公,隨傉檀文武依才銓擢之。

熾磐既并南涼,[一〇]兵强地廣,十月,僭即秦王位,[一一]
置百官,立其妻禿髮氏爲王后。[一二]

【校勘記】

〔八〕三年正月　《偏霸部》同,《載記》作"僭立十年",
疑誤。

〔九〕五月　見《偏霸部》,《載記》無。

〔一〇〕熾磐既并南涼　"并南涼",《偏霸部》同,《載記》
作"兼僕檀"。

〔一一〕十月僭即秦王位　見《偏霸部》,《載記》無。

〔一二〕立其妻秃髮氏爲王后　"秃髮氏",《載記》同,
《偏霸部》作"吐蕃氏"。

《十六國春秋輯補》卷八十七《西秦錄三·乞伏熾磐》頁
九七六至九七七、九八二至九八三

公元四二三年　南朝宋滎陽王景平元年
北魏明元帝泰常八年　北涼武宣王玄始十二年
西秦文昭王建弘四年

秃髮僕檀之死也,事見一百十六卷晉安帝義熙十年。僕,奴沃
翻。河西王蒙遜遣人誘其故太子虎臺,許以番禾、西安二郡
處之,誘,音西。番,音盤。處,昌呂翻。且借之兵,使伐秦,報其父
讎,復取故地。虎臺陰許之,事泄而止。秦王熾磐之后,虎
臺之妹也,熾磐待之如初。后密與虎臺謀曰:"秦本我之仇
讎,雖以婚姻待之,蓋時宜耳。先王之薨,又非天命;遺令
不治者,欲全濟子孫故也。治,直之翻;不治,謂被鴆而不解也,事
見一百十六卷晉安帝義熙十年。爲人子者,豈可臣妾於仇讎而不
思報復乎!"乃與武衛將軍越質洛城謀弑熾磐。后妹爲熾
磐左夫人,【章:甲十六行本"人"下有"有寵"二字;乙十一行本同;孔

本同；張校同；退齋校同。】知其謀而告之，熾磐殺后及虎臺等十餘人。

《資治通鑑》卷一百一十九《宋紀一‧滎陽王景平元年》頁三七六〇

王后禿髮氏，傉檀之女，太子虎臺之妹也。傉檀既降，熾磐納爲王后，拜傉檀爲左南公，甚禮遇之，虎臺亦被優寵。未幾，令人鴆殺傉檀。河西王蒙遜遣人誘虎臺，許以番禾、西安二郡處之，且借之兵使伐秦，報其父讎，復取故地。虎臺陰許之，事覺。熾磐以后弟之故，待之如初。后密與虎臺謀曰："秦本我之仇讎，雖以婚姻之故，待之如此，蓋時宜耳。先王之薨，又非天命；遺令不治者，欲全濟子孫故也。爲人子者，豈可臣妾於仇讎而不思報復乎！"乃與武衛將軍越質洛城謀弒熾磐。后妹爲熾磐左夫人，有寵，知其謀而告之，熾磐殺后及虎臺等十餘人。

屠本《十六國春秋》卷八十七《西秦錄三‧禿髮氏》頁三背至四正

左夫人禿髮氏，利鹿孤之宗女也。先是，熾磐爲質于涼，利鹿孤妻之。熾磐後奔允街，禿髮傉檀復遣歸之，遂爲左夫人。有寵於熾磐，讒殺其姐及虎臺。

屠本《十六國春秋》卷八十七《西秦錄三‧禿髮氏》頁四正至四背

公元四二九年　南朝宋文帝元嘉六年
北魏太武帝神䴥二年

暮末弟殊羅蒸燉磐左夫人秃髮氏,暮末知而禁之。殊羅懼,與叔父什寅謀殺暮末。秃髮氏盜門鑰於内,鑰誤,門者告暮末,收其黨與盡殺之。欲鞭什寅,什寅曰:"我負汝死,不負汝鞭。"暮末怒,刳其腹,投屍於河。

《魏書》卷九十九《列傳第八十七·鮮卑乞伏國仁》頁二一九九

秦王暮末之弟軻殊羅烝於文昭王左夫人秃髮氏,下淫上曰烝。暮末知而禁之。軻殊羅懼,與叔父什寅謀殺暮末,奉沮渠興國以奔河西。沮,子余翻。使秃髮氏盜門鑰,鑰誤,門者以告暮末。暮末悉收其黨,殺之,而赦軻殊羅。執什寅,鞭之,什寅曰:"我負汝死,不負汝鞭!"暮末怒,刳其腹,投尸于河。

《資治通鑑》卷一百二十一《宋紀三·文帝元嘉六年》頁三八一三

慕末弟殊羅烝燉磐左夫人秃髮氏,慕末知而禁之。殊羅與叔父什寅謀殺慕末。使秃髮氏盜門籥,籥誤,門不開,門者以告慕末,收其黨盡殺之。欲鞭什寅,什寅曰:"我負汝死,不負汝鞭。"慕末怒,刳其腹,投屍於河。

《通志》卷一百九十一《載記六·西秦》頁三〇七六下

冬十月,暮末弟軻殊羅烝熾磐左夫人,暮末禁之。因與叔父什寅謀叛暮末,收其黨與,殺之。并殺什寅、禿髮氏。

屠本《十六國春秋》卷八十六《西秦録二·乞伏暮末暮一作慕》頁十四正

後禿髮氏與暮末弟軻殊羅私通,暮末知而禁之。軻殊羅懼,遂與叔父什寅謀殺暮末,奉沮渠興國以奔河西。使禿髮氏盜門鑰於内,鑰誤,門不得開,門者以告暮末,收其黨與盡殺之,而赦軻殊羅,什寅鞭之。什寅曰:"我負汝死,不負汝鞭。"暮末怒,刳其腹,投屍于河水。禿髮氏乃自殺。

屠本《十六國春秋》卷八十七《西秦録三·禿髮氏》頁四正

慕末弟軻殊羅烝熾磐左夫人禿髮氏,慕末知而禁之,因與叔父什寅謀殺慕末。使禿髮氏盜門鑰,鑰誤,門不得開,門者以告。慕末收其黨與盡殺之,而赦軻殊羅、什寅,鞭之。什寅曰:"我負汝死,不負汝鞭。"慕末怒,刳其腹,投屍於河水。禿髮氏乃自殺。〔三五〕

【校勘記】

〔三五〕慕末弟軻殊羅至禿髮氏乃自殺 見屠本卷八七《禿髮氏傳》,《載記》無。事又見《魏書》卷九九《乞伏國仁傳》,《通鑑》卷一二一。"赦軻殊羅什寅鞭之",《通鑑》"什寅"上有"執"字,《魏書》謂"欲鞭什寅"。

《十六國春秋輯補》卷八十七《西秦録三·乞伏慕末》頁九八一、九八五

公元四三二年　南朝宋文帝元嘉九年
北魏太武帝延和元年

是年,禿髮傉檀子保周棄沮渠蒙遜來奔,以保周爲張掖公。

　　《魏書》卷四上《世祖紀第四上》頁八二

　　是年,河西王禿髮傉檀子保周棄沮渠蒙遜來奔,以保周爲張掖公。

　　《册府元龜》卷一六三《帝王部·招懷一》頁一九七一上

　　禿髮保周自凉奔魏,保周奔凉見一百十六卷晉安帝義熙十年。魏封保周爲張掖公。

　　《資治通鑑》卷一百二十二《宋紀四·文帝元嘉九年》頁三八四四

公元四三三年　南朝宋文帝元嘉十年
北魏太武帝延和二年

後與新興王俊討禿髮保周,坐事免官爵。

【校勘記】

〔一〕魏書卷十四　諸本目録此卷注“闕”,百衲本、南本、汲本、局本卷末有宋人校語云:“魏收書《神元平文諸帝子孫列傳》亡,後人補以《北史》,又取《高氏小史》附益之。後卷魏收舊史亡者皆放此。”殿本《考證》云:“魏收書亡,後人所補。”

　　《魏書》卷十四[一]《神元平文諸帝子孫列傳第二》頁三六二、三六五後與新興王俊討禿髮保周，坐事免官爵。

　　《北史》卷十五《列傳第三·魏諸宗室》頁五五七

後與新興王俊討禿髮保周，坐事免官爵。

　　《通志》卷八十四上《宗室七上·後魏》頁一〇五二下

公元四三九年　南朝宋文帝元嘉十六年
北魏太武帝太延五年

　　進張掖公禿髮保周爵爲王，與龍驤將軍穆罷、安遠將軍源賀分略諸郡，雜人降者亦數十萬。

　　　　《魏書》卷四上《世祖紀第四上》頁九〇

　　癸亥，遣張掖王禿髮保周諭諸部鮮卑，保周因率諸部叛於張掖。

　　　　《魏書》卷四上《世祖紀第四上》頁九〇

　　張掖王禿髮保周之反也，徵眷與永昌王健等率師討之，破保周於番禾。保周遁走，眷率騎追之，保周窮迫自殺。

　　　　《魏書》卷二十六《列傳第十四·尉古真附尉眷》頁六五七

　　世祖征涼州，以賀爲鄉導。詔問攻戰之計，賀對曰："姑臧城外有四部鮮卑，各爲之援。然皆是臣祖父舊民，臣願軍前宣國威信，示其福禍，必相率歸降。外援既服，然後攻其孤城，拔之如反掌耳。"世祖曰："善。"於是遣賀率精騎歷諸

部招慰，下三萬餘落，獲雜畜十餘萬頭。及圍姑臧，由是無外
慮，故得專力攻之。涼州平，遷征西將軍，進號西平公。

　　　　《魏書》卷四十一《列傳第二十九・源賀》頁九一九

　　進張掖公禿髮保周爵爲王，與龍驤將軍穆罷、安遠將軍
源賀分略諸郡。

　　　　《北史》卷二《魏本紀第二・世祖太武帝》頁五三

　　癸亥，遣張掖王禿髮保周喻諸部鮮卑，保周因率諸部叛
於張掖。

　　　　《北史》卷二《魏本紀第二・世祖太武帝》頁五三

　　太武征涼州，以爲鄉導，問攻戰之計。賀曰："姑臧外有
四部鮮卑，各爲之援，然皆臣祖父舊人。臣願軍前宣國威信，
必相率請降。外援既服，然後攻其孤城，拔之如反掌耳。"帝
曰："善。"乃遣賀招慰，下三萬餘落。及圍姑臧，由是無外
慮，故得專力攻之。涼州平，以功進爵西平公。

　　　　《北史》卷二十八《列傳第十六・源賀》頁一〇二三

　　進張掖公禿髮保周爵爲王，與龍驤將軍穆罷、安遠將軍
源賀分略諸郡雜人，降者亦數十萬。

　　　　《册府元龜》卷一一六《帝王部・親征一》頁一三八八下

　　源賀爲平西將軍。太武征涼州，以賀爲鄉導。詔問攻戰
之計，賀對曰："姑臧城外有四部鮮卑，名爲之援。然皆是臣

祖父舊民,臣願軍前宣國威信,示其禍福,必相率歸降。外援
既服,然後攻其孤城,拔之如反掌爾。"太武曰:"善。"於是遣
賀率精銳歷諸部招慰,下三萬餘落,獲雜畜十餘萬頭。及圍
姑臧,由是無外慮,故得專力攻之。涼州平,遷征西將軍,後
爲征南將軍。

《册府元龜》卷三六四《將帥部・機略四》頁四三二五上

又張掖王禿髮保周之反也,率師討殺之。

《册府元龜》卷三八一《將帥部・襃異七》頁四五三〇上

太武征涼州,以賀爲鄉導,陳攻戰之計。賀率精騎歷諸
部招慰,下三萬餘落。涼州平,遷征西將軍,進號西平公。

《册府元龜》卷三八一《將帥部・襃異七》頁四五三一上

魏主自雲中濟河;秋,七月,己巳,至上郡屬國城。漢置屬
國於邊郡以處降胡,此屬國城,漢舊城也。班《書・地理志》:上郡龜茲縣,屬
國都尉治。壬午,留輜重,部分諸軍,重,直用翻。分,扶問翻。使撫
軍大將軍永昌王健、尚書令劉絜與常山王素爲前鋒,兩道並
進;驃騎大將軍樂平王丕、太宰陽平王杜超爲後繼;驃,匹妙翻。
騎,奇寄翻。以平西將軍源賀爲鄉導。鄉,讀曰嚮。

魏主問賀以取涼州方略,對曰:"姑臧城旁有四部鮮卑,
皆臣祖父舊民,禿髮傉檀據姑臧,既而爲沮渠所取,有四部鮮卑留居城外。
賀,傉檀之子也。臣願處軍前,處,昌呂翻。宣國威信,示以禍福,必
相帥歸命。帥,讀曰率。外援既服,然後取其孤城,如反掌耳。"
魏主曰:"善!"

《資治通鑑》卷一百二十三《宋紀五・文帝元嘉十六年》
頁三八七三

丙申，魏主至姑臧，遣使諭牧犍令出降。使，疏吏翻。降，户
江翻。牧犍聞柔然欲入魏邊爲寇，冀幸魏主東還，遂嬰城固守；
其兄子祖踰城出降。魏主具知其情，乃分軍圍之。源賀引兵
招慰諸部下三萬餘落，故魏主得專攻姑臧，無復外慮。復，扶又
翻；下不復同。

《資治通鑑》卷一百二十三《宋紀五・文帝元嘉十六年》
頁三八七四

癸亥，秃髮保周帥諸部鮮卑據張掖叛魏。帥，讀曰率。

《資治通鑑》卷一百二十三《宋紀五・文帝元嘉十六年》
頁三八七六

進張掖公秃髮保周爲王，與龍驤將軍穆罷，安遠將軍源
賀分略諸郡。

《通志》卷十五上《後魏紀十五上・太武帝》頁二七九上

癸亥，遣張掖王秃髮保周喻諸部鮮卑，保周因率諸部叛
於張掖。

《通志》卷十五上《後魏紀十五上・太武帝》頁二七九中

太武征涼州，以賀爲鄉導。問攻戰之計，賀曰："姑臧外
有四部鮮卑，各爲之援。然皆臣祖父舊人，臣願軍前宣國威

信，必相率請降。外援既服，然後攻其城，拔之如反掌耳。"帝
曰："善。"乃遣賀招慰下三萬餘落，獲雜畜十餘萬。及圍姑
臧，由是無外慮，故得專力攻之。涼州平，以功遷征西將軍，
進爵西平公。

《通志》卷一百四十七《列傳六十·後魏·源賀》頁二三
四二下至二三四三上

太武分軍圍之，源賀引兵招慰諸部鮮卑，下三萬餘落。
故太武得專攻姑臧，無復外慮。

《通志》卷一百九十二《載記七·北涼》頁三〇九二下

使張掖王禿髮保周及龍驤將軍穆罷，與源賀分徇諸部雜
胡，降者又數十萬。

《通志》卷一百九十二《載記七·北涼》頁三〇九二下

太武時賜姓，以從平涼州功，封西平公。

《文獻通考》卷二百七十三《封建十四·後魏列侯》頁
七四六六

七月，世祖自雲中濟河；己巳，至上郡屬國城。乃大饗
群臣，講武馬舍。壬午，留輜重，部分諸軍。使撫軍大將軍、
永昌王健，尚書令、鉅鹿公劉絜都督諸軍與常山王素爲前鋒，
兩道并進；驃騎大將軍、樂平王丕，太宰陽平王杜超督平涼鄜
城，諸軍以爲後繼；平西將軍源賀爲之鄉道。因聞源以取涼
州方略。源曰："姑臧城旁有四部鮮卑，皆臣祖父舊民，臣願

處軍前,宣國威信,示以禍福,必相率歸命。外援既服,然後取其孤城,如反掌耳。"世祖曰:"善。"

　　屠本《十六國春秋》卷九十五《北凉録二·沮渠茂虔一作牧犍》頁九正至九背

　　世祖具知其情,乃分軍圍之。中軍將軍源賀前作平西,又作安遠。引兵招慰諸部下三萬餘落,故世祖得專攻姑臧,無復外慮。

　　屠本《十六國春秋》卷九十五《北凉録二·沮渠茂虔一作牧犍》頁十正

　　使張掖公秃髮保周、龍驤將軍穆罷、中軍將軍賀源分徇諸部雜夷一作胡字,降者又數十萬。

　　屠本《十六國春秋》卷九十五《北凉録二·沮渠茂虔一作牧犍》頁十一正

公元四四〇年　南朝宋文帝元嘉十七年
北魏太武帝太平真君元年

　　夏四月庚辰,無諱寇張掖,秃髮保周屯于删丹。丙戌,詔撫軍大將軍、永昌王健等督諸軍討保周。

　　　　　　　　《魏書》卷四下《世祖紀第四下》頁九三

　　秋七月,行幸陰山。己丑,永昌王健至番禾,破保周,保周遁走。

　　　　　　　　《魏書》卷四下《世祖紀第四下》頁九三

癸丑，保周自殺，傳首京師。

　　　　　　《魏書》卷四下《世祖紀第四下》頁九三

　　後與永昌王健督諸軍討禿髮保周於番和，徙張掖民數百家於武威，遂與諸將私自沒入。

　　《魏書》卷十六《道武七王列傳第四·河間王》頁三九九

　　又討破禿髮保周，自殺，傳首京師。

【校勘記】

　〔一〕魏書卷十七　諸本目録此卷注“闕”，百衲本、汲本、局本卷末有宋人校語云：“魏收書《明元六王列傳》亡。”殿本《考證》云：“魏收書亡，後人所補。”按此卷以《北史》卷一六《明元六王傳》補，間有溢出字句，當出於《高氏小史》。

　　《魏書》卷十七[一]《明元六王列傳第五·永昌王》頁四一五、四一六

　　真君初，詔觀統五軍西討禿髮保周於張掖。

　　　　　　《魏書》卷三〇《列傳第十八·周觀》頁七二八

禿髮保周屯於刪丹嶺。

《魏書》卷一百一十二上《靈徵志八上第十七·大風》頁二八九九

禿髮保周屯刪丹。

　　　　　　《北史》卷二《魏本紀第二·世祖太武帝》頁五四

已丑，永昌王健大破秃髮保周，走之。
　　　《北史》卷二《魏本紀第二・世祖太武帝》頁五四

癸丑，保周自殺，傳首京師。
　　　《北史》卷二《魏本紀第二・世祖太武帝》頁五四

又討破秃髮保周，自殺，傳首京師。
《北史》卷十六《列傳第四・明元六王・永昌王》頁
六〇三

又討破秃髮保周，自殺，傳首京師。
　　　《册府元龜》卷二九〇《宗室部・立功一》頁三四一六下

後魏周觀爲高平鎮將，有威名。真君初，詔觀統五軍，西
討秃髮保周於張掖，徙其民數百家，將置於京師。
　　　《册府元龜》卷四五〇《將帥部・譴讓》頁五三三九下

周觀爲高平鎮將，有威名。真君初，詔觀統五軍，西討秃
髮保周於張掖，徙其民數百家，將置於京師。
　　　《册府元龜》卷四五五《將帥部・貪黷》頁五三九三上

庚辰，沮渠無諱寇魏張掖，秃髮保周屯删丹；删丹縣，漢屬張
掖郡，後分屬西郡，唐屬甘州；居延海在縣界。丙戌，魏主遣撫軍大將軍
永昌王健督諸將討之。將，即亮翻。
　　　《資治通鑑》卷一百二十三《宋紀五・文帝元嘉十七年》

頁三八八二

　　秋，七月，己丑，魏永昌王健擊破禿髮保周于番禾；保周
走，遣安南將軍尉眷追之。番，音盤。尉，紆勿翻。
　　《資治通鑑》卷一百二十三《宋紀五·文帝元嘉十七年》
頁三八八五

　　癸丑，禿髮保周窮迫自殺。
　　《資治通鑑》卷一百二十三《宋紀五·文帝元嘉十七年》
頁三八八五

　　禿髮保周屯那舟。
　　《通志》卷十五上《後魏紀十五上·太武帝》頁二七九中

　　己丑，永昌王健大破禿髮保周，走之。
　　《通志》卷十五上《後魏紀十五上·太武帝》頁二七九中

　　癸丑，保周自殺，傳首京師。
　　《通志》卷十五上《後魏紀十五上·太武帝》頁二七九中

散見未繫年史料

鴻弱冠便有著述之志，見晉魏前史皆成一家，無所措意。以劉淵、石勒、慕容儁、苻健、慕容垂、姚萇、慕容德、赫連屈子、張軌、李雄、呂光、乞伏國仁、禿髮烏孤、李暠、沮渠蒙遜、馮跋等，並因世故，跨僭一方，各有國書，未有統一，鴻乃撰爲《十六國春秋》，勒成百卷，因其舊記，時有增損褒貶焉。

《魏書》卷六十七《列傳第五十五·崔鴻》頁一五〇二

鴻弱冠便有著述志。見晉、魏前史，皆成一家，無所措意。以劉元海、石勒、慕容儁、苻健、慕容垂、姚萇、慕容德、赫連屈子、張軌、李雄、呂光、乞伏國仁、禿髮烏孤、李暠、沮渠蒙遜、馮跋等並因世故，跨僭一方，各有國書，未有統一，鴻乃撰爲《十六國春秋》，勒成百卷，因其舊記，時有增損褒貶焉。

《北史》卷四十四《列傳第三十二·崔鴻》頁一六二六

崔鴻，爲散騎常侍、齊州大中正。弱冠便有著述之志，見晉、魏前史皆成一家，無所措意。以劉淵、石勒、慕容儁、苻健、慕容垂、姚萇、慕容德、赫連屈子、張軌、李權、呂光、乞伏國仁、禿髮烏孤、李暠、沮渠蒙遜、馮跋等并因世故，跨僭一方，各有國書，未有統一，鴻乃撰爲《十六國春秋》，勒成百卷，因其舊記，時有增損褒貶焉。

《册府元龜》卷五五六《國史部·采撰二》頁六六七七上

鴻弱冠便有著述志。見晉、魏前史皆成一家，無所措意。以劉淵、石勒、慕容儁、苻健、慕容垂、姚萇、慕容德、赫連屈匄、張軌、李雄、吕光、乞伏國仁、禿髮烏孤、李暠、沮渠蒙遜、馮跋等并因世故，跨僭一方，各有國書，未有統一，鴻乃撰爲《十六國春秋》，勒成百卷，因其舊紀，時有增損褒貶焉。

《通志》卷一百五十下《列傳六十三下·後魏》頁二四一三中至二四一三下

《托跋涼録》十卷。
　　《隋書》卷三十三《志第二十八·經籍二》頁九六三

《拓跋涼録》十卷。
《舊唐書》卷四十六《志第二十六·經籍上》頁一九九三

《拓跋涼録》十卷。
　　《通志》卷六十五《藝文三·霸史》頁七七三下

又曰：後涼禿髮烏孤七世祖壽闐之在孕也，母夢一老父，被髮左衽，乘白馬，謂曰："爾夫雖西移，終當東返至京，必生

貴男，長爲人主。"言終胎動而寤。後因寢生壽闐被中，因以
禿髮爲號，壽闐爲名。

《太平御覽》卷三六一《人事部二·産》頁一六六二下

又曰：禿髮烏孤之祖壽闐之在孕，母胡掖氏因寢而産於
被中。鮮卑謂被爲禿髮，因而氏焉。

《太平御覽》卷七〇七《服用部九·被》頁三一五一下

吐蕃，在長安之西八千里，本漢西羌之地也。其種落莫
知所出也，或云南涼禿髮利鹿孤之後也。利鹿孤有子曰樊
尼，及利鹿孤卒，樊尼尚幼，弟傉檀嗣位，以樊尼爲安西將軍。
後魏神瑞元年，傉檀爲西秦乞佛熾盤所滅，樊尼招集餘衆，以
投沮渠蒙遜，蒙遜以爲臨松太守。及蒙遜滅，樊尼乃率衆西
奔，濟黃河，逾積石，於羌中建國，開地千里。樊尼威惠夙著，
爲群羌所懷，皆撫以恩信，歸之如市。遂改姓爲窣勃野，以禿
髮爲國號，語訛謂之吐蕃。

《舊唐書》卷一百九十六上《列傳第一百四十六上·吐
蕃上》頁五二一九

吐蕃本西羌屬，蓋百有五十種，散處河、湟、江、岷間，有
發羌、唐旄等，然未始與中國通。居析支水西。祖曰鶻提勃
悉野，健武多智，稍并諸羌，據其地。蕃、發聲近，故其子孫
曰吐蕃，而姓勃窣野。或曰南涼禿髮利鹿孤之後，二子，曰樊
尼，曰傉檀。傉檀嗣，爲乞佛熾盤所滅。樊尼挈殘部臣沮渠
蒙遜，以爲臨松太守。蒙遜滅，樊尼率兵西濟河，逾積石，遂

撫有群羌云。

《新唐書》卷二百一十六上《列傳第一百四十一上·吐蕃上》頁六〇七一

吐蕃，本漢西羌之地，或云南涼秃髮利鹿孤之後，其子孫以秃髮爲國號，語訛爲吐蕃。

《舊五代史》卷一百三十八《外國列傳第二·吐蕃》頁一八三九

吐蕃本漢西羌之地，其種落莫知所出。或云南涼秃髮利鹿孤之後，其子孫以秃髮爲國號，語訛故謂之吐蕃。

《宋史》卷四百九十二《列傳第二百五十一·外國八·吐蕃》頁一四一五一

吐蕃在吐谷渾西南，不知有國之所由。或云：秃髮利鹿孤有子樊尼，其主傉檀爲乞伏熾磐所滅，樊尼率餘種依沮渠蒙遜，其後子孫西魏時爲臨松郡丞今張掖郡張掖縣界。與主簿，皆得衆心，因魏末中華擾亂，招撫群羌，日以强大，遂改姓爲窣勃野窣，蘇骨反。

《通典》卷第一百九十《邊防六·西戎二·吐蕃》頁五一七〇

吐蕃。在吐谷渾西南，不知有國之所由。或云秃髮利鹿孤子樊尼，其王傉檀爲乞伏熾磐所滅，樊尼率餘種依沮渠蒙遜，其後子孫西魏時爲臨松郡丞今張掖郡張掖縣界。與主簿，皆

得眾心，因魏末中華擾亂，招撫群羌，日以強大，遂改姓爲窣蘇
骨切。勃野。

《太平寰宇記》卷之一百八十五《四夷十四·西戎六·吐
蕃》頁三五三五

吐蕃，在吐谷渾之西，本西羌別種。南涼禿髮利鹿孤之
後，以禿髮爲國，音訛故曰吐蕃。利鹿孤初有子曰樊泥，奔沮
渠蒙遜，署臨松郡丞。蒙遜滅，建國西土，改爲勃窣野。

《冊府元龜》卷九五六《外臣部·種族》頁一一二五〇下

吐蕃，在長安之西八千里，本漢西羌地也。後魏神瑞初，
南涼禿髮樊尼率衆西奔，濟黃河，逾積石，於羌中建國。開地
千里，以禿髮爲國號，語訛謂之吐蕃。

《冊府元龜》卷九五八《外臣部·國邑二》頁一一二七六下

甲申，吐蕃贊普棄宗弄讚《考異》曰：《太宗實錄》"贊普" 作 "贊
府"。《高宗實錄》"棄宗" 作 "器宗"。今從《舊傳》。遣使入貢，仍請婚。
使，疏吏翻。吐蕃在吐谷渾西南，近世浸強，蠶食他國，土宇廣
大，勝兵數十萬，勝，音升。然未嘗通中國。其王稱贊普，俗不
言姓，王族皆曰論，宦族皆曰尚。吐蕃本西羌屬，蓋百有五十種，散
處河、湟、江、岷間。有發羌唐旄等，未始與中國通，居析支水西。祖曰鶻提勃
悉野，健武多智，稍并諸羌，據其地。蕃、發聲近，故其子孫曰吐蕃而姓勃窣野。
或曰：南涼禿髮烏孤之後，二子，曰樊尼，曰傉檀，爲乞伏熾盤所滅，樊尼挈殘部
降沮渠蒙遜，沮渠滅，樊尼率兵西濟河，踰積石，遂撫有群羌云。其俗謂強雄曰
贊，丈夫曰普，故號君長爲贊普。其地直長安八千里，距鄯善五百里。劉昫曰：

吐蕃,禿髮氏之後,語訛曰吐蕃。宋白曰:樊尼奔沮渠蒙遜,署臨松郡丞。沮渠滅,建國西土,改姓勃窣野。時人謂丞爲贊府,語訛爲贊普。吐,從暾入聲。棄宗弄讚有勇略,四鄰畏之。上遣使者馮德遐往慰撫之。

　　《資治通鑑》卷一百九十四《唐紀十·太宗貞觀八年》頁六一〇七至六一〇八

　　吐蕃,在吐谷渾西南,不知有國之所由。或云:禿髮利鹿孤有子樊尼,其主傉檀爲乞伏熾盤所滅,樊尼率餘種依沮渠蒙遜,其後子孫西魏時爲臨松郡丞與主簿,皆得衆心,因魏末中華擾亂,招撫群羌,日以强大,遂改姓窣悉骨反勃野。

　　《通志》卷一百九十五《四夷二·吐蕃》頁三一三二上

　　吐蕃在吐谷渾西南,不知有國之所由。或云:禿髮利鹿孤有子樊尼,其主傉檀爲乞伏熾盤所滅,樊尼率餘種依沮渠蒙遜,其後子孫西魏時爲臨松郡丞今張掖郡張掖縣界。與主簿,皆得衆心,因魏末中華擾亂,招撫群羌,日以强大,遂改姓爲窣蘇骨反。勃野。

　　《文獻通考》卷三百三十四《四裔十一·吐蕃》頁九二二七

　　吐蕃,即今西番。《唐志》:"其地直京師八千里,本西羌屬,凡百餘種,散處河、湟、江、岷間。"漢時謂之發羌,後漢永元十三年迷唐羌逾賜支河首依發羌以居是也。亦曰發羌唐旄,世居析支河西,其後爲禿髮樊尼所據。樊尼者,南凉禿髮烏孤之子。初,烏孤卒,樊尼尚幼,弟傉檀嗣位,以樊尼爲安西將軍。元魏神瑞初傉檀爲西秦乞伏熾盤所滅,樊尼集餘衆歸沮渠蒙遜,爲臨松郡丞。及蒙遜滅,樊尼率衆西奔,濟黄河,逾積石,居岐布川及邏婆川,於羌中建國,開地千里,改姓爲窣勃野,[二七]以禿髮爲國號,語訛爲吐蕃。

【校勘記】

〔二七〕改姓爲窣勃野　"窣",底本原作"宰",今據鄒本及《通典》卷一九〇、《舊唐書》卷一四六上《吐蕃傳》改。

《讀史方輿紀要》卷六十五《陝西十四·西番》頁三〇八五、三〇九三

按:《明堂位》言:"《韎》,東夷之樂也;《任》,南蠻之樂也。"《周禮》:"韎師掌教韎樂。"韎,即韎也。獨西戎、北狄之樂不見於經。豈周之興也肇於西北,而化行及於東南,故必俟東夷、南蠻之樂盡入於王府,然後足以言聲教之遠被邪!然觀隋、唐所謂燕樂,則西戎之樂居其大半。鄭夾漈以爲雅、頌,亦自西周始。凡清樂妙舞,未有不自西出者。八音之音以金爲主,五方之樂惟西是承。雖曰人爲,亦莫非禀五行之精氣而然,是固一説也。愚又以爲:自晉氏南遷之後,戎狄亂華,如苻氏出於氐,姚氏出於羌,皆西戎也。亦既奄有中原,而以議禮制度自詭。及張氏據河右,獨能得華夏之舊音。繼以吕光、禿髮、沮渠之屬,又皆西戎也。蓋華夏之樂流入於西戎,西戎之樂混入於華夏,自此始矣!隋既混一,合南北之樂而爲七部伎。所謂清商三調者,本中華之樂,晉室播遷,而入於涼州,張氏亡而入於秦,姚氏亡而入於江南,陳亡而復入北。其轉折如此,則其初固本不出於西戎也。

《文獻通考》卷一百四十八《樂二十一·夷部樂·北狄》頁四四四八至四四四九

按：杜氏《通典》言："唐之土宇，南北如漢之盛時，東
不及而西則過之。"唐史取其説，以序地理志。此蓋開元、
天寶時事也。然愚嘗考之，河西在漢，本匈奴休屠王所居，
武帝始取其地，置郡縣。自東漢以來，民物富庶，與中州不
殊。竇融、張軌乘時多難，保有其地。融值光武中興，亟歸
版圖，而軌遂割據累世。其後，又有吕光、禿髮沮渠之徒，
迭據其土，小者稱王，大者僭號。蓋其地勢險僻，可以自保
於一隅，貨賄殷富，可以無求於中土，故五涼相繼，雖夷夏
不同，而其所以爲國者，經制文物，俱能仿效中華，與五胡
角立。

　　《文獻通考》卷三百二十二《輿地八・安西都護府》頁八
八三九至八八四〇

　　崔鴻《十六國初秋・南涼録》曰：禿髮傉檀子歸，年始
十三，命爲《高殿賦》，下筆即成，影不移漏。傉檀覽而善之，
擬之於曹子建。

　　《太平御覽》卷五八七《文部三・賦》頁二六四五下

　　崔鴻《十六國春秋・南涼録》曰：禿髮傉檀内沃切檀子
禮，年十三，命爲《高昌殿賦》，援筆即成，影不移漏。傉檀覽
而異之，擬於曹子建。

　　《太平御覽》卷六〇〇《文部一六・思疾》頁二七〇一下

　　壽氏。姬姓。《風俗通》：吴王壽夢之後。吴大夫壽越，又有壽於姚。
漢末兗州牧壽良。晉有太僕壽冲。南涼有尚書壽悦。《南史》將軍壽寂之。望

出京兆、博陵。宋登科壽朋,漢州人。

　　　　《通志》卷二十八《氏族四・吳人名》頁四六五上

胡掖氏_{禿髮思復鞬娶胡掖氏,生烏孤。}

　　　　《通志》卷二十九《氏族五・胡掖氏》頁四七五上

俱氏_{南涼有鎮北將軍俱延。}

　　　　《通志》卷二十九《氏族五・俱氏》頁四七六下

　　傅奕曰:"西晉時,匈奴諸部在太原離石,其酋劉元海覆兩都,[六〇]執天子。自是戎夷赫連氏、沮渠氏、李氏、石氏、慕容氏、佛氏、禿髮氏、拓拔氏、宇文氏、高氏、苻氏、吕氏、姚氏、翟氏,被髮左袵,遞據中壤,衣冠殄盡。

　　【校勘記】

　　[六〇]劉元海覆兩都　"兩"原作"西",據明刻本、朝鮮本、王吳本及《太平寰宇記》卷二〇〇改。

　　　　《通典》卷第二百《邊防十六・北狄七》頁五四九五、五五一〇

　　傅奕曰:"西晉時,匈奴諸部在太原離石,其酋劉元海覆兩都,執天子,自是戎夷赫連氏、[二五]沮渠氏、李氏、石氏、慕容氏、佛氏、禿髮氏、拓拔氏、宇文氏、高氏、[二六]苻氏、吕氏、姚氏、翟氏,被髮左袵,遞據中壤,[二七]衣冠殄盡。

　　【校勘記】

　　[二五]戎夷　"夷",底本作"狄",據宋版、萬本及《通

典・邊防》一一六改。

〔二六〕宇文氏高氏　原倒爲“高氏宇文氏”，據宋版、萬本及《通典・邊防》一六乙正。

〔二七〕遞據中壤　“壤”，底本作“原”，據宋版、萬本、傳校及《通典・邊防》一六改。

《太平寰宇記》卷之二百《四夷二十九・北狄十二・雜説并論》頁三八四〇、三八五四

杜氏《通典》傳奕曰：“西晉時，匈奴諸部在太原離石，其酋劉元海覆兩都，執天子。自是戎夷赫連氏、沮渠氏、李氏、石氏、慕容氏、佛氏、禿髮氏、拓跋氏、宇文氏、高氏、苻氏、吕氏、姚氏、翟氏，被髮左衽，遞據中壤，衣冠殄盡。

《文獻通考》卷三百四十八《四裔二十五》頁九六六〇

而光棄兹勝躅，遵彼覆車，十數年間，終致殘滅。向使矯邪歸正，革僞爲忠，鳴檄而蕃晉朝，仗義而誅醜虜，則燕秦之地可定，桓文之功可立，郭黁、段業豈得肆其奸，蒙遜、烏孤無所窺其隙矣。而猥竊非據，何其謬哉！

《晉書》卷一百二十二《載記第二十二・史臣曰》頁三〇七二

南涼禿髮烏孤又以河南地爲澆河郡。

《元和郡縣圖志》卷第三十九《隴右道上・廓州》頁九九三

甘肅鎮……後十餘年禿髮、沮渠以及李暠之徒，後先角立，分裂其地，亦皆一再傳而後亡，豈非以山川阨塞，負隅易固哉？

《讀史方輿紀要》卷六十三《陝西十二·甘肅行都司》頁二九七二

後魏兼置少卿。太武帝平統萬赫連昌，定隴右禿髮、沮渠等，河西水草善，乃以爲牧地，六畜滋息，馬三百餘萬匹，馲駝將半之，牛則無數。

《通典》卷第二十五《職官七·太僕卿》頁七〇六

後魏兼置少卿。太武帝平統萬赫連昌，定隴右禿髮、沮渠等，河西水草善，乃以爲牧地，六畜滋息，馬三百餘萬匹，馲駝將半之，牛則無數。

《文獻通考》卷五十六《職官十·太僕卿》頁一六四三

敬氏出自嬀姓。陳厲公子完適齊，謚曰敬仲，子孫以謚爲氏。敬仲之後至秦有敬丕，丕生教，爲河東太守，子孫因官家焉。裔孫韶，漢末爲揚州刺史，生昌，封狋氏侯。昌生歸。

歸，南涼枹罕太守。

《新唐書》卷七十五上《表第十五上·宰相世系五上》頁三二四九

參考文獻

紀傳體史料

（唐）房玄齡等撰：《晉書》，中華書局，一九七四年。

（南朝梁）沈約撰：《宋書》，中華書局，一九七四年。

（北齊）魏收撰：《魏書》，中華書局，一九七四年。

（北齊）魏收撰：《魏書》，中華書局，二〇一七年。

（唐）李延壽撰：《北史》，中華書局，一九七四年。

（後晉）劉昫等撰：《舊唐書》，中華書局，一九七五年。

（北宋）歐陽修、宋祁撰：《新唐書》，中華書局，一九七五年。

（北宋）薛居正等撰：《舊五代史》，中華書局，一九七五年。

（南宋）鄭樵撰：《通志》，中華書局，一九八七年。

（元）脫脫等撰：《宋史》，中華書局，一九七七年。

編年體史料

（北宋）司馬光編著，（元）胡三省音注：《資治通鑑》，中華書局，一九五六年。

典制體史料

（唐）杜佑編著：《通典》，中華書局，一九八九年。

（元）馬端臨編著：《文獻通考》，中華書局，二〇一一年。

類書

（北宋）李昉等撰：《太平御覽》，中華書局，一九六〇年。
（北宋）王欽若等編：《册府元龜》，中華書局，一九六〇年。

地理類史料

（唐）李吉甫撰：《元和郡縣圖志》，中華書局，一九八三年。
（北宋）樂史撰：《太平寰宇記》，中華書局，二〇〇七年。
（清）顧祖禹撰：《讀史方輿紀要》，中華書局，二〇〇五年。

其他史料

（南朝梁）陶弘景撰：《古今刀劍録》，影印文淵閣四庫全書本，
　　臺灣商務印書館，一九八二年。
（南朝梁）釋慧蛟撰，湯用彤校注：《高僧傳》，中華書局，一九
　　九二年。
（北魏）崔鴻撰，（清）湯球輯補，羅新點校：《十六國春秋輯
　　補》，中華書局，二〇二〇年。
（北魏）崔鴻撰，（明）屠喬孫、項琳之等修訂：《十六國春秋》，
　　明萬曆三十七年蘭暉堂刻本（即屠本《十六國春秋》）。
（北魏）崔鴻撰：《十六國春秋别本》，影印文淵閣四庫全書本，
　　臺灣商務印書館，一九八二年。

後　記

　　《禿髮鮮卑資料輯録》即將付梓,希望能對研究兩晉十六國時期禿髮鮮卑的歷史有所裨益。真正做好一部資料輯録既需要熟悉掌握相關歷史,還需要具備一定的古文字、版本目録學知識。該資料輯録涉及紀傳體、編年體、典制體、大型類書、地理總志等多類古籍,内容龐雜、分布零散、謬誤繁多、生僻字及異體字大量存在,無疑大大增加了完成難度。作爲資料類工具書,最爲可貴的應該是其準確性、全面性和系統性。工作伊始,我們就明確了這樣的目標,並不斷强化、逐步完善。但是,能否達到預先設想,確實可爲研究者所用,助益專業研究,還要由實踐和時間檢驗。

　　《禿髮鮮卑資料輯録》能够面世,得到了許多人的支持和幫助。内蒙古大學歷史與旅遊文化學院院長李德鋒教授在該系列成果編輯出版之際鼎力相助,責編陳喬付出了大量辛勤勞動,一併致以誠摯的謝意!

　　書中難免有錯誤紕漏,敬祈讀者批評指正。

編者 2024 年 4 月 10 日